U0564845

营商环境视角下
的自然人破产法律问题研究

YINGSHANG HUANJING SHIJIAOXIA
DE ZIRANREN POCHAN FALÜ WENTI YANJIU

殷慧芬◎著

中国政法大学出版社

2024·北京

声　　明　　1. 版权所有，侵权必究。

2. 如有缺页、倒装问题，由出版社负责退换。

图书在版编目（ＣＩＰ）数据

营商环境视角下的自然人破产法律问题研究 / 殷慧芬著. -- 北京 ： 中国政法大学出版社，2024. 8. -- ISBN 978-7-5764-1736-4

Ⅰ. D922.291.924

中国国家版本馆 CIP 数据核字第 2024KP7209 号

出　版　者	中国政法大学出版社
地　　　址	北京市海淀区西土城路 25 号
邮寄地址	北京 100088 信箱 8034 分箱　邮编 100088
网　　　址	http://www.cuplpress.com (网络实名：中国政法大学出版社)
电　　　话	010-58908285(总编室) 58908433（编辑部）58908334(邮购部)
承　　　印	固安华明印业有限公司
开　　　本	720mm×960mm　1/16
印　　　张	16.5
字　　　数	270 千字
版　　　次	2024 年 8 月第 1 版
印　　　次	2024 年 8 月第 1 次印刷
定　　　价	76.00 元

上海政法学院学术著作编审委员会

主　任：刘晓红

副主任：郑少华

秘书长：刘　军　康敬奎

委　员：(以姓氏拼音为序)

蔡一军　曹　阳　陈海萍　陈洪杰　冯　涛　姜　熙

刘长秋　刘志强　彭文华　齐　萌　汪伟民　王　倩

魏治勋　吴苌弘　辛方坤　徐　红　徐世甫　许庆坤

杨　华　张继红　张少英　赵运锋

四秩芳华，似锦繁花。幸蒙改革开放的春风，上海政法学院与时代同进步，与法治同发展。如今，这所佘山北麓的高等政法学府正以稳健铿锵的步伐在新时代新征程上砥砺奋进。建校 40 年来，学校始终坚持"立足政法、服务上海、面向全国、放眼世界"的办学理念，秉承"刻苦求实、开拓创新"的校训精神，走"以需育特、以特促强"的创新发展之路，努力培养德法兼修、全面发展，具有宽厚基础、实践能力、创新思维和全球视野的高素质复合型应用型人才。四十载初心如磐，奋楫笃行，上海政法学院在中国特色社会主义法治建设的征程中书写了浓墨重彩的一笔。

上政之四十载，是蓬勃发展之四十载。全体上政人同心同德，上下协力，实现了办学规模、办学层次和办学水平的飞跃。步入新时代，实现新突破，上政始终以敢于争先的勇气奋力向前，学校不仅是全国为数不多获批教育部、司法部法律硕士（涉外律师）培养项目和法律硕士（国际仲裁）培养项目的高校之一；法学学科亦在"2022 软科中国最好学科排名"中跻身全国前列（前 9%）；监狱学、社区矫正专业更是在"2023 软科中国大学专业排名"中获评 A+，位居全国第一。

上政之四十载，是立德树人之四十载。四十年春风化雨、桃李芬芳。莘莘学子在上政校园勤学苦读，修身博识，尽显青春风采。走出上政校门，他们用出色的表现展示上政形象，和千千万万普通劳动者一起，绘就了社会主义现代化国家建设新征程上的绚丽风景。须臾之间，日积月累，学校的办学成效赢得了上政学子的认同。根据 2023 软科中国大学生满意度调查结果，在本科生关注前 20 的项目上，上政 9 次上榜，位居全国同类高校首位。

上政之四十载，是胸怀家国之四十载。学校始终坚持以服务国家和社会需要为己任，锐意进取，勇担使命。我们不会忘记，2013 年 9 月 13 日，习近平主席在上海合作组织比什凯克峰会上宣布，"中方将在上海政法学院设立中国–上海合作组织国际司法交流合作培训基地，愿意利用这一平台为其他成员国培训司法人才。"十余年间，学校依托中国–上合基地，推动上合组织国家司法、执法和人文交流，为服务国家安全和外交战略、维护地区和平稳定作出上政贡献，为推进国家治理体系和治理能力现代化提供上政智慧。

历经四十载开拓奋进，学校学科门类从单一性向多元化发展，形成了以法学为主干，多学科协调发展之学科体系，学科布局日益完善，学科交叉日趋合理。历史坚定信仰，岁月见证初心。建校四十周年系列丛书的出版，不仅是上政教师展现其学术风采、阐述其学术思想的集体亮相，更是彰显上政四十年发展历程的学术标识。

著名教育家梅贻琦先生曾言，"所谓大学者，有大师之谓也，非谓有大楼之谓也。"在过去的四十年里，一代代上政人勤学不辍、笃行不息，传递教书育人、著书立说的接力棒。讲台上，他们是传道授业解惑的师者；书桌前，他们是理论研究创新的学者。《礼记·大学》曰："古之欲明明德于天下者，先治其国"。本系列丛书充分体现了上政学人想国家之所想的高度责任心与使命感，体现了上政学人把自己植根于国家、把事业做到人民心中、把论文写在祖国大地上的学术品格。激扬文字间，不同的观点和理论如繁星、似皓月，各自独立，又相互辉映，形成了一幅波澜壮阔的学术画卷。

吾辈之源，无悠长之水；校园之草，亦仅绿数十载。然四十载青葱岁月光阴荏苒。其间，上政人品尝过成功的甘甜，也品味过挫折的苦涩。展望未来，如何把握历史机遇，实现新的跨越，将上海政法学院建成具有鲜明政法特色的一流应用型大学，为国家的法治建设和繁荣富强作出新的贡献，是所有上政人努力的目标和方向。

四十年，上政人竖起了一方里程碑。未来的事业，依然任重道远。今天，借建校四十周年之际，将著书立说作为上政一个阶段之学术结晶，是为了激励上政学人在学术追求上续写新的篇章，亦是为了激励全体上政人为学校的发展事业共创新的辉煌。

党委书记　葛卫华教授

校　　长　刘晓红教授

2024 年 1 月 16 日

前 言 /PREFACE

一、本书写作的缘起

《中华人民共和国企业破产法》（修改）现已列入十四届全国人大常委会立法规划，如何强化顶层设计，推动破产法律完善引发社会广泛关注。我国现行破产法只适用于企业法人，然而，改善营商环境和建设现代化经济体系，不仅仅是关系企业的问题，与市场主体自然人也息息相关。从2019年2月最高人民法院印发《最高人民法院关于深化人民法院司法体制综合配套改革的意见——人民法院第五个五年改革纲要（2019-2023）》，提出"研究推动建立个人破产制度"；到2019年6月国家发展和改革委员会、最高人民法院、工业和信息化部等十三部门印发《加快完善市场主体退出制度改革方案》，强调"分步推进建立自然人破产制度"；再到2020年5月中共中央、国务院公布《关于新时代加快完善社会主义市场经济体制的意见》，明确要求"推动个人破产立法"，以及2024年7月党的二十届三中全会通过《中共中央关于进一步全面深化改革 推进中国式现代化的决定》，明确提出"探索建立个人破产制度"，一系列相关文件传递的政策导向是自然人破产制度距离我们渐行渐近。

作为唯一的自然人破产制度试点，《深圳经济特区个人破产条例》于2021年3月1日起实施。至今3年有余，深圳破产法庭在个人破产配套机制建设、裁判规则探索等方面取得了突破性进展，通过一系列典型案例的公布和《加强个人破产申请与审查工作的实施意见》《关于审理个人破产重整案件的工作指引》等相关规范性文件的出台让人们对自然人破产制度以及该制度可能为我们的社会带来的积极影响有了初步的认识。浙江、江苏、山东等地虽然没有立法授权，但是当地人民法院面对强制执行和破产审判中的自然人过度负债问题通过个人债务集中清理探索取得了良好的法律效果和社会效果。丰富的立法和司法实践为全国性自然人破产立法奠定坚实基础的同时，自然人破产制度的研究也成为必然而紧迫的任务。

制度研究离不开其所处的时代语境。优化营商环境是我国新时代法治建设的重要任务。破产制度是市场经济优胜劣汰规律的法律体现，破产法实施状况反映了一个国家的市场经济发育程度，也是评价一个国家营商环境的重要因素。与依赖自然的经济力量消极地纠正不平衡现状相比，自然人破产制度能够对债务人财务困境带来的必然损失进行及时高效的再分配，保证经济活动的流畅、稳定及可预测性，也是优化营商环境、推动社会信用体系和统一大市场建立的重要制度。自然人破产制度的立法目标之一，就是将自然人债务人的无限责任有限化，通过为过度负债的债务人提供重新开始的可能而有效保护企业家的创业创新热情。在此背景下，本书从营商环境的视角，结合我国自然人负债的实际情况，围绕我国正在修改的企业破产法中所涉自然人破产立法的基本问题和疑难问题展开研究，以丰富现代破产法的理论研究内容，为我国的自然人破产立法提供决策依据。

二、本书写作的思路

自然人破产制度是实体法和程序法的结合体。实体制度方面，本书内容不仅涉及自然人破产法的核心制度，如破产免责制度、豁免财产制度等，也包括自然人破产立法疑难问题，如自然人破产法的适用主体、"诚实而不幸"的债务人判断问题等，还涵盖了破产债权、管理人制度等在自然人破产法下表现出来的特殊性。程序制度方面，本书为建立全国统一的自然人破产制度提出了相应的庭内程序类型和规则，也对法庭外自然人债务清理程序的负责机构和具体规则等展开研究，提出庭内程序和庭外程序利用自身的特点和优势，协同解决不同类型债务人的过度负债问题。本书从立法论和司法论的综合视角展开讨论，相关法律问题的研究充分结合了国外制度经验的比较，也将深圳地区个人破产审判实践和浙江省、山东省、江苏省等地的个人债务集中清理实践中的案例和司法数据进行了梳理并运用于相关论点的论证之中。

立法论的制度构建面临的重要问题是国际化与本土化的选择。在今天优化营商环境、弘扬企业家精神的时代背景下，如何体现自然人破产立法在债权人利益和债务人利益之间的衡平才能最大限度地促进市场效率？我们的自然人破产制度应将国外立法趋势奉为圭臬，还是回应社会现实和时代需求？具体体现在：我国自然人破产法的适用主体应是顺应世界破产立法的潮流适用于包括普通消费者在内的所有自然人，还是适用于所有的商自然人，包括个体工商户、个人独资企业出资人、合伙企业的个人合伙人等，或是只适用于为企业承担连带保证责任的自然人？自然人破产程序在传统意义上的破产清算程序和通过无需债权人会议表决、法院强制批准、清偿率法定等规定实现程序高效的破产重整程序之外，是否应保留通过债权人的让步来缓解债务人的债务压力的和解程序？国际化与本土化的选择也体现在破产免责制度的设计之中，例如自动免责与许可免责的选择、破产免责期限长短的选择、破产免责范围大小的选择等。此外，我国特有的本土制度如个体工商户、农村宅基地问题应如何在自然人破产法中处理？这些问题均是自然人破产立法过程中必然面对的疑难问题。

本书认为，国外的先进理念和丰富实践对于我们认识自然人破产制度的功能、核心要素、程序类型等提供了有意义的借鉴和启发，例如欧美国家破产免责制度的演进路径向我们揭示了该制度运行的基本逻辑；国外自然人破产法对不同类型债务人的区别对待为我们认识商自然人和消费者在破产语境下的特别之处提供了思路。但是，我们不应该简单借用成熟国家的自然人破产制度规则，也不应将外在的西方尺度作为评判我国自然人破产制度优劣的根本标准。法律制度优劣最重要的评判标准应该是实践的效果。一部法律是否能够在实际社会生活中产生积极的效果，是否能够解决社会矛盾和问题、促进社会发展和进步才是法律评价的最终目标。这就要求法律的内容和制定过程应当符合社会的基本价值观和道德规范。破产制度是调整债权债务关系的法律。我们应该尊重社会民众对债务、风险及债务免责的宗教、道德、文化及经济意义的态度与西方国家的差异，并将这种差异融入自然人破产制度的具体设计之中，才能实现自然人破产制度的社会适应性。因此，本书观点的形成侧重于运用本土视域去探寻自然人破产制度的发展路径。

三、本书的其他说明

本书能够顺利完成写作，首先要感谢上海交通大学凯原法学院韩长印教授。能够成为韩老师的学生，是我一生荣幸。早在河南大学法学院求学期间，韩老师就指导我们几位学生翻译美国破产法文献，这也是作者最早接触自然人破产制度中的破产免责、豁免财产等概念。通过阅读国外的一些文献资料和硕士论文写作，了解到自然人破产制度的悠久历史与制度架构，并开始思索中国自然人破产制度的构建问题。之后博士论文选题为"消费者破产制度研究"，也正是由于当时涉猎到的外文文献关于自然人破产制度的研究均是以"消费者破产"为视角。2015 年起作者在美国、芬兰、新加坡等国家的法学院校访学期间，除了搜集、阅读大量自然人破产方向的外文文献外，还通过破产法院旁听自然人破产案件审理、与债务人和债权人面对面交流、参观民间信贷咨询机构等形式对自然人破产制度在不同国家的实践运行差异有了书本之外直观生动的体验。受此影响随后开始尝试着将理论法学与应用法学结合的路径融入自然人破产法的研究之中。由此，本书一方面通过中外比较探讨适合我国实际的自然人破产制度的理念体系，另一方面也注重在现实的语境中对我国自然人破产具体制度的构建提出建议。

本书是上海市哲学社会科学规划课题《营商环境视角下的自然人破产法律问题研究》的结项成果，课题写作期间作者利用在最高人民法院民事审判第二庭担任法律研修学者的机会，对深圳个人破产审判和各地法院个人债务清理实践有了更加系统和深入的认识和理解，在此谨对课题资助者和最高人民法院研修期间给予帮助的各位法官致以深切的谢意。同样要感谢在工作和生活中给予无私帮助的同事与朋友，在本书写作过程中，我有幸得到日本东京大学金春教授、最高人民法院刘崇理法官和上海再生律师事务所主任池伟宏律师的鼎力支持与帮助，受益匪浅。中国政法大学出版社编审老师付出了大量的心血和劳动，在此一并表示衷心的感谢。当然，书中所有谬误与不足均由本人负责。

谨以此书献礼上海政法学院建校 40 周年，祝愿学校明天更美好！

殷慧芬

2024 年 9 月

目 录 / CONTENTS

引 言

一、选题背景和研究价值

破产制度是市场经济优胜劣汰规律的法律体现，破产法实施状况反映了一个国家的市场经济发展程度，也是评价一个国家营商环境的重要指标。近些年来中国破产法治建设不断完善，破产案件的审判数量和质量不断提升，[1]破产审判专业化建设成效显著。世界银行发布的《2020 年全球营商环境报告》显示，我国"办理破产"指标在 190 个经济体中排名位列第 51 位，[2]破产法治发展得到了国际社会和国际组织的认可。与此同时，我国的破产法治建设仍存有一些问题，其中一个明显不足是尚未建立自然人破产制度。然而，优化营商环境和建设现代化经济体系，不仅是关系企业的问题，与市场主体自然人也息息相关。自然人破产制度不仅为债权人提供了公平受偿的机会，而且为深陷债务泥潭的债务人提供了重新开始的可能，对于优化营商环境，促进民营企业健康发展，建立现代化经济体系具有重要意义。优化营商环境也是我国引入和构建自然人破产制度的重要切入点。

建立自然人破产制度，积极挽救"诚实而不幸"的自然人，有利于激励

---

[1] 2018 年至 2022 年人民法院受理破产案件 6.97 万件，占企业破产法实施以来全部破产案件的 70%，清理和处置债务金额 6.4 万亿余元，化解围绕企业形成的大量债务链和担保链，释放土地、资本、劳动力等大量资源。参见最高人民法院审判委员会专职委员刘贵祥在第十四届中国破产法论坛上的主旨发言。

[2] 参见世界银行《2020 年全球营商环境报告》，载 https://openknowledge.worldbank.org/server/api/core/bitstreams/75ea67f9-4bcb-5766-ada6-6963a992d64c/content，最后访问日期：2024 年 4 月 11 日。

创业创新，弘扬企业家精神。根据国家市场监管总局公布的数据，截至 2023 年 9 月底，全国登记在册民营企业数量超过 5200 万户，民营企业在企业总量中的占比达到 92.3%，在稳定增长、促进创新、增加就业、改善民生等方面发挥了重要作用，成为推动经济社会发展的重要力量。[1]10 余年的企业破产实践显示，民营企业中中小微企业占比很高，中小微企业仅有的抵押品就是其有限并且价值低廉的土地、房产和机器设备，其规模也制约了这些抵押品的价值。以金融机构为代表的债权人在为企业提供贷款时通常会要求其控股股东或实际控制人提供个人保证，有时甚至要求职工、企业主的配偶或者整个家族为融资提供担保，现代公司制度的重要基石之一——股东有限责任已经名存实亡；创业必有风险，个体工商户[2]、个人独资企业、合伙企业抗风险能力较弱，工商业主、独资企业业主、合伙企业合伙人因经营失败而深陷债务泥潭的情形也屡见不鲜。自然人破产制度通过合理有序地处理经营失败企业及其经营者的债务问题，赋予诚实而不幸的债务人重新开始的机会，促使创业者承担伴随着创业利润而来的必要风险，对于激发企业家活力和创造力具有现实意义，同时对于保障金融企业合法权益也发挥着重要作用。

自然人破产制度的缺失，影响到企业破产制度的实施效果。《中华人民共和国企业破产法》（以下简称《企业破产法》）实施中遇到企业运用破产方式实现市场出清的意愿不强的突出问题，2020 年全国企业注销数量 289.9 万户，其中因破产原因注销的企业 3908 户，占比仅约 1‰。[3]造成这一现状的原因很多，包括企业的顾虑、地方政府的顾虑、人民法院审判能力和动力不足等，[4]同时企业主在主观上缺乏启动企业破产程序的积极性也是重要

---

[1] 参见国家市场监管总局：《前三季度我国民营企业发展呈现良好势头》，2023 年 11 月 14 日国家市场监管总局网站发布。

[2] 截至 2023 年 9 月底，全国登记在册个体工商户已达 1.22 亿户，占经营主体总量的 67.3%。数据来源：国家市场监管总局官网，最后访问日期：2024 年 7 月 11 日。

[3] 《全国人民代表大会常务委员会执法检查组关于检查〈中华人民共和国企业破产法〉实施情况的报告》，参见全国人大常委会副委员长王东明 2021 年 8 月 18 日在第十三届全国人民代表大会常务委员会第三十次会议上的发言。

[4] 《全国人民代表大会常务委员会执法检查组关于检查〈中华人民共和国企业破产法〉实施情况的报告》，参见全国人大常委会副委员长王东明 2021 年 8 月 18 日在第十三届全国人民代表大会常务委员会第三十次会议上的发言。

原因之一。企业破产后不能免除企业主的担保责任，故当企业出现不能清偿到期债务的风险时，企业主更多选择赌博式的自救而不是启动破产程序，困境企业进入破产程序时其核心的营运价值往往已流失殆尽。目前国内的企业重整，企业自救的成功案例较少，更多是引进投资者模式，也与经由重整程序只能减免困境企业的债务负担，却无法减免企业主个人担保责任有关。背负沉重个人债务的企业主深受其扰，难以通过债务人自行管理实现企业自救。

《企业破产法》的修改现已列入十四届全国人大常委会立法规划，如何强化顶层设计，推动破产法律完善引发了社会广泛关注。自然人破产制度是解决企业主承担沉重的企业债务后无力继续创业创新的有效途径，[1]也是实现市场主体有序退出、构建高质量发展体制机制，加快营造一流营商环境的必要举措。从营商环境视角研究自然人破产法律问题，契合了我国的时代需求和实践需求，从增强企业家精神，给诚实而不幸的企业家第二次机会的角度对自然人破产制度中的核心法律问题展开深入研究，探索自然人破产制度设计过程中必然会面临的大量问题的解决方案的优势和劣势，将丰富自然人破产法理论研究成果，为立法者提供充足有效的信息作为决策依据。

二、国内外学术史梳理及研究简评

(一) 国内学术史梳理及研究简评

1. 自然人破产能力的研究

自然人破产法在我国并不是一个全新的话题，20 世纪 90 年代起，就有学者提出我国破产立法模式应实现各主体的统一破产立法。他们的观点总结如下：(1) 国际接轨论。一般破产主义是破产法律制度发展的基本规律和不

---

[1] 参见最高人民法院审判委员会专职委员刘贵祥在第 14 届中国破产法论坛上的主旨发言，载 http://www.fxcxw.org.cn/dyna/content.php? id = 26487#:~:text = % E4% B8% AA% E4% BA% BA% E7% A0% B4% E4% BA% A7% E6% B3% 95% E5% BE% 8B% E5% 88% B6% E5% BA% A6，% E5% 88% 9B% E6% 96% B0% E7% 9A% 84% E6% 9C% 89% E6% 95% 88% E9% 80% 94% E5% BE% 84% E3% 80% 82，最后访问日期：2024 年 8 月 29 日。

可抗拒的国际趋势。[1]（2）民商合一论。在我国民商合一的法制传统下，商人和非商人已无区别的必要和可能。[2]（3）公平或平等论。任何市场经济的主体，只要它使用信用机制参与市场进行民事或经济活动，就应当受到破产法的制约和保护。[3]（4）债权人保护论。如果否认消费者的破产主体资格，当消费者的财产不足以清偿债权时，就无法适用破产程序以保证同一顺位的债权平等受偿。[4]（5）债务人保护论。把消费者排斥在破产法外剥夺了这些负债个人通过免责、和解等程序重获新生的权利。[5]（6）经济活动论。消费信贷越来越普遍，破产法把消费者排除在外将造成破产司法上的诸多冲突以及难以解决的难题。[6]

2008 年金融危机以来，出现了不少企业经营者为逃避担保等责任而"跑路"的现象，有实务界人士和学者认为企业经营者保证应是我国未来自然人破产立法重点适用的对象。[7]随着社会主义市场经济条件下个人消费所占比重日益增加，也有学者提出消费者破产制度将为信用经济中无力偿还债务的消费者提供有效的退出机制，[8]不需要也不应当因主体经济活动性质存

　　〔1〕 参见韩长印：《浅谈建立我国的破产立法模式》，载《现代法学》1994 年第 3 期；汤维建：《关于建立我国个人破产制度的构想（上）》，载《政法论坛》1995 年第 3 期；汪世虎、李刚：《自然人破产能力研究》，载《现代法学》1999 年第 6 期；赵万一、高达：《论我国个人破产制度的构建》，载《法商研究》2014 年第 3 期；王欣新：《个人破产法的立法模式与路径》，载《人民司法》2020 年第 10 期。

　　〔2〕 参见邓社民：《自然人破产能力的法理基础和现实选择》，载《武汉大学学报（哲学社会科学版）》2007 年第 3 期。

　　〔3〕 参见韩长印：《浅谈建立我国的破产立法模式》，载《现代法学》1994 年第 3 期；曹兴权：《雾里看花：自然人破产之争》，载《河北法学》2006 年第 4 期。

　　〔4〕 参见邹海林：《关于新破产法的适用范围的思考》，载《政法论坛》2002 年第 3 期；汪世虎、李刚：《自然人破产能力研究》，载《现代法学》1999 年第 6 期。

　　〔5〕 参见邹海林：《关于新破产法的适用范围的思考》，载《政法论坛》2002 年第 3 期；汪世虎、李刚：《自然人破产能力研究》，载《现代法学》1999 年第 6 期。

　　〔6〕 参见汪世虎、李刚：《自然人破产能力研究》，载《现代法学》1999 年第 6 期；赵万一、高达：《论我国个人破产制度的构建》，载《法商研究》2014 年第 3 期。

　　〔7〕 参见池伟宏：《企业经营者与个人破产制度》，载《人民法院报》2016 年 11 月 16 日，第 7 版；叶建平：《建立我国个人破产制度的立法论证和方案设计》，载《改革内参》2016 年第 1185 期。

　　〔8〕 参见殷慧芬：《消费者破产制度研究》，上海交通大学 2008 年博士学位论文；卜璐：《消费者破产法律制度比较研究》，武汉大学 2010 年博士学位论文。

在差异而分别立法。[1]

2. 自然人破产立法的必要性和可行性研究

近些年来，我国自然人破产制度的创建条件逐渐从不成熟走向成熟，学界关于必要性和可行性研究逐渐深入。必要性研究主要聚焦于：（1）公平清偿论。债权人的公平受偿始终是自然人破产立法追求的目标。[2]（2）克服执行难论。赋予自然债务人以破产资格，有利于克服当前严重困扰司法界的执行难问题。（3）解决逃债欺诈论。只有引入自然人破产制度，才能够利用该法中的特殊制度，规范解决实践中的逃债欺诈行为。[3]（4）生存权和发展权保护论。自然人破产立法是对债务人的生存权和发展权的法律确认。[4]（5）信用促进论。自然人破产制度有助于促进社会信用环境的形成。[5]（6）金融安全论。自然人破产制度对金融体系的稳健运行有着无可替代的重要作用。[6]（7）共同富裕论。自然人破产制度是共同富裕的一个底层制度，让"诚实而不幸"的债务人有东山再起的机会。[7]（8）利益衡平论。自然人破产制度将与债务人相关的所有法律关系视同一个系统，提供了一种权利冲突平衡规则以确保各要素组合的有机运行。[8]

自然人破产制度的可行性分析主要包括以下视角：（1）中国人民银行个人征信系统和民间金融个人征信体系已经初步建立。[9]（2）《中华人民共和国民法典》（以下简称《民法典》）《不动产登记暂行条例》与相关法律法

〔1〕 参见王欣新：《个人破产法的立法模式与路径》，载《人民司法》2020年第10期。

〔2〕 参见殷慧芬：《个人破产立法的现实基础和基本理念》，载《法律适用》2019年第11期。

〔3〕 参见最高人民法院民二庭课题组等：《司法实践视野下自然人破产免责制度的构建》，载《法律适用》2022年第2期。

〔4〕 参见汤维建、胡守鑫：《个人破产制度构建的难点与对策研究》，法律出版社2022年版；殷慧芬：《个人破产立法的现实基础和基本理念》，载《法律适用》2019年第11期。

〔5〕 参见曹兴权：《雾里看花：自然人破产之争》，载《河北法学》2006年第4期；刘冰：《论我国个人破产制度的构建》，载《中国法学》2019年第4期；齐砺杰：《债务危机、信用体系和中国的个人破产问题》，中国政法大学出版社2017年版。

〔6〕 参见齐砺杰：《债务危机、信用体系和中国的个人破产问题》，中国政法大学出版社2017年版；殷慧芬：《个人破产立法的现实基础和基本理念》，载《法律适用》2019年第11期。

〔7〕 参见李曙光：《中国个人破产立法的制度障碍及其克服》，载《政法论坛》2023年第5期；徐阳光：《个人债务救济与共同富裕目标的实现》，载《光明日报》2022年4月20日，第6版。

〔8〕 参见尤冰宁：《个人破产的权利冲突与衡平》，法律出版社2023年版。

〔9〕 参见刘冰：《论我国个人破产制度的构建》，载《中国法学》2019年第4期。

规的出台有助于明确债务人的财产。[1](3) 民事执行实践中的参与分配制度、不受执行财产制度、限制高消费制度等具备了自然人破产法的部分要素和功能。[2](4) 深圳个人破产审判实践和浙江、江苏、山东等地个人债务清理实践为个人破产立法提供了较为丰富的经验。[3]

3. 自然人破产制度的构建研究

自然人破产与企业破产之间并没有一条明显的界限，两类破产制度间的许多目的是重合的，但 "人的因素" 往往会导致自然人破产制度在实现这些目标时微小而重要的变化。[4]有学者通过专著、论文等形式初步设计我国建立自然人破产制度应确立的理念和原则，并指导具体程序和制度的设计。[5]

关于立法模式的选择，在《企业破产法》的修改已经列入全国人大立法计划和自然人破产制度现实需求强烈的背景下，自然人破产与企业破产合并立法是目前较为现实的选择。[6]一种立法路径是在修改《企业破产法》时增加专章对自然人破产法作出规定，以此形成统一的破产法；[7]另一种立法路径

---

〔1〕 参见赵万一、高达：《论我国个人破产制度的构建》，载《法商研究》2014 年第 3 期；刘冰：《论我国个人破产制度的构建》，载《中国法学》2019 年第 4 期；殷慧芬：《个人破产立法的现实基础和基本理念》，载《法律适用》2019 年第 11 期。

〔2〕 参见邓社民：《自然人破产能力的法理基础和现实选择》，载《武汉大学学报（哲学社会科学版）》2007 年第 3 期；汤维建、胡守鑫：《个人破产制度构建的难点与对策研究》，法律出版社 2022 年版。刘静：《个人破产制度研究——以中国的制度构建为中心》，中国检察出版社 2010 年版。Huifen Yin, "Consumer Credit and Over-indebtedness in China", *International Insolvency Review*, Vol. 27, No. 1. , 2018, pp. 58-76.

〔3〕 参见最高人民法院民二庭课题组等：《司法实践视野下自然人破产免责制度的构建》，载《法律适用》2022 年第 2 期；最高人民法院民二庭课题组等：《司法实践视野下的自然人债务庭外重整程序》，载《法律适用》2022 年第 2 期；最高人民法院民二庭课题组等：《企业破产程序中经营者保证责任的合并处理》，载《法律适用》2022 年第 2 期；曹启选等：《个人破产制度先行先试中的实践示范与体系构建》，载《人民司法》2022 年第 22 期。

〔4〕 参见殷慧芬：《个人破产立法的现实基础和基本理念》，载《法律适用》2019 年第 11 期。

〔5〕 参见汤维建、胡守鑫：《个人破产制度构建的难点与对策研究》，法律出版社 2022 年版；李曙光：《中国个人破产立法的制度障碍及其克服》，载《政法论坛》2023 年第 5 期；尤冰宁：《个人破产的权利冲突与衡平》，法律出版社 2023 年版。

〔6〕 参见张善斌：《个人破产制度嵌入现行破产法之路径》，载《法学评论》2022 年第 3 期；殷慧芬：《个人破产立法的现实基础和基本理念》，载《法律适用》2019 年第 11 期。

〔7〕 参见刘静、刘崇理：《建立我国个人破产制度若干问题研究》，载《人民司法》2020 年第 19 期。

是将个人破产特殊规则融入破产法各章节之中，而不单设自然人破产专章。[1]

关于自然人破产法的适用主体，虽然《深圳经济特区个人破产条例》适用于包括消费者在内的自然人，但对于全国性自然人破产立法适用主体范围仍有不同的观点：限定于对破产企业债务承担连带担保责任的自然人；我国相关配套制度需要健全，限定于从事生产经营活动的自然人是更好的选择；[2]摒弃区分商人与非商人的立法思路，适用各类自然人。[3]

制度构建方面，个人破产准入问题是个人破产制度有效运行的前提，应从规则的价值出发进行规则设计。[4]破产免责制度、豁免财产制度、失权和复权制度是自然人破产法下的核心制度，也是学者们研究的焦点问题。多数学者认为，破产免责制度是自然人破产法中的核心制度，为防止该机制被滥用，应设计严格的适用规则。[5]但也有学者认为，应当引进 1 年以内的短期免责考察期，使"诚实"的债务人尽快解除职业限制等失信制度或破产烙印，保障企业家创新创业。[6]"未来收入"在豁免财产制度中占有关键地位，[7]豁免财产制度的具体规则确定豁免财产范围应有助于保障债务人及其所供养亲属的生存权和发展权，但必须以适度保障为原则。[8]破产失权复权

〔1〕 参见江苏省高级人民法院课题组、李荐：《我国个人破产制度立法模式的选择》，载《中国应用法学》2021 年第 5 期。

〔2〕 参见蔡嘉炜：《个人破产立法与民营企业发展：价值与限度》，载《中国政法大学学报》2019 年第 4 期；孙宏友：《论英国破产法制度发展及其对我国个人破产立法的启示》，载《河北法学》2010 年第 3 期。

〔3〕 参见李曙光：《中国个人破产立法的制度障碍及其克服》，载《政法论坛》2023 年第 5 期；徐阳光、武诗敏：《个人破产立法的理论逻辑与现实进路》，载《中国人民大学学报》2021 年第 5 期；赵吟：《个人破产准入规制的中国路径》，载《政治与法律》2020 年第 6 期。

〔4〕 参见赵吟：《个人破产准入规制的中国路径》，载《政治与法律》2020 年第 6 期。

〔5〕 参见许德风：《论个人破产免责制度》，载《中外法学》2011 年第 4 期；徐阳光：《个人破产免责的理论基础与规范构建》，载《中国法学》2021 年第 4 期；殷慧芬：《论自然人破产免责制度中的利益衡平》，载《西南政法大学学报》2021 年第 4 期；马哲：《论个人破产余债免除制度在我国的适应性及其构建》，载《中国政法大学学报》2019 年第 4 期。

〔6〕 参见金春：《个人破产立法与企业经营者保证责任问题研究》，载《南大法学》2020 年第 2 期。

〔7〕 参见陈本寒、罗琳：《个人破产制度中豁免财产范围规则的本土化构建》，载《湖北大学学报（哲学社会科学版）》2021 年第 1 期。

〔8〕 参见王欣新：《用市场经济的理念评价和指引个人破产法立法》，载《法律适用》2019 年第 11 期；徐阳光、陈科林：《论个人破产立法中的自由财产制度》，载《东方论坛——青岛大学学报（社会科学版）》2020 年第 3 期；胡利玲：《论个人破产中豁免财产的构成与限制》，载《东方论坛——青岛大学学报（社会科学版）》2020 年第 3 期。

制度专属适用于自然人，应当与破产免责制度相结合，通过限制债务人权利和资格的方式，起到均衡债权人利益的重要作用。[1]

程序类型应由再建型破产程序和分配型破产程序、标准破产程序和简易破产程序等基本类型组成；[2]另有学者提出在清算程序与重整程序二元双轨立法例下，我国个人破产立法应选择程序受限模式，对于未来有预期收入的债务人，可以通过引入用其未来收入偿还一定数额的债务后才能获得免责的规则，间接地强制其适用个人重整程序。[3]相较于法庭外重组作为企业破产程序的有益补充，庭外清理程序在自然人债务救济框架中发挥着更为重要的作用，运用方便、灵活、低成本的庭外清理机制解决自然人债务问题的必要性，已经为许多学者所认识。[4]《深圳经济特区个人破产条例》起草、修改过程中涉及的立法目的、权能架构、程序设计、破产公开等争议问题的梳理和剖析是我国未来全国性立法的重要基础。[5]企业及其利益相关人"关联"破产情形时产生的冲突与协调问题也逐渐引起了学界和实务界的关注。[6]

4. 自然人破产制度的国际经验借鉴和本土化研究

国外成熟立法经验的借鉴是我们建立自然人破产制度不可缺少的组成部

---

〔1〕 参见范志勇：《论自然人破产失权、复权法律制度：多元价值革新与双重体系构造》，载《经济法学评论》2020 年第 1 期；高泓：《个人破产失权和复权制度的反思与建构》，载《当代法学》2024 年第 3 期。

〔2〕 参见汤维建、胡守鑫：《个人破产制度构建的难点与对策研究》，法律出版社 2022 年版；殷慧芬：《消费者破产制度研究》，上海交通大学 2008 年博士学位论文；刘静：《试论当代个人破产程序的结构性变迁》，载《西南民族大学学报（人文社会科学版）》2011 年第 4 期。

〔3〕 参见最高人民法院民二庭课题组等：《司法实践视野下自然人破产免责制度的构建》，载《法律适用》2022 年第 2 期；郭东阳：《个人破产中的程序选择模式问题研究》，载《河南大学学报（社会科学版）》2020 年第 2 期。

〔4〕 参见赵万一、高达：《论我国个人破产制度的构建》，载《法商研究》2014 年第 3 期；汤维建、胡守鑫：《个人破产制度构建的难点与对策研究》，法律出版社 2022 年版；卜璐：《诉讼外消费者债务清理制度研究》，载《法律科学（西北政法大学学报）》2014 年第 1 期；高丝敏：《论个人破产"看门人"制度的构建》，载《法治研究》2022 年第 4 期。

〔5〕 参见白田甜：《个人破产立法中的争议与抉择——以〈深圳经济特区个人破产条例〉为例》，载《中国人民大学学报》2021 年第 5 期。

〔6〕 参见金春：《个人破产立法与企业经营者保证责任问题研究》，载《南大法学》2020 年第 2 期；赵吟：《连带责任视角下个人与企业合并破产的准入规范》，载《法学》2021 年第 8 期；徐阳光、武诗敏：《我国中小企业重整的司法困境与对策》，载《法律适用》2020 年第 15 期。

分。《美国破产法新论》《英国个人破产与债务清理制度》《日本倒产处理法入门》《世界银行自然人破产问题处理报告》《21 世纪个人破产法：美国和欧洲比较研究》《德国破产法导论》《个人破产法比较研究》等破产法书籍丰富了大家对自然人破产法的认识。[1]

社会调查方法的采用也成为近些年来自然人破产制度研究中的一个亮点。有文章通过问卷调查分析自然人破产制度构建中的理论分歧、共识；[2]最高人民法院民二庭结合地方法院前期实践经验，成立课题组，围绕自然人破产立法中的破产免责制度、住房抵押贷款债权处理规则、企业破产程序中经营者保证责任的合并处理、庭外重整程序等疑难问题开展调研，提出我国未来自然人破产立法的具体建议，在制度本土化方面做了可贵的探索。[3]深圳破产法庭也对《深圳经济特区个人破产条例》实施以来的案例相关数据作出了整理分析，探讨从地方试点到国家立法的制度实施路径。[4]

5. 国内研究简评

国内学者关于自然人破产制度的研究已经起步，尤其是关于自然人破产能力、必要性和可行性的研究比较充分；对自然人破产立法与民营企业发展的关系有所关注；自然人破产相关制度构建和程序问题近些年来也逐渐受到学者重视；相关学术书籍和文献的翻译为我们借鉴和吸收国外自然人破产制度建设的有益经验提供了良好的前期基础。但总结现有研究成果，我国对该

---

　　〔1〕　参见［美］查尔斯·J. 泰步：《美国破产法新论》，韩长印等译，中国政法大学出版社2017年版；徐阳光：《英国个人破产与债务清理制度》，法律出版社2020年版；［日］山本和彦：《日本倒产处理法入门》，金春等译，法律出版社2016年版；自然人破产处理工作小组起草：《世界银行自然人破产问题处理报告》，殷慧芬、张达译，中国政法大学出版社2016年版；［英］伊恩·拉姆齐：《21世纪个人破产法：美国和欧洲比较研究》，刘静译，法律出版社2021年版；［德］莱因哈德·波克：《德国破产法导论》，王艳柯译，北京大学出版社2014年版；［美］杰森·J. 吉伯恩：《个人破产法比较研究》，徐阳光、李丽丽译，法律出版社2022年版。

　　〔2〕　参见汤维建、胡守鑫：《个人破产制度构建的难点与对策研究》，法律出版社2022年版。

　　〔3〕　参见最高人民法院民二庭课题组等：《司法实践视野下自然人破产免责制度的构建》，载《法律适用》2022年第2期；最高人民法院民二庭课题组等：《自然人破产程序中的住房抵押贷款债权处理规则研究》，载《法律适用》2022年第2期；最高人民法院民二庭课题组等：《企业破产程序中经营者保证责任的合并处理》，载《法律适用》2022年第2期；最高人民法院民二庭课题组等：《司法实践视野下的自然人债务庭外重整程序》，载《法律适用》2022年第2期。

　　〔4〕　参见曹启选等：《个人破产制度先行先试中的实践示范与体系构建》，载《人民司法》2022年第22期。

领域的研究至少在以下三个方面有完善的空间：

（1）缺乏具有现实针对性的深入研究。当前我国企业经营者为企业债务承担无限责任而陷入无力偿债风险的问题尤其突出，尤其是一场突发的疫情，对我国的宏观经济和金融市场产生一定冲击，大量中小企业遭遇结构性影响，因此，改善营商环境，弘扬企业家精神，应作为我国自然人破产立法重要考虑的因素。现有研究在这一方面需要进一步加强。

（2）缺乏全面系统的研究。自然人破产立法必然面对的诸多问题，例如自然人破产程序的准入标准；程序类型的选择和构建；豁免财产范围的确定和债权人权利保障；自然人破产程序中的管理人履职等问题在我国都几乎没有形成系统全面的研究成果供作立法参考和选择。

（3）缺乏与司法实践的对接。现有研究更多是从立法论的角度展开，未充分考虑理论与实务的结合、立法与司法的对接。

（二）国外学术史梳理及研究简评

1. 消费者破产制度的基本框架和实施效果

国外许多国家的破产制度都是首先从适用于自然人入手，然后逐步推广到各类企业。20世纪80年代起消费信用在各国和地区呈现快速增长趋势，消费者负债问题日益严重，英、美的消费者破产案件数量逐年增多，消费者破产立法问题也陆续引起了更多国家的关注。因此国外自然人破产制度的新近研究主要集中在消费者破产制度的基本构成和实施效果等方面。基于对破产滥用的担忧，美国立法者于2005年颁布《破产滥用预防及消费者保护法案》，通过"收入测评"的设置将更多的债务人从第7章程序引向第13程序。破产法修正案的实施效果却差强人意。对许多债务人来说，《美国破产法》一个多世纪以来所提供的财务上重新开始的承诺已经成为残酷而短暂的幻想。学者们提出，破产法不应再作为职业债权人的债务催收工具，程序简化和成本降低才是应该追求的目标，并提出了重新改革的各种可能路径。[1]欧洲地区相关国家的立法者逐渐意识到消费者破产立法的积极效果，对破产

---

〔1〕 Jay Lawrence Westbrook, "The Retreat of American Bankruptcy Law", *QUT Law Review*, Vol. 17, No. 1, 2017, pp. 40-56.

滥用的恐惧呈现逐渐弱化趋势。[1]

美国学者更多地关注消费信用与消费者破产之间的关系。特丽丝·苏利文（Tareas A Sullivan）、伊丽莎白·沃伦（Elizabeth Warren）和杰伊·维斯布鲁克（Jay Lawrence Westbrook）三位学者在《脆弱的中产阶级：债务中的美国人》[2]一书中，确定了造成消费者破产的几个因素：失业和失去收入，生病和受伤，离婚，太多的信用债务。另有一些学者认为风险的增加不能充分解释破产数量的增加，破产数量的增加是由于破产需求方的一些变化所导致，例如申请破产的成本（如信息成本、耻辱感）降低[3]等。大陆法系的学者则认为一个国家的社会福利状况会影响本国的消费者破产立法，指出世界各国和地区全新开始政策的不同是因为各国和地区人民经济脆弱性的不同。如果债务人所在国家的信用容易获得，但福利安全网有限，此时该国的全新开始政策倾向于宽松。相反，如果信用管制没有放开而有宽松的福利政策，此时其所能获得的债务救济往往是有限的。[4]

2. 消费者破产制度的比较研究

世界范围内的消费者破产制度存在诸多差别，有学者尝试从比较法的角度展开研究。芬兰学者约翰娜·涅米-克斯兰娜（Johanna Niemi-Kiesiläinen）根据不同国家消费者破产制度的立法目标及现状的不同，将消费者破产制度发展模式区分为以美国为代表的自由模式和以德国为代表的福利模式，认为美国的消费者破产制度对自然人更为宽容，因为美国社会推崇自由市场经济和个人主义，而大陆法系国家关注的焦点不在于市场而是保证福利国家内的社会正义。[5]学者尤迪·莱福纳（Udo Reifner）依据以下三个标准对各国和地区的消费者破产法进行分类：第一，全新开始的权利；第二，

[1]　Rafael Efrat, "Global Trends in Personal Bankruptcy", *American Bankruptcy Law Journal*, Vol. 76, No. 1, 2002, pp. 81-109.

[2]　See Teresa A. Sullivan, et al., *The Fragile Middle Class: Americans in Debt*, Yale University Press 2001.

[3]　See David B. Gross, Nicholas S. Souleles, "An empirical analysis of personal bankruptcy and delinquency", *The Review of Financial Studies*, Vol. 15, No. 1, 2002, pp. 319-347.

[4]　See Rafael Efrat, "Global Trends in Personal Bankruptcy", *The American Bankruptcy Law Journal*, Vol. 76, No. 1, 2002, pp. 81-109.

[5]　See Johanna Niemi-Kiesiläinen, "Collective or Individual? Constructions of Debtors and Creditors in Consumer Bankruptcy", in *Consumer bankruptcy in Global Perspective*, Hart Publishing, 2003, p. 49.

是否包括免责制度；第三，债务调整方案中的责任分配。依据这三个标准，莱福纳把消费者破产法分为四种类型。第一，全新开始模式（the fresh start model）；第二，再教育模式（the reeducational model）；第三，管理帮助模式（the administrative help model）；第四，社会保护模式（the social protection model）。[1]拉法尔·艾福特（Rafael Efrat）依据债务免除的水平，即可获得性、确定性和即时性，把消费者破产立法划分为保守型、折中型和自由型。保守型立法的特点是没有破产免责制度，原因包括消费者不具备破产能力或者消费者具备破产能力但无权获得免责。折中型立法的特点是消费者可获得免责，但是过程比较缓慢或者要由法官裁量。宽松型立法为债务人提供了高度确定和相对快速的免责。[2]

美国的破产法以债务人导向著称，欧洲大陆的破产法对债务人相对严格。20世纪80年代，世界经历了一轮引人注目的自然人破产法改革，资本主义经济的变化、金融危机和政治利益集团都促成了这一轮改革。[3]有学者通过介绍美国、法国、瑞典、英格兰和威尔士的自然人破产法案例研究探讨了利益集团、立法时机、文化背景、路径依赖和意外事件等因素在自然人破产法改革方面的作用。[4]虽然近些年来美国通过消费信用咨询程序前置、引入"收入测评"标准限制债务人的程序选择等规定预防债务人的滥用，[5]欧洲大陆国家破产法通过降低破产门槛和缩短破产免责考察期等体现出立法

〔1〕 See Johanna Niemi‐Kiesilainen, "Consumer Bankruptcy in Comparison: Do We Cure a Market Failure or a Social Problem?", *Osgoode Hall Law Journal*, Vol. 37, No. 1., 1999, pp. 473-503.

〔2〕 See Rafael Efrat, "Global Trends in Personal Bankruptcy", *The American Bankruptcy Law Journal*, Vol. 76, No. 1., 2002.

〔3〕 See Iain Ramsay, *Personal Insolvency in the 21st Century: A Comparative Analysis of the US and Europe*, Hart Publishing, 2017. Jay Lawrence Westbrook, "The Retreat of American Bankruptcy Law", *QUT Law Review*, Vol. 17, No. 1., 2017, p. 40.

〔4〕 See Iain Ramsay, *Personal Insolvency in the 21st Century: A Comparative Analysis of the US and Europe*, Hart Publishing, 2017. Udo Reifner, et al., *Overindebtedness in European Consumer Law*, Books on Demand, 2010. Jacob S. Ziegel, *Comparative Consumer Insolvency Regime-A Canadian Perspective*, Hart Publishing, 2003.

〔5〕 See Jay Lawrence Westbrook, "The Retreat of American Bankruptcy Law", *QUT Law Review*, Vol. 17, No. 1., 2017, p. 40. Charles J. Tabb, "Lessons from the Globalization of Consumer Bankruptcy", *Law & Social Inquiry*, Vol. 30, No. 4., 2005, pp. 763-782.

者对破产滥用恐惧的降低，[1]但是两者之间明显的制度差异仍然存在。基于经验的积累，欧洲地区相关国家的立法者对破产滥用的恐惧呈现逐渐减少趋势，丹麦、斯洛伐克、波兰、奥地利、俄罗斯等国家均是如此，主要体现为破产门槛的降低、破产免责的更容易获得和破产免责期间的缩短等。债权人友好型和债务人友好型模式的选择除了受到信用市场、社会保障等因素影响外，也与社会长期形成的价值观有关。[2]欧洲法律将自然人过度负债当作社会问题来对待，[3]而美国则将其看作市场的失灵。[4]

3. 自然人破产与企业家精神的研究

2008 年金融危机之后，越来越多的学者指出重新开始政策将激发企业家精神。破产法对创业、创新发展以及经济增长有重要影响，通常在破产法有利于债务人的国家，企业家的风险接受水平更高，表现出更高的创业和创新水平。[5]欧盟已经关注到鼓励陷入财务困境的企业家及早寻求破产支持对于应对欧债危机具有重要意义，通过颁布相关指令为消除社会的破产耻辱感、促进企业家创业创新、助力企业恢复正常运营提供制度激励。[6]

破产免责宽严的全球差异被认为体现了一个国家希望在多大程度上增强企业家创新活力和创业动力。鼓励创新、支持创业的国家往往有宽容的破产免责政策，而对大型企业或国有企业有明显偏好的国家往往没有破产免责制

---

〔1〕 See Jason J. Kilborn, "The Rise and Fall of Fear of Abuse in Consumer Bankruptcy: Most Recent Comparative Evidence from Europe and Beyond", *Texas Law Review*, Vol. 96, No. 7., 2018, p. 1327.

〔2〕 See Johanna Niemi Kiesilainen, "Consumer Bankruptcy in Comparison: Do We Cure a Market Failure or a Social Problem?", *Osgoode Hall Law Journal*, Vol. 37, No. 1., 1999, p. 483. Tabb Charles Jordan, "The History of the Bankruptcy Laws in the United States", *American Bankruptcy Institute Law Review*, Vol. 3, No. 1., 1995; Jason Kilborn, *Comparative Consumer Bankruptcy*, Carolina Academic Press, 2007, pp. 99-102.

〔3〕 See Johanna Niemi Kiesilainen, "Consumer Bankruptcy in Comparison: Do We Cure a Market Failure or a Social Problem?", *Osgoode Hall Law Journal*, Vol. 37, No. 1., 1999, p. 483.

〔4〕 See Thomas H. Jackson, *Logic and Limits of Bankruptcy Law*, Harvard University Press, 1986, p. 229.

〔5〕 See Blazej Prusak, et al., "The impact of bankruptcy regimes on entrepreneurship and innovation. Is there any relationship?", *International Entrepreneurship and Management Journal*, Vol. 18, No. 1., 2022, pp. 473-498.

〔6〕 See Iain Ramsay, *Personal Insolvency in the 21st Century: A Comparative Analysis of the US and Europe*, Hart Publishing, 2017. Charles J. Tabb, "Bankruptcy and Entrepreneurs: In Search of an Optimal Failure Resolution System", *American Bankruptcy Law Journal*, Vol. 93, No. 2., 2019, pp. 315-342.

度或破产免责规则过于严苛。[1]宽松的个人破产法使得企业家创业活动变得更具吸引力的同时，由于风险转移至信贷供给一方，也会导致银行等信贷供给方必然事先要求更高的利息率，或者限制信贷供给的配额，但总体而言，宽严相济的自然人破产法的保险效应超过了利息效应，鼓励较不富裕群体进入创业领域。[2]

4. 国外研究简评

国外学者的研究具有如下特点：第一，研究工作适应时代需求。从自然人破产法最初仅适用于商自然人，到消费信用快速增长带来的消费者破产立法潮，再到金融危机背景下兴起的自然人破产与企业家精神的研究，国外学者的研究工作切合时代背景，甚至与立法改革形成良性互动。第二，比较研究蔚然成风。许多学者从比较法的角度来研究不同国家和地区在不同的经济环境和政策导向下对自然人破产法律制度的调整。第三，研究方法多元化。国外学者对相关问题的研究不仅仅局限于法律层面，也从法经济学和法社会学的角度研究，并且注重用数据、模型对自然人破产法的运行效果进行分析。

三、研究思路和研究方法

（一）研究思路

本书在研究过程中，从我国自然人破产法立法和实践面临的问题切入，基于优化营商环境的视角，在国外先进经验和国际自然人破产立法趋势中寻找制度背后的基本逻辑，结合我国地方自然人破产立法和个人债务清理实践，发现我国自然人破产制度可能的契合点。具体包括以下几个方面：

第一，自然人破产立法的现实基础与基本理念。为什么需要自然人破产法？自然人破产立法在中国有必要吗？自然人破产立法在中国可行吗？自然

---

〔1〕 See Rafael Efrat, "Global Trends in Personal Bankruptcy", *The American Bankruptcy Law Journal*, Vol. 76, No. 1., 2002, pp. 81-109; John Armour, Douglas Cumming, "Bankruptcy Law and Entrepreneurship", *American Law and Economics Review*, Vol. 10, No. 2., 2008, pp. 303-350.

〔2〕 See Frank M. Fossen, Johannes König, "Personal Bankruptcy Law and Entrepreneurship", *CESifo DICE Report*, Vol. 13, No. 4., 2016, pp. 28-34.

人破产法与企业破产法的区别体现在哪些方面？自然人破产应该单独立法还是合并立法？

第二，自然人破产法的适用主体。国外自然人破产法适用主体范围的选择受到哪些因素的影响？破产语境下商自然人和消费者的范围是哪些？为企业债务担任保证人的股东或实际控制人的家庭成员属于商自然人吗？破产语境下商自然人和消费者的识别标准是什么？商自然人与消费者应区别对待吗？我国自然人破产法的适用主体应该是为企业承担连带责任的自然人、商自然人还是所有的自然人？

第三，自然人债务庭外清理程序的构建。为什么自然人破产政策的一个明显特征是倾向于选择庭外债务清理程序？自然人债务庭外清理程序的模式有哪些？我国庭外债务清理程序应选择哪种模式？庭外程序良好运行的关键点是哪些？庭外程序与庭内程序的关系是如何的？

第四，自然人债务庭内程序的构建。自然人破产程序的准入条件应该是如何的？破产清算程序和重整程序是自由选择还是限制适用条件？自然人破产清算程序与企业破产清算程序的区别在哪里？自然人破产重整程序与企业破产重整程序的区别在哪里？是否有必要保留庭内和解程序？

第五，自然人破产免责制度中的利益衡平。自然人债务人进入破产程序的主要动机是获得债务的免责。然而，债务人的债务免除以债权人的清偿利益受损为代价，因此破产免责使得自然人破产法遭遇最大的伦理挑战。破产免责制度的正当性体现在哪些方面？如何防止破产免责制度被滥用？营商环境优化背景下我国破产免责制度的构建应该更加宽松还是相对严格？

第六，自然人破产制度中的豁免财产。固定主义与膨胀主义是破产清算程序中确定破产财产范围的两大立法例。我国自然人破产程序中破产财产范围确定应采用固定主义还是膨胀主义？豁免财产的范围如何确定？豁免财产和担保财产的冲突如何解决？

第七，自然人破产程序中的破产债权。自然人破产程序中破产债权的特点是什么？债权人对自然人破产案件的参与往往是被动的，如何在保证破产程序顺利运行的同时确保债权人的权利得以必要的保障？债权人会议是否为必设机关？破产清算程序中债权人的受偿顺位应如何确定？劳动者破产和雇主破产情形下分别会遇到什么特殊问题？

第八，自然人破产程序中的管理人。自然人破产程序中管理人的职责是什么？管理人应是必设机构吗？管理人的履职困境表现在哪些方面？原因是什么？自然人破产程序中管理人的报酬如何保障？如何确保管理人的履职积极性？公职管理人是否是解决困境的方案选择？

第九，自然人破产立法的国际化与本土化。作为我国首部关于自然人破产制度的地方性法规，《深圳经济特区个人破产条例》更多基于与国际转轨的考量进行了许多制度性创新。深圳三年多的个人破产审判实践是否验证了国际化立法的可行性？我国未来的自然人破产立法应该坚持国际化还是本土化？

（二）具体研究方法

案例研究方法。本研究是基于我国地方人民法院的个人债务清理实践与深圳个人破产立法探索展开，充分总结个人债务清理实践、深圳个人破产审判实践等特殊类型案件的审理和执行经验。

比较研究方法。不同国家的自然人破产制度有很大的差别。我国自然人破产法律问题的研究，要有比较的视野，不能忽略国外的制度经验和学术动态。

历史研究方法。从历史的角度看待问题，了解其他国家和地区自然人破产制度的历史背景和制度演进路径，分析问题可以更加准确、深入。

系统研究法。在以上研究方法基础上采用系统研究法，对我国自然人破产法律问题进行系统整合研究，分析各个要素之间的相互关系，且从全局出发，提出构建我国自然人破产制度的立法建议。

四、基本内容和创新之处

（一）基本内容

本研究从营商环境的视角展开对自然人破产制度的研究，一方面强调自然人破产制度的最初设计应该充分利用现有制度，最大限度地与企业破产法和其他法律，如《民法典》《中华人民共和国民事诉讼法》（以下简称《民事诉讼法》）等衔接，另一方面重点研究营商环境提升背景下，基于自然人破产制度的特殊性而必须关注的立法设计和司法适用难题，如破产准入机制、程序类型与建构、免责与失权、破产滥用预防、管理人制度等。

第一，我国自然人过度负债问题已经凸显，无力偿债风险日益增大。自然人个人过度负债是一个系统性金融风险问题，建立自然人破产制度是化解过度负债危机的必然选择。自然人破产与企业破产之间并没有一条明显的界限，"人的因素"是自然人破产制度设计的核心，自然人破产立法应在债权人清偿利益和债务人生存权、发展权之间取得平衡。单独立法还是合并立法受到各国及地区历史传统和现实需求的影响。

第二，自然人破产法适用主体的范围因各国及地区信用市场的发展程度与立法传统的影响而呈现差异，这也是一个国家的立法政策选择问题。破产语境下，商自然人不同于商法语境下强调投资主体单一性的商个人；消费者不同于消费者权益保护法下的消费者。商自然人与消费者在破产程序中的区分对待与市场主体平等并不矛盾，当主体间存在事实上的差别时，只有区分对待才能实现真正的平等。债务人属性标准和债务性质标准相结合，可作为破产法下识别商自然人与消费者的依据。普通商自然人可与企业适用同一破产程序；债权债务关系简单的商自然人适用消费者破产程序；消费者破产程序应更加简易、迅速及富有弹性。我国自然人破产法不应只适用于为企业承担连带责任的自然人，适用于商自然人解决了现实需求较为突出的问题，适用于所有的自然人则顺应了世界破产立法的潮流。

第三，针对自然人破产案件数量多、司法资源不足的现实，自然人债务庭外清理程序是必需的选择。部分国家的庭外债务清理程序规定在更为正式的制度架构中，行政机构在处理和管理自然人债务问题方面发挥着显著的作用，有些国家或地区则通过市场化方式解决自然人过度负债问题，由金融机构或社会组织作为负责机构。自然人债务庭外清理程序的不同发展模式是政治理念、司法模式和传统文化等多种因素作用的结果，我国可采用"执行机构+多路径化解"的模式。异议债权人钳制是影响庭外协商成功的突出问题；对于陷入财务困境的债务人而言，偿债资金也是困扰债务庭外清理程序顺畅运行的一个难题；另外也存在对特殊类型的自然人是否要区别对待的问题。我国的自然人债务庭外清理程序是前置型还是选择型，应综合考虑庭外程序是否在成本、便利、效率等方面有足够的诱惑力、破产法律文化的普及程度等多种因素。

第四，自然人破产清算和重整程序的准入标准应透明和确定，以避免债权人或债务人的不当使用。开放的准入条件将引发对道德风险的争论。一般来说，债务人进入破产程序应符合一些条件，如债务最低水平、诚信、无力清偿，甚至包括已经尝试庭外和解等。破产清算程序和重整程序是自由选择还是限制适用条件，立法者需要在制定较高的目标和可达到的目标之间取得平衡。自然人破产案件权利义务关系明确，债权债务数额小，应更多适用破产简易程序。我国大众普遍还是保持着欠钱应当偿债的观念，破产重整程序在个人处理债权债务关系方面，符合此种积极负责的观点想法。最低清偿水平是债务重整方案的基本要求；重整方案的强制批准是债务重整制度社会利益本位的集中体现。

第五，破产免责体现了一种分配正义，释放了自然人债务人的生产力，实际上是对现有社会保障制度的提升。个人债务人进入破产程序的主要动机是获得债务的免责。与其说免责制度是自然人破产制度的一部分，不如说免责制度发挥着自然人破产制度的核心功能。然而，债务人的债务免除以债权人的清偿利益受损为代价，因此破产免责使得自然人破产法遭遇最大的伦理挑战。从历史的角度看，各国和地区破产法先后采用了债权人同意、最低清偿比例、债权人和管理人监督等机制来遏制债务人的滥用行为。自动免责与许可免责的选择、破产免责期限长短的选择、破产免责范围大小的选择体现了一国自然人破产立法在债权人利益和债务人利益之间的衡平。法律制度的设计，最重要的是"在价值判断层面贴近最广泛的共识"。

第六，固定主义和膨胀主义两种主义在世界实施的经验并不是非此即彼的排斥状态。自然人破产清算程序下，我国破产财产范围的确定采膨胀主义为宜，因为膨胀主义能够增加债务人的责任财产总额，使债权人获得更高比例的清偿。豁免财产的相关界定有种类化的倾向，具体类型通常包括生活必需品、必要的生活费用、职业工具、具有纪念性和荣誉专属性的财产、具有人身专属性的财产等。债务人在破产前夕将不可豁免的财产转换为可以豁免的财产，该转换行为本身并不构成欺诈，债务人不会因此而丧失可能获得的豁免财产。豁免财产的整体额度可以由各省、市、自治区来限制，既不宜过于宽松，否则自然人破产制度就演变为债务人逃避债务的温床，也不宜过于严格，否则可能会导致债务人不能在较短时间内实现经济重生。

第七，大量的自然人破产案件中债权人的预期分配很少或没有，因此，债权人的被动参与是理性选择。废弃债权人会议、简化债权的提交和核实以及其他形式的债权人参与成为明显的发展趋势。但是债权人的权利仍需通过不同方式加以保障，如提出异议的权利；要求审查债务人或第三方的权利；要求召开听证会的权利等。劳动者破产通常并不影响劳动者契约关系，但自破产宣告起，破产人的一定任职资格受限，不能出任公职人员、会计师、律师、管理人、清算人等职务。雇主如个体工商户破产时，涉及到雇主与员工之间劳动关系的处理。对于劳动合同的拒绝履行不能简单适用商业判断标准，而是需要遵循更为严格的法律原则和条件。

第八，自然人破产程序中管理人应是必设机构，自然人破产程序的公正、顺利运行，有赖于独立、中立又专业的管理人的规范高效履职。与企业破产案件相比，自然人破产案件具有数量多但规模小的特点，管理人通常履职动力不足。我国目前建立全国范围内的破产事务管理机构的时机尚不成熟，至少在制度运行之初，在现有制度基础上建立和保持程序简单更有优势。全球自然人破产制度运行的相关经验和我国深圳、浙江等地的实践探索，可以为我们未来的制度设计提供有效、明确的方向，如建立良好的激励机制和约束机制，以及程序设计的简易化、集约化和信息化。市场化管理人的顺畅运行必须在案件对适度管理的需求和管理人对适当报酬的愿望之间达成必要的妥协。

第九，国际化与本土化是任何法律制度构建中都需要平衡的一对矛盾，需要注意的是，国际化与本土化的要求因领域差异而不同。作为我国首部关于自然人破产制度的地方性法规，《深圳经济特区个人破产条例》更多基于与国际转轨的考量进行了许多制度性创新。我国未来自然人破产立法应该如何协调国际化与本土化之间的关系，是立法者需要考虑的重要议题之一。与其他商事法律所具有的国际性相比，自然人破产立法应该更注重本土化。即使在今天优化营商环境、弘扬企业家精神的时代背景下，我们也不应夸大破产法促进市场效率的潜力。

（二）创新与不足之处

1. 创新之处

其一，研究视角新颖。在高负债的时代背景下，从营商环境视角切入展开对自然人破产法律问题的研究更有针对性和现实意义。

其二，学术观点上的创新。本课题从立法论的角度展开对相关问题的研究，围绕着如何设计出合理的自然人破产法规范提出观点和见解。例如，破产程序选项的存在提出了程序准入应在多大程度上依赖自然人选择或者立法决策的问题；自然人破产立法的国际化和本土化问题贯穿自然人破产立法问题的始终，我国未来自然人破产立法应该如何协调二者之间的关系，是立法者需要考虑的重要议题之一，也是本书探讨的焦点。

其三，研究采用最新材料。课题研究使用最新的数据和资料，着重分析近年来深圳个人破产审判实践和地方法院个人债务清理实践的数据和资料，以及相关国家最新的自然人破产立法改革。

2. 不足之处

本书是从"营商环境视角"展开对自然人破产法律问题的研究，但"营商环境视角"在有些章节不是特别凸显；个别章节内容如"自然人破产法中的破产债权"的论述流于单薄；除了国外的立法经验和我国司法实践资源外，课题内容未来的展开可以进一步考虑挖掘本土历史资源和现实文化资源，以培植我国自然人破产制度落地生根的丰厚土壤。

自然人破产制度概述

破产概念的起源可溯及罗马法对于债务人财产的概括拍卖（venditio bo-norum）至其后演进的个别拍卖（distractio bonorum）等有关债务人财产执行之方法制度。[1]关于破产一词的使用在古罗马时代尚未发生，此名词最早是萌发于 14 世纪的意大利语"banco rotta"（broken bench，被毁损的摊位），意即在当时繁荣的意大利市集中，在商人无力支付到期债务时，其债权人会群起而攻之并以将其摊位砸毁的方式，向世人昭示此人的财务失败。[2]现代意义上的破产概念通常是指整个破产制度，但在语言简化表述时，有时可以是指破产程序，有时则是指破产原因即破产界限，有时又用于泛指债务人被宣告破产的法律状态，需根据使用时的具体情况确定。基于营商环境视角研究自然人破产制度，需要弄清楚的首要问题是，自然人破产制度的基本含义，以及自然人破产制度与营商环境的关系。

一、为什么需要自然人破产法

破产法，解决的是市场主体遭遇竞争失败时如何以对整个经济伤害最小的方式退出市场或者实现重生的问题。与依赖自然的经济力量消极地纠正不平衡现状相比，破产制度能够对经济活动损失进行及时高效的处理，保证经

---

〔1〕 参见陈计男：《破产法论》，三民书局 2002 年版，第 21 页；陈荣宗：《破产法》，三民书局 2001 年版，第 19 页。

〔2〕 See Martin A. Fray, *An Introduction to Bankruptcy Law*, West Publishing Company, 1992, p. 2. 转引自王卫国：《破产法》，人民法院出版社 1999 年版，第 2 页。

济活动的流畅、稳定及可预测性。[1]最早的破产法只适用于商自然人。彼时的破产法是为债权人提供公平受偿机会的程序，债权人利益被置于绝对优势地位而受到立法者和司法者的重视和强调。破产程序终结后，债务人仍应对未清偿的债务负责，甚至要被处以刑罚。随着经济社会的发展，人们逐渐认识到，设定债权必定伴随风险，这风险不应由个人债务人单方面承担，而应由债权人乃至社会整体共同承担，实现风险的社会化和分散化。尤其是在19世纪末20世纪初，西方资本主义国家由自由竞争走向垄断，社会财产得以巨大积累的同时，贫富悬殊、两极分化等社会问题愈演愈烈，一部分社会成员甚至面临生存困难。一些国家的宪法逐步引进并确立了"社会福利国家"的理念，强调"使每一个人都过上人一样的生活"。国家为克服市场失灵而放弃"守夜人"角色，以公权力介入经济生活，对经济生活进行管理调控。在立法和制度层面上，主要表现为对社会经济强者的经济自由权的积极限制和对社会经济弱者的"社会权"的保障。[2]

人们对不能清偿的债务人表现得越来越宽容，对债务人的生存与将来之发展给予适当的关注。这种关注主要表现为：设立免责制度免除"诚实而不幸"的债务人无力清偿的剩余债务；设立豁免财产制度保障个人债务人的生活和工作需要。自然人破产制度通过破产免责、豁免财产等这样的制度安排保障债务人最基本的生存权的同时，还为因创业失败、疾病、失业等原因而招致不幸的个人债务人提供额外的福利。这种福利减少了债务人在创业、消费时的后顾之忧，使得破产程序终结后的债务人能够尽快重新回到劳动要素市场中。人们逐渐意识到，太多的债务羁绊，以及由此给家庭幸福、感情稳定和工作安全带来的压力，会抑制人们的生产力；停止高代价的讨债行为，给予贫困但善良的债务人全新开始的机会，将产生社会净收益。[3]债务人享有这些福利的同时，自然人破产制度通过破产失权和复权制度使得债务人的

---

〔1〕 参见自然人破产处理工作小组起草：《世界银行自然人破产问题处理报告》，殷慧芬、张达译，中国政法大学出版社2016年版，第50页。

〔2〕 参见李元起、郭庆珠：《行政相对人的行政受益权法治化探析》，载《国家行政学院学报》2005年第3期。

〔3〕 See Thomas H. Jackson, "The Fresh-Start Policy in Bankruptcy Law", *Harvard Law Review*, Vol. 98, No. 7., 1985, pp. 1393-1448.

行为能力和资格能力在一段时期内受到限制，平衡保护债权人的利益。

一部良好的自然人破产法必须合理、有效地协调债权人、债务人的利益。严格抑或宽松，是自然人破产立法面临的一大挑战。过于宽松的立法将造成债务人对合同义务的不尊重；过于严苛的立法，则无法真正落实破产法为债务人提供经济再生的良善美意，也会因为债务人的不配合而实际降低债权人受偿比例，同样影响对合同实际履行的尊重。无论如何，自然人破产法并非为了动摇金融市场的根基——信用，而是为了促进金融市场的健康发展。

二、自然人破产与个人破产、消费者破产的概念辨析

"自然人破产"与"个人破产"、"消费者破产"这三个概念在许多场合被交替使用，易于混淆，因此有必要进行相关概念的辨析。通常情况下，"自然人破产"与"个人破产"基本是指同一含义，而"消费者破产"的概念与"自然人破产""个人破产"则有所区别。

（一）"个人破产"与"自然人破产"的概念辨析

破产法适用范围这一研究领域，"自然人破产"和"个人破产"这两个词出现频率极高，有时甚至在同一篇文章中被交替使用。这两个词的含义是完全相同，仅是称谓上并列的两个词，还是有所区别，有着不同的内涵呢？对此，学术界有几种观点：一种观点认为"个人"即为一般民法意义上的"自然人"，"个人破产"也即指"自然人破产"。[1]另一种观点则主张"个人破产"中的"个人"并不能等同于"自然人"，认为"其内涵丰富，性质多样，种类繁杂，在外延上《民法典》所规定的包括'两户一伙'在内的'自然人'"。因此，认为"个人破产"就其本质含义而言，"是指所有法律上或事实上以承担无限财产责任为基础的经济实体和自然人的破产"[2]。事实上，这种意义上的个人破产也就是除法人破产之外的其他民事主体的破产。

---

〔1〕　参见文杰、张丽琴：《建立我国个人破产制度问题研究》，载《上海社会科学院学术季刊》2002年第3期。

〔2〕　汤维建：《关于建立我国个人破产制度的构想（上）》，载《政法论坛》1995年第3期。

笔者认为，首先，破产法学界使用"个人"一词，是《美国破产法》中"individual"一词的直译。而"individual"一词在《美国破产法》中是与合伙（partnership）、各种企业（corporation）并列的概念，[1]都是"人"（person）一词的下位概念。因此，认为"个人"包含"经济实体"，混淆了概念体系，是不合理的。

其次，依据传统民法理论，民事主体只有两类：自然人和法人，现代各国民法，在法人和自然人之外，通常承认有非法人而具有某种主体性的组织体的存在。但是，尚无一部法律对"个人"进行严格的法律界定，应该说，"个人"一词并非严格的法律概念。

最后，从理论的角度分析，如果将"个人"破产定义为经济实体和自然人的破产，那么在该经济实体不是由自然人而是由法人组成的情况下，依此定义该经济实体的破产亦叫做"个人破产"，实在令人难以理解。

由此可见，将"个人"定义为"所有法律上或者事实上承担无限财产责任为基础的经济实体和自然人"无论从语言和理解习惯上，还是从理论上都是不妥的。

结合我国的理论和实践，笔者认为，我国的破产法应当使用"自然人"一词，至于美国个人破产制度中的非公司型企业，则类似于我国的个人独资企业、合伙企业等，在我国的破产法中，应当归入非法人经济组织当中，并赋予其独立的破产能力。

（二）"消费者破产"与"自然人破产"的概念辨析

基于导致破产的原因，自然人破产主要分为三类：商事破产、民事破产和制裁型破产。商事破产指的是源于工商业生产经营活动所产生的自然人破产；民事破产指的是源于借贷、租赁、分期付款、侵权等一般民事生活关系所产生的自然人破产；制裁型破产则是指根植于公司企业经营失败上的原因责任所产生的自然人破产。[2]一般而言，以商事破产为申请事由较为多数，消费者破产是民事破产的最主要构成部分，这种案件次之，最少出现的则是

---

〔1〕《美国破产法》第101条第41款："person" includes individual, partnership, and corporation.

〔2〕参见汤维建：《关于建立我国个人破产制度的构想（上）》，载《政法论坛》1995年第3期。

因为民事相关事实导致的自然人破产（如侵权行为[1]）。在数据统计上，近几年因金融市场上信用消费性商品的高度蓬勃发展，使得消费者破产申请件数已有超越的现象，这也是消费者破产愈来愈受瞩目的原因之一。因此，消费者破产制度是自然人破产制度的重要组成部分，是自然人破产制度的下位概念。

　　破产法中的消费者是与商自然人相对应的一个群体。关于破产语境中消费者的定义，国内学者多数是从非商人的角度来定义，认为破产法意义上的消费者是指未从事营利活动的一般自然人。例如，汤维建教授在《关于建立我国的个人破产程序制度的构想（下）》一文中指出：商人破产主义是区分商人与非商人资格，商人的不能清偿到期债务事件适用破产法解决，非商人的不能清偿到期债务事件适用一般的民事执行法解决。一般破产主义则不区分商人与非商人资格，一律适用破产程序。[2]学者汪琴进一步提出，破产法意义上的消费者是狭义的消费者，是与商家建立直接买卖关系者即商品购买者和服务费用的承担者，排除商品使用者和无偿接受服务者。[3]本书"自然人破产法的适用主体"一章也对破产语境下的消费者作出了界定。

三、营商环境与自然人破产制度

（一）营商环境的内涵

　　"营商环境"一词源于世界银行"Doing Business"项目调查。2004 年以来世界银行对各经济体在不同时期的商业监管环境进行比较，并每年发布《营商环境报告》（DB Report）。据世界银行的营商环境报告，中国从 2006 年的第 91 位提升至 2020 年的第 31 位。2023 年 5 月，世界银行发布了新营商环境评估（Business Ready，B-READY）的《方法论手册》（B-READY Methodology Handbook）、《说明及指南》（B-READY Manual and Guide）两份

---

　　[1]　最著名的此类破产案例，是美国前橄榄球明星辛普森于 1994 年因涉嫌杀害其前妻及前妻男友，在 1997 年的民事诉讼判决下，因必须支付受害人家属巨额赔偿费用而申请的破产。

　　[2]　参见汤维建：《关于建立我国的个人破产程序制度的构想（下）》，载《政法论坛》1995 年第 4 期。

　　[3]　参见汪琴：《略论消费者破产能力》，载《甘肃政法成人教育学院学报》2005 年第 2 期。

重要文件。加上 2022 年 12 月公布的《概念书》（Concept Note），这三份加起来有近千页的文件体系，预示着世界银行营商环境评估及其体系将迎来革命性的变化。

营商环境概念在不同情境下的表述可能存在差异，如世界银行认为营商环境的考察对象是"影响企业经营活动的政府规制因素"。在国内，近些年中国的理论和企业及政府实践工作者对营商环境有着比较强的敏感性和回应性，并试图将这一概念本土化，以推动中国治理体系现代化和经济的高质量发展，主要表现在两个方面：一是在理论层面的梳理。通过梳理，各高校、咨询机构都对营商环境进行了定义，并且给出了大致的组成部分，包括政务环境、市场环境、创新环境、法治环境和人文环境等。二是在政策层面的界定。2019 年 10 月国务院公布的《优化营商环境条例》中，将"营商环境"界定为市场主体在市场经济活动中所涉及的体制机制性因素和条件。该条例从制度层面为优化营商环境提供更有力的保障和支撑。可见，在市场经济活动范畴内抓住"企业""政府""制度"等关键词成为理解营商环境的核心要义。

世界银行营商环境评估体系是遵循企业生命周期的顺序设立考察指标。改善营商环境，建设现代化经济体系，不仅仅是关系企业的问题，与市场主体自然人也息息相关。国家市场监督管理总局统计显示，截至 2023 年 1 月，我国市场主体达 1.7 亿户，其中全国登记在册中小企业总数突破 5000 万家，个体工商户达 1.14 亿户。个体工商户在繁荣经济、稳定就业、促进创新、方便群众生活等方面发挥着独特的重要作用。[1]

（二）企业家精神与自然人破产制度

关于"企业家精神"的定义有很多表述。承担风险是最早与企业家精神相关的主题之一。[2]弗兰克·H. 奈特（Frank H. Knight）认为，企业家精神的本质是判断——源于不确定性。在自由社会中，任何程度的有效判断或决定，都伴随着相应程度的不确定性，即为这些决定承担相应程度的责

---

〔1〕 参见鲁元珍：《我国市场主体达 1.7 亿户》，载《光明日报》2023 年 2 月 15 日，第 9 版。

〔2〕 参见〔美〕罗伯特·F. 埃贝尔、阿尔伯特·N. 林克：《企业家精神理论史》，熊越译，广西师范大学出版社 2023 年版，第 16 页。

任。[1]

随着有限责任法律概念所产生的新商业组织形式的建立，对创新的强调开始超过企业家精神的其他方面。[2]熊彼特的理论中，企业家是创新的人，是在生产中制造"新组合"的人。这些"新组合"构成经济发展的基础，包括：（1）创造一种新财货或新财货质量；（2）创造一种新生产方法；（3）开辟一个新市场；（4）获取一个新供应来源；（5）一种新的产业组织（例如，垄断的产生或破坏）。[3]

纵观历史，企业家精神一直是经济活动和国家繁荣的主导力量。瓦特与博尔顿成立公司合作改良蒸汽机，把第一次技术革命推向以工厂制代替手工业的发展道路；亨利·福特以规范化、模块化的汽车工厂流水线引领人类进入大规模生产阶段，成为第二次技术革命最鲜明标志；史蒂夫·乔布斯、比尔·盖茨、拉里·佩奇等人开创了以个人电脑和互联网为代表的信息时代，由此推开第三次技术革命的"大门"。可以说，企业家是推动经济社会发展的生力军，企业家精神是经济发展的动力源泉。

与欧美国家相比，中国企业的平均寿命要短得多。有抽样调查显示，中国民营企业平均寿命仅 3.7 年，中小企业平均寿命更是只有 2.5 年；而在美国与日本，中小企业的平均寿命分别为 8.2 年、12.5 年。中国大公司的平均寿命是 7 到 9 年，欧美大企业平均寿命长达 40 年，日本大企业平均寿命有 58 年。[4]虽然拟制实体不需要被"激励"去保持生产，企业主可以简单地先关闭企业然后在其他地方重新开始，然而根本上需要保护的往往是企业背后的人的因素。如果企业家无法获得任何破产救济，企业获得未来生产力的机会也将丧失。能给自然人带来破产救济的制度才真正地抓住了问题的要害。[5]

---

〔1〕 参见［美］罗伯特·F. 埃贝尔、阿尔伯特·N. 林克：《企业家精神理论史》，熊越译，广西师范大学出版社 2023 年版，第 119 页。

〔2〕 参见［美］罗伯特·F. 埃贝尔、阿尔伯特·N. 林克：《企业家精神理论史》，熊越译，广西师范大学出版社 2023 年版，第 18 页。

〔3〕 参见［美］罗伯特·F. 埃贝尔、阿尔伯特·N. 林克：《企业家精神理论史》，熊越译，广西师范大学出版社 2023 年版，第 133 页。

〔4〕 参见刘兴国：《中国企业平均寿命为什么短》，载《经济日报》2016 年 6 月 1 日，第 9 版。

〔5〕 参见自然人破产处理工作小组起草：《世界银行自然人破产问题处理报告》，殷慧芬、张达译，中国政法大学出版社 2016 年版，第 21 页。

　　我国目前由于发展环境不确定性增加，民营企业家群体的预期转弱，致使以企业家精神为支撑的内在动力不足，尤其是个体工商户和无限责任型企业（如合伙企业、个人独资企业）数量较多，中小企业为解决融资难困境，从银行贷款互相提供的保证担保，使得企业主的有限责任名存实亡问题较为普遍。如何提振企业家信心，需要有更多举措推进制度创新，营造一个可预期的一流企业家成长生态，培育弘扬企业家精神。商业经营的高风险，使得一部分自然人由于缺乏资金、商业决策失误或其他因素而陷入债务违约。为了化解自然人债务危机，从信用风险的源头控制上，我国应采取积极措施规范借贷行为，维护经济金融秩序，解决缺少抵押物、担保体系不健全、信息交换不及时的民营企业融资问题。除此之外，也需适时地为"诚实而不幸"的自然人债务人提供重新回归经济社会的机会。沉重债务的长期羁绊，将使债务人失去继续努力工作的动力，也使创业者面对冒险选择犹豫不决。容错文化是企业家实践的前提，能够鼓励企业家从失败的实践经历中吸取经验，确保其在失败后仍能保持对创新创业的信心和积极进取的动力。市场应鼓励投资者从错误中学习，从制度层面为他们提供失败后重新开始的机会。自然人破产法不仅为债权人提供了公平受偿的机会，而且为深陷债务泥潭的债务人提供了重新开始的可能。自然人破产制度的立法目标之一，就是将自然人债务人的无限责任有限化，通过为过度负债的债务人提供重新开始的可能而有效保护企业家的创业创新热情。2019 年 6 月 20 日，欧盟立法机构通过第2019/1023 号指令，聚焦于"预防性重组"的同时，着力建构为企业家提供第二次机会的制度，建议成员国明确"在指令规定的条件下，负债过多的企业家将至少有一种程序可以在最长 3 年后完全免除债务"。《深圳经济特区个人破产条例》的实施效果也是很好的例证。深圳重整第一案中，本已陷入绝望的梁某重新振作，创造力、生产力因此得以释放，经过两年努力，提前 15个月还清债务，未来也有了正常参与社会经济活动的可能。

　　（三）交易成本与自然人破产制度

　　营商环境涉及制度经济的还有一个非常关键的就是交易成本。世界银行营商环境评估，以降低制度性交易成本为主线，从企业经营的时间、程序、成本和制度保障来进行衡量，这是一种基于交易成本测量核心的方法论。什么是交易成本？如何测量？很多制度经济学家都对交易成本的概念进行了解释。奥利弗·威廉姆森（Oliver E. Williamson）利用各种经济制度安排来测算交易成本，肯尼斯·阿罗（Kenneth J. Arrow）认为交易成本就是运行经济系统的费用，[1]道格拉斯·诺思（Douglass C. North）做了补充，将交易费用定义为测量正在用于交换的有价值属性的成本及监督和履行协议的成本。[2]而张五常认为，交易费用实际上就是制度成本。[3]对于自然人而言，信用体系和财产登记制度完善与否无疑是决定交易成本的重要因素。

1. 自然人破产法是倒逼债务人履行偿还义务和恢复信用的法律之一[4]

2004年全国人民代表大会正式审议破产法草案时，由于当时"个人财产登记制度和良好的社会信用环境还不完善"，没有将个人破产制度纳入破产法中。全国人大代表、广东国鼎律师事务所主任朱列玉认为，建立个人破产制度有一个前提，即个人登记制度和诚信体系的完善。[5]学者也提出信用体系是个人破产制度的实施基础和重要尺度，一方面可以审查债务人是否符合诚信的要求，另一方面可以充分维护债权人的权利。[6]甚至有观点认为成熟的社会信用体系是建立自然人破产制度的前提，而目前我国社会信用体系尚不完善，无法推行自然人破产制度。但也有观点认为，个人破产制度一定意义上也是现代信用制度的重要组成部分，探索构建个人破产制度可以对修复个人信用、信用重建、信用评级带来积极价值。[7]我们不能非要等待有一个健全信用体系后才可以去构建个人破产制度，反而通过探行个人破产制度

---

〔1〕 See Oliver E. Williamson："Transaction-Cost Economics：The Governance of Contractual Relations. "，*The Journal of Law and Economics*，Vol. 22，No. 2. ，1979，pp. 233-261.

〔2〕 参见［美］道格拉斯·C. 诺思：《制度、制度变迁与经济绩效》，杭行译，格致出版社、上海三联书店、上海人民出版社2014年版，第32页。

〔3〕 参见张五常：《经济解释》，商务印书馆2000年版，第439页。

〔4〕 参见顾敏康：《以个人破产法倒逼信用体系建设》，载《中国市场监管报》2019年5月28日，第A4版。

〔5〕 参见张晓娜：《"半部破产法"的圆梦之旅》，载《民主与法制时报》2019年8月25日，第1版。

〔6〕 参见刘冰：《论我国个人破产制度的构建》，载《中国法学》2019年第4期；李宏伟：《我国构建个人破产制度的现实困境与法治对策》，载《中州学刊》2019年第11期；杨显滨、陈风润：《个人破产制度的中国式建构》，载《南京社会科学》2017年第4期。

〔7〕 参见马学荣：《论新时代个人信用制度的完善——基于个人破产制度的视角》，载《征信》2020年第9期。

可以有助于建立健全个人信用体系。[1]

个人信用是"一种建立在个人对特定的期限内付款或还款承诺的信任的基础上的能力，它是后者无需付款就可以获取商品、服务或资金的能力"[2]。人们从历史发展过程中得出一个结论，即"历史是未来的一面镜子""从一个人的过去，可以预测一个人的未来"。征信在很大程度上解决了经济活动中交易双方互不了解的问题，减少了交易成本，方便了人们的经济金融活动。它在帮助每个人积累信用财富的同时，也激励每个人养成守信履约的行为习惯，整个社会的信用环境也会因此得到改善。近年在政府的推动下，我国的个人信用征信业获得了长足的发展。2003 年 11 月，中国人民银行征信管理局正式成立，主要负责个人信贷信息征信管理，标志着我国个人信用体系建设正式启动；2004 年，商业银行建立全国集中统一的个人信用数据库；2006 年该数据库建成并正式全国联网运行。经过 10 余年的建设，我国征信系统已成为世界上规模最大、收录人数最多、收集信息最全、覆盖范围和使用最广的信用信息基础数据库，基本上为国内每一个有信用活动的企业和个人建立了信用档案。截至 2023 年底，中国人民银行征信系统已收录了 11.6 亿自然人、1.3 亿户企业和其他机构。[3]在社会征信系统建设中，人民法院掌握着大量企业及个人的信用信息，也是社会征信体系中重要的信息源。例如失信被执行人名单信息被整合至被执行人的信用档案中，并以信用报告的形式向金融机构等单位提供，供有关单位在贷款等业务审核中予以衡量考虑。根据最高人民法院执行信息公开网"数说执行"下"失信惩戒"一栏的数据显示，截至 2023 年 2 月 14 日，在"公布中的失信被执行人"共有 8 009 308 个。

从历史的角度观察，自然人破产制度本身不是在社会诚信体系高度发达的前提下才可能催生的制度。19 世纪初自然人破产制度刚确立之时，当时的信用体系并不比当代中国的信用体系完善，但也并没有造成个人破产制度的

---

[1] 参见汤维建：《制定我国〈个人破产法〉的利弊分析及立法对策》，载《甘肃政法大学学报》2021 年第 6 期。

[2] 钟楚男主编：《个人信用征信制度》，中国金融出版社 2002 年版，第 1 页。

[3] 见网址 http://www.pbc.gov.cn/redianzhuanti/118742/5358368/5375460/index.html，最后访问日期：2024 年 8 月 1 日。

滥用。[1]虽然这更多是由于当时的破产法是基于债权人的利益设计，对债务人没有任何吸引力而导致的结果，但是也从某个角度说明是否建立自然人制度是基于规制过度负债问题的考量，而非信用体系的完善。"信用体系完善是建立自然人破产制度的前提"这一观点是基于利用破产程序逃债问题的担心。"债务人利用破产程序逃债"这一固有的制度弊病，即便在自然人破产法经历了数百年的演变和发展的西方社会依然存在，并且困扰着立法者，自然人破产法的修改过程一定程度上也是与上述问题作斗争的过程。例如，1984年美国颁布了《统一欺诈转让法》（UFTA），将欺诈行为区分为事实欺诈和推定欺诈，更好地规制了债务人的欺诈行为；针对日益严重的消费者滥用破产现象，美国于2005年通过了《美国破产法》修正案，修正案提出了"收入测试"标准以限定消费者对破产清算程序的随意适用，自动冻结、豁免财产等制度也都本着强化债权人利益保护的理念作了相应的修改。[2]

社会信用体系的不成熟不应导致自然人破产制度暂时无法出台，相反，自然人破产制度是完善社会信用体系的必要环节，[3]债务人的破产信息是社会信用系统中的指标之一；进入自然人破产程序的债务人将受到行为限制和权利限制，这也是通过社会信用系统才能实现的震慑效果。2021年8月，深圳市中级人民法院等公布了《关于建立破产信息共享与状态公示机制的实施意见》，作为《深圳经济特区个人破产条例》的补充，该实施意见指出，深圳将率先建立个人破产与社会信用联动机制，将个人破产的监督权交给大众。如今深圳率先建立个人破产与社会信用联动机制，就是在原有的基础上，加入大众对于破产申请人的监督，将个人破产置于公众监督之下，倒逼债务人加强诚信自律，履行法定义务，承受破产带来的后果。此举是对社会信用体系的完善，也是对违法成本的加强。从这个意义上来说，自然人破产制度是完善社会信用体系的重要路径之一，对提升我国的法治水平和社会治理水平意义重大。我国执行实践和个人债务清理案件审判实践也发现，因为社会信用不完善导致部分债务人逃废债，导致大众抵制自然人

---

〔1〕　参见许德风：《论个人破产免责制度》，载《中外法学》2011年第4期。

〔2〕　参见殷慧芬：《美国破产法2005年修正案述评》，载《比较法研究》2007年第2期。

〔3〕　参见李帅：《论我国个人破产制度的立法进路——以对个人破产"条件不成熟论"的批判而展开》，载《商业研究》2016年第3期。

破产制度，而自然人破产制度的难以落地，使得债务人在陷入偿债危机后发觉没有重生的机会，又会功利地选择利用信用体系不完善的漏洞来实施逃废债。如此循环往复，最终"劣币驱逐良币"，故只有自然人破产制度先行，让债务人看到只要在陷入债务危机时保持诚信，就有重生的希望，如此方能打破困局。[1]

失信被执行人制度是我国加强法院执行阶段执行力的一种手段，如果被执行人不履行生效裁判文书确定的给付义务，法院会依法对其采取一系列执行措施，纳入失信名单的被执行人的工作和生活将直接受到广泛的限制。自从失信被执行人制度实施以来，为完善联合惩戒体系，最高人民法院会同国家发展和改革委员会等 60 家单位推进失信惩戒机制建设，采取 11 类 150 项惩戒措施，让失信被执行人"一处失信、处处受限"。全国法院以拒不执行判决裁定罪判处罪犯 1.3 万人，拘留失信被执行人 50.6 万人次，限制出境3.4 万人次。[2]从 2019 年以来，918 万人迫于信用惩戒压力主动履行了义务。[3]截止到 2023 年 11 月 18 日，公布中的失信被执行人 8 515 124 人。[4]需要承认的是，失信被执行人名单中的债务人有些是有能力而拒绝清偿的失德债务人，即"老赖"，但也有相当部分债务人是确实无力清偿债务的失能债务人，[5]失能的债务人并不应进入失信人名单，而是应该进入破产程序。失信被执行人制度这一诚信惩戒措施在国内外都产生了巨大影响，也受到了国内学者甚至外国记者和学者的关注，为数不少的外国人以"人权"为说辞，对黑名单制度的实施、我国社会信用体系运行状况给予负面评价。[6]自

---

〔1〕 参见最高人民法院民二庭课题组等：《司法实践视野下的自然人破产免责制度的构建》，载《法律适用》2022 年第 2 期。

〔2〕 参见最高人民法院 2019 年工作报告。

〔3〕 参见最高人民法院 2023 年工作报告。

〔4〕 参见中国执行信息公开网，载 http://zxgk. court. gov. cn/.

〔5〕 参见最高人民法院咨询委员会副主任兼秘书长、最高人民法院审判委员会原副部级专职委员杜万华于 2023 年 9 月 23 日在首届法治化营商环境助企纾困重组论坛发表的主旨演讲。

〔6〕 参见林钧跃：《〈个人破产法〉是"失信被执行人"黑名单的"终结者"吗?》，载《中国信用》2019 年第 7 期；王伟：《论失信"黑名单"制度的法治化》，载《中国信用》2018 年第 12期；Jan Pabisiak, "Dangerous, Yet Not So Unique. Characteristics of the Chinese Social Credit System", *Polish Political Science Yearbook*, Vol. 49, No. 3., 2020, p. 30. Ding Chunyan, "'Moral Conviction' plus 'Joint Sanctions': The Judgment-Defaulter Blacklist System in China", *Brooklyn Journal of International Law*, Vol. 48, No. 2., 2023, pp. 389-444.

然人破产立法将消除失信被执行人名单制度中的"最敏感"问题，推动黑名单制度建设工作朝着更道德、更健康的方向发展，还能减少外国人对社会信用体系的负面看法和阻挡恶意攻击。[1]

2. 自然人破产制度将推动我国个人财产登记制度的完善

我国已经有多个全国性的个人财产信息登记系统，如不动产登记信息系统、动产融资统一登记公示系统等，以《民法典》为统领，以《不动产登记暂行条例》为核心，以实施细则、操作规范、地方性法规等为配套支撑的不动产统一登记制度体系基本成型。但是这些系统也还存在各自领域分散管理，导致个人财产的甄别与查明困难的问题。[2]因此执行中债务人隐匿财产当老赖仍有很大空间，被执行人将存款、房产、车辆等财产隐匿，转移在父母、子女、兄弟姐妹或其他亲友的名下；虚构债权、虚假交易；假离婚、假析产等。但即便如此，并没有妨碍民事执行制度在保护当事人的合法权益、促进经济的稳定和发展方面发挥的重要作用。国家对自然人财产的掌握是不应该穷尽的。英国和德国两个国家对于个人财产除不动产与特定的财产登记外，同样不存在个人财产包括商事经营财产的全面登记，可见财产登记与否并不是个人破产财产制度建立的前提条件。[3]

自然人破产制度完全可以通过相关的程序设计，如设置债务人的申报财产义务以及赋予法院、管理人对债务人财产、行为的调查职权，并以相关结果作为法院是否受理自然人破产案件以及如何处理自然人破产案件的依据。例如深圳个人破产审判实践中的相关案例：2021 年 3 月 10 日，徐某个人主动向深圳中院提出个人破产的诉求，徐某主动申报，其总负债为 230 万余元，其所有财产仅有粤 B 牌小汽车一辆以及每月固定收入 14 700 元，名下并无任何房产，也没有股票和其他任何现金类资产。深圳中院在调查其财产去向时发现，徐某在离婚时，主动将婚姻存续期间的唯一房产和现金存款及其他共同财产，全部给予其前妻所有，自己则主动承担了夫妻所有共同债务，甚至连其前妻名下的所有个人消费贷款，也全部由自己承担，法院认为，这

---

〔1〕 参见林钧跃：《〈个人破产法〉是"失信被执行人"黑名单的"终结者"吗?》，载《中国信用》2019 年第 7 期。

〔2〕 参见李曙光：《中国个人破产立法的制度障碍及其克服》，载《政法论坛》2023 年第 5 期。

〔3〕 参见朱少平：《个人破产立法：正当其时》，载《法人》2006 年第 3 期。

属于明显的非法转移财产，没有受理该破产申请。[1]

而且，自然人的财产是否透明，并非破产法所关心的首要问题。[2]破产法所关心的首要问题是债务人有无可供清理的财产。只要自然人有责任财产，就有适用破产程序的基础；何况破产法所专门规定的破产管理人制度以及相应的管理债务人财产的措施，也在相当程度上可以最大限度地查明可供债务人支配的财产。[3]反之，自然人破产制度的通过，也将有助于个人财产登记制度的完善。

（四）自然人破产立法对推动统一大市场的建立具有积极意义

针对自然人过度负债问题，实践中出现了以浙江法院为代表的个人债务集中清理实践和深圳个人破产地方立法两种应对模式。2019 年 5 月起，全国各地法院的个人债务清理实践探索此起彼伏。浙江省、山东省、江苏省、广东省等地的人民法院先后开展了不同模式的个人债务清理实践探索，尤其是浙江省台州市中级人民法院审理的柯某个人债务清理案、温州市平阳县人民法院审理的蔡某个人债务清理案引起了全社会瞩目。作为进一步探索和开展个人债务集中清理工作的参考，2020 年 12 月浙江高院印发《浙江法院个人债务集中清理（类个人破产）工作指引（试行）》，并定期发布个人债务清理工作报告。需要指出的是，受限于现有法律的规定，地方法院的个人债务清理实践只是具备了自然人破产制度的某些功能和要素，性质上仍是强制执行程序中的和解，缺乏制度支撑、债权人一致同意的要求等影响了个人债务清理的效率和效果。基于先行先试的需求，深圳于 2021 年 3 月 1 日率先在全国建立自然人破产制度，为创业者解除后顾之忧、促进创新创业。《深圳经济特区个人破产条例》实施以来已经积累了丰富的实践样本，为未来的全国性立法提供了必要的、具体化的规则基础，但是也遇到了条例在特区之外效力的问题。根据《中华人民共和国立法法》第 84 条第 1 款的规定，"经济特区所在地的省、市的人民代表大会及其常务委员会根据全国人民代表大会的授权决定，制定法规，在经济特区范围内实施"，深圳法院的法律文书只

---

[1] 参见（2021）粤 03 破申 460 号（个 21）。
[2] 参见邹海林：《关于新破产法的适用范围的思考》，载《政法论坛》2002 年第 3 期。
[3] 参见邹海林：《关于新破产法的适用范围的思考》，载《政法论坛》2002 年第 3 期。

能适用于经济特区范围内，而不能约束到债务人在特区外的财产和特区外的债权人，这是《深圳经济特区个人破产条例》作为地方性法规的先天不足。如果未来个人过度负债问题的规制均通过地方立法实现，不可避免会出现适用主体、免责考察期、清偿顺序等的差异性规定，从而导致司法适用中的冲突、市场主体地位和待遇的不平等问题。因此，个人债务集中清理和地方立法均无法有效规范自然人过度负债问题。

不可忽视的是，区域发展不平衡是我国的一个基本国情。目前对自然人破产立法需求强烈的地区主要是广东、浙江、江苏、山东等民营经济比较发达的省份，其他省市并没有表现出对自然人破产制度的迫切需求。但是从执行实践来看，自然人过度负债不只是经济发达地区存在的问题，而是全国各地都面临的问题。据最高人民法院统计，全国无财产可供执行案件大约占到全部执行案件的43%，[1]执行不能的案件中自然人性质的债务人占了六七成，[2]而且该比例呈逐年上升趋势。对于"执行不能"的情形，即便法院穷尽执行措施，也无法执行到位，需要破产制度为这些债务人提供退出路径。2022年3月《中共中央、国务院关于加快建设全国统一大市场的意见》公布，该意见强调法治统一对于建设全国统一大市场的重要性，提出应充分发挥法治的引领、规范、保障作用，打通制约经济循环的关键堵点，加快建立全国统一的市场制度规则。破产法在市场经济法律体系中具有不可替代的重要地位，其本质上是要保护统一的市场，保护跨界的、跨国的贸易与市场交易。美国、加拿大、德国等一些联邦制国家的破产法均采取了联邦立法的形式，就是为了保证州际或省际贸易的顺利进行。全国性自然人破产立法能够防止当事人利用地方立法差异转移财产以规避法律的欺诈行为，对于打破地方保护和市场分割，推动建立统一、有序的大市场具有积极意义，有助于加快营造稳定、公平、透明、可预期的营商环境。

---

〔1〕 参见周强：《最高人民法院关于人民法院解决"执行难"工作情况的报告》，2018年10月24日在第十三届全国人民代表大会常务委员会第六次会议上的讲话。

〔2〕 参见宋华：《最高法举行〈最高人民法院工作报告〉解读会　积极支持深圳个人破产条例实施》，载《深圳商报》2021年3月10日，第A02版。

自然人破产立法的现实需求与基本理念

　　自 20 世纪 90 年代以来，自然人破产法立法在我国就是一项具有争议性的提议，[1]但并未引发全社会的高度关注。纵览诸多讨论，争议的焦点实质上并不在于我国是否应该制定自然人破产法，而在于如何确保自然人破产法在债权债务关系的调整中能够发挥应有的积极作用。[2]2019 年 2 月 27 日印发的《最高人民法院关于深化人民法院司法体制综合配套改革的意见——人民法院第五个五年改革纲要（2019-2023）》，明确提出"研究推动建立个人破产制度"，2020 年 5 月 11 日《中共中央、国务院关于新时代加快完善社会主义市场经济体制的意见》指出，"健全破产制度，改革完善企业破产法律制度，推动个人破产立法"，自然人破产立法问题再度进入了人们的视野。建立自然人破产制度，我们首先需要明确自然人破产立法是否具备现实基础，以及自然人破产立法的基本理念。

一、过度负债是自然人破产立法的现实基础

（一）不容忽视的个人过度负债问题

　　"过度负债"（Over-indebtedness）是反映债务人是否能够及时偿还债务

　　[1]　参见韩长印：《浅谈建立我国的破产立法模式》，载《现代法学》1994 年第 3 期；汪世虎、李刚：《自然人破产能力研究》，载《现代法学》1999 年第 6 期；崔闽：《个人破产制度在中国的引进及对中国信用制度的冲击》，载《山东行政学院山东省经济管理干部学院学报》2003 年第 5 期。
　　[2]　例如，现行《企业破产法》在起草过程中，曾试图将破产法的适用范围扩大到自然人，但最终基于我国财产登记制度和信用体系的不完善，个人破产的时机尚不成熟，全国人大将相关条款删除。

的重要标志。虽然现有文献尚未就"过度负债"的定义及如何衡量"过度负债"的水平形成共识，但通常的标准是以个人现有收入、资产与其所有负债的比例，来衡量其是否达到偿付不能或者具有偿付不能的倾向，进而对该主体是否面临过度负债作出判断。[1]随着我国市场经济的发展，现代市场经济的主体不仅仅局限于企业法人，商自然人、消费者在现代社会中发挥的作用也越来越大。相应地，面临商业风险的商自然人、负债消费的消费者过度负债问题已经凸显，无力偿债风险日益增大。

经营风险是不可避免的，缺乏资金、商业决策失误、经济危机或其他因素都可能导致企业陷入债务违约。当企业为非法人企业时，企业的债务实质上是企业家的个人债务。国家市场监督管理总局统计显示，截至 2023 年底，我国市场主体达 1.84 亿户，其中企业 5826.8 万户，民营企业超过 5300 万户，占企业总量的 92% 以上。[2]由于中小企业信用不稳定，企业贷款中普遍存在股东或实际控制人的个人连带担保。引入个人担保使得即使在公司有限责任下，银行在公司倒闭破产后的债权损失仍可以继续向有关人员追索，企业主甚至其家庭成员不得不在企业经营失败后背负巨额的、几辈子都无法还清的债务。[3]

中国居民负债消费是继企业负债经营后又一个鲜明的时代特征。我国愈来愈多目不暇接和多样化的信用消费以及衍生金融商品的出现，使得一般民众的经济财务状况愈趋复杂化。到 2022 年底，中国的居民部门杠杆率达到 61.30%。超过德国的居民部门杠杆率（55.2%），接近法国（66.2%）[4]等国家。中国只用了 15 年左右的时间就完成了居民部门杠杆率从 20% 到 60% 左右的攀升。[5]尤其需要警惕的是，在西方消费文化和国内产业结构、经济

---

〔1〕　European Commission, "Towards a Common Operational European Definition of Over-indebtedness", https://www.bristol.ac.uk/media-library/sites/geography/migrated/documents/pfrc0804.pdf, 最后访问日期：2024 年 9 月 16 日。

〔2〕　参见《2023 年新设经营主体 3273 万户（新据点　新看点）：持续提质扩容，结构进一步优化》，载《人民日报》2024 年 3 月 14 日，第 1 版。

〔3〕　除了因信贷的扩张带来的债务快速增长外，大量的交通事故纠纷、人身伤害纠纷、刑事附带民事诉讼纠纷等案件中，被执行人往往一开始履行能力就很弱，出现风险之后，更是无力偿债。这部分债务是非自愿发生的，本书没有涉及。

〔4〕　数据来源：Trading Economics, 载 http://www.tradingeconomics.com/china/households-debt-to-gdp, 最后访问日期：2023 年 3 月 18 日。

〔5〕　参见殷慧芬：《破产法视野下的消费者过度负债问题》，载《消费经济》2018 年第 5 期。

发展的多重因素影响下，青年表现出超前消费、重视个人快感和体验等消费文化新特征。信用为消费者带来极大的便利，成为推动经济增长的重要力量，但不可避免地创造过量债务。2021 年中国的居民部门债务收入比已上升为 124.4%。[1]日益膨胀的消费信用负债是一个极大的潜在危险。[2]

（二）信用风险的不可避免

个人过度负债问题实质上是一个系统性金融风险问题。如何有效、高效地处理个人过度负债的风险，对国内法律提出了新的要求。以房贷为例，在繁荣时期，家庭倾向于借钱购买住房。当房价下跌，借款人的净值缩水，家庭的杠杆率越高，蒙受损失的比例越大，此时降低债务水平成为高杠杆家庭的当务之急。消费支出的缩减抑制了经济需求，导致公司部门商业投资相应减少，即使宽松的信贷供给政策也收效甚微。由于公司部门削减投资，经济将出现衰退。[3]

过度的债务之所以危险，是因为债务合约的固有特征。[4]债务合约要求债务人支付固定回报，即便借钱融资的项目未获得成功。[5]居民部门杠杆率飙升，我们应该以史为鉴，有所警觉。日本 20 世纪 90 年代以来的惨痛教训已充分说明债务积压的巨大危害。[6]当前我国许多中小企业面临着严重的生存困境，企业倒闭后，等待着企业主的往往是债权人的不文明乃至是不合法的催要债务，抑或大量的诉讼侵扰，企业主跑路甚至自杀的消息屡见报端。安全的个人消费贷款永远是以居民足够的可支配收入作为第一还款来源，一旦消费者因为意外风险，如失业、疾病等原因没有可靠的收入来源或背负额外的债务，消费者还债的压力将增大甚至无力还债。信用卡债务作为无担保

---

[1] 数据来源：中国人民银行网站，国家统计局网站。

[2] 参见殷慧芬：《消费信用与消费者破产研究》，载《商业研究》2011 年第 6 期。

[3] 参见［英］阿代尔·特纳：《债务和魔鬼：货币、信贷和全球金融体系重建》，王胜邦等译，中信出版集团 2016 年版，第 66-72 页。

[4] 参见［英］阿代尔·特纳：《债务和魔鬼：货币、信贷和全球金融体系重建》，王胜邦等译，中信出版集团 2016 年版，第 5 页。

[5] 参见［英］阿代尔·特纳：《债务和魔鬼：货币、信贷和全球金融体系重建》，王胜邦等译，中信出版集团 2016 年版，第 4 页。

[6] 参见［英］阿代尔·特纳：《债务和魔鬼：货币、信贷和全球金融体系重建》，王胜邦等译，中信出版集团 2016 年版，第 65 页。

债务风险尤甚。根据中国人民银行公布的数据，到 2022 年末，信用卡逾期半年未偿信贷总额达到了 865.80 亿元，占信用卡应偿信贷余额的 1.00%，2014 年同期数据仅为 357.64 亿元。[1] 如果再加上互联网类信用卡及消费信贷产品，那么逾期的数额远不止 865.80 亿元。

（三）自然人破产立法是化解过度负债危机的必然选择

为了化解个人债务危机，从信用风险的源头控制上，我国应采取积极措施规范民间借贷行为，维护经济金融秩序，解决缺乏抵押物、担保体系不健全、信息交换不及时的小微企业的融资问题；应针对积极扩张市场的消费信用机构订立较严谨的风险控管机制，避免过度渲染的营销策略，使得消费者可以在理智且信息公平的状态下，使用各式信用消费产品；应加强消费者的金融知识教育，帮助减少消费者和金融机构之间的权力和信息的不平衡。除此之外，也需要适时地为诚实而不幸的个人债务人提供重新回归经济社会的机会。

没有自然人破产制度为过度负债的个人提供合理的市场退出机制，结果就是法院大量无财产可供执行案件，即"执行不能"案件的积压。据最高人民法院统计，全国无财产可供执行案件大约占到全部执行案件的 43%。[2] 其中个人债务在执行案件中占比更高，对于"执行不能"的情形，即便法院穷尽执行措施，也难以执行到位。即使我们在执行阶段有了终本制度，但是对纳入终本数据库的案件，一旦发现被执行人具有可供执行财产，可通过两种途径及时恢复执行：一是申请执行人提供被执行人的财产线索，向人民法院申请恢复执行，人民法院经核实恢复执行。二是适用终本程序后的 5 年内，人民法院每 6 个月通过网络执行查控系统查询一次被执行人的财产，发现财产符合恢复执行条件的，人民法院依职权恢复执行。

现行法律制度有两个基本的途径为过度负债的个人提供救济。一种途径是在强制执行程序中限制债权人权利的执行，例如，被执行人及其所扶养家属生活所必需的生活费用、衣服、家具、炊具、餐具及其他家庭生活必需的物品不得被查封、扣押、冻结，也就是为债务人保留不受执行的财产。另一

---

〔1〕 数据来源：中国人民银行网站。

〔2〕 参见周强：《最高人民法院关于人民法院解决"执行难"工作情况的报告》，2018 年 10 月 24 日在第十三届全国人民代表大会常务委员会第六次会议上的讲话。

种常见的途径是，在债务人无款支付或支付能力不足时，债权人同意债务人延期还款。当个人债务人只是暂时的财务困难时，这些救济措施是合适的，但是当债务人严重无力偿债，尤其是有多个债权人时，这样的救济措施是不足的。这时债务人需要的是一个集合性的清偿程序，[1]也就是现代破产制度。

二、自然人破产立法应寻求债权人和债务人的利益平衡

（一）债权人的公平受偿始终是自然人破产立法追求的目标

集体受偿是破产程序的一个显著特征，也是破产法的一项基本原则。英国著名破产法学者弗莱切（Fletcher）指出："发达的破产法的一个最重要特点就是集体受偿原则。……集体受偿原则的根本信条就是，在管理债务人资产和处理债权人请求时，不必考虑资产取得和债务发生的时间顺序。破产法运行的进一步特点则是它旨在体现道德正当性的独特理念，这种道德正当性贯穿在债权人与他们的无力偿债的债务人的关系中，也贯穿在作为一个整体的债权人当中。"[2]自然人破产法为人们提供了保障债务关系公平、最终实现的途径。从对债权人的保障看，它不在于满足个别债权人的利益，而是要做到对全体债权人公平和有秩序的清偿。个人债务人全新开始的实现，是以债权人的债权损失为代价的。债务人有责任履行自己的义务，这是债权人的债权请求有力的道德根据。[3]人性尊严、人格权是个人生存于社会的基本，应属较高位阶的利益予以优先保护，但不意味着要彻底牺牲债权人的财产利益，自然人破产法亦应保护债权人的实体利益及程序利益。

最早的破产法只适用于商自然人。此时的破产法是为债权人提供公平受偿机会的程序，债权人利益被置于绝对优势地位而受到立法者和司法者的重视和强调。破产程序终结后，债务人仍应对未清偿的债务负责，甚至要被处以刑罚。对自然人而言，寻求破产救济的一个主要目的就是通过破产免责来

---

〔1〕 我们目前适用的参与分配制度在参与主体上是有局限性的，只有被执行人的其他已经取得执行依据的或者已经起诉的债权人发现被执行人的财产不能清偿所有债权时，才可以在执行程序开始后、被执行人的财产被清偿前向人民法院提出参与分配的申请。

〔2〕 Ian F Fletcher, *The Law of Insolvency 2nd ed.*, Sweet & Maxwell, 1996, p. 3.

〔3〕 参见 [美] 小戴维·A·斯基尔：《债务的世界：美国破产法史》，赵炳昊译，中国法制出版社 2010 年版，第 240 页。

免除繁重的债务，获得一个全新开始的机会。然而，破产法中最初的"免责"却并没有体现出这种人道精神，例如，1705 年《英国破产法》规定的免责制度，仅仅适用于那些诚实地交出个人全部财产，以帮助债权人实现债权这一目标的债务人，在这里免责是对这些债务人的一种奖赏，其本身并不具有独立的存在价值，只是作为保护债权人利益的一项附属措施而存在。随着对债务人救济的理念在破产立法理论中的产生并最终形成，免责制度给予债务人全新开始机会的独立性价值得到了立法和社会的广泛认可，对债务人的免责开始被视为破产程序的一个重要目标。但无论如何，债权人利益的保护都贯穿破产法的始终。例如，破产免责只能适用于"诚实而不幸"的债务人。即使是诚实的债务人，在法定期间内已经被宣告过破产，并曾获得过一次免责的，也不能免责。例如，《日本破产法》规定，债务人前次破产获得免责未经过 7 年，不得再申请破产免责；[1]《美国破产法》规定，8 年内曾获得过债务免责的不能再次获得免责。对受保护性要求较强的债权，许多国家的自然人破产法将这些债权设为非免责债权。收入状况调查的主要目的是确定是否要强制债务人还债。美国和加拿大把破产咨询作为债务人援用破产法的先决条件，认为信用咨询可以教育债务人如何履行自己的义务，强调偿还债务的重要性。这样的信用咨询旨在鼓励债务人偿还更多的债务，并尽可能减少破产申请。[2]

债务人发展权的保障以债权人较小的债权损失为代价。虽然债务人的全新开始成为现代自然人破产法的立法目标之一，但债权人为此付出的代价仍是很小的，因为破产法很少剥夺债权人本来可以实现的实质性权利。债权人对已经陷入财务困境的债务人享有的债权，实际价值很小甚至根本没有什么价值，[3]债权人即使付出大量时间、精力和费用以追踪和发现债务

---

〔1〕　参见［日］山本和彦：《日本倒产处理法入门》，金春等译，法律出版社 2016 年版，第 20 页。

〔2〕　参见［美］小戴维・A・斯基尔：《债务的世界：美国破产法史》，赵炳昊译，中国法制出版社 2010 年版，第 260 页。

〔3〕　参见自然人破产处理工作小组起草：《世界银行自然人破产问题处理报告》，殷慧芬、张达译，中国政法大学出版社 2016 年版，第 62 页。

人的财产，受偿的概率仍很低。[1]我国纳入终本数据库的案件的恢复执行率为8%[2]的数据表明，绝大多数终本案件中的债务人是没有清偿能力的。如果没有破产制度提供的激励，债权人通常得不到清偿，而债务人也完全从正常经济生活中消失。[3]

数百年来，决策者都表示了对债务人利用破产制度以不正当的方式获得巨大利益，以欺诈手段逃避合法债务的深深担忧。[4]对许多现行破产制度的实证观察已反复证明，真正存在欺诈行为的可能性微乎其微，大约是所有案例的1%-3%。破产管理人和债权人的适当监控已经避免了债务人试图获取不正当利益的大多数情形。[5]与任何个人债权人相比，破产程序中的管理人有更大的审查和监督债务人活动、发现债务人财产的权力。破产管理人在破产程序中起着主导作用，不仅调查债务人的财产、收入及业务状况，而且有权利撤销债务人于程序开始前的诈害或偏颇情形，以发现隐匿资产，增加债务人资产的价值。管理人有义务审查每一项债权，债务人也有义务协助管理人。上述诸多规定，均使管理人能迅速、经济、有效地管理债务人的财产，依法实现债权人的公平受偿。

（二）自然人破产立法是对债务人的生存权和发展权的法律确认

信贷增长过快造成的债务积压一方面会对经济增长和金融稳定造成危害，另一方面，债务人被无法还债和无法摆脱的失败感所困扰，因而产生的恐惧和焦虑也给他们造成了普遍而深刻的痛苦。[6]深陷债务泥潭的个人债务

---

〔1〕 参见自然人破产处理工作小组起草：《世界银行自然人破产问题处理报告》，殷慧芬、张达译，中国政法大学出版社2016年版，第62页。

〔2〕 参见《解决人民群众最不满意的问题 彻底摘掉"执行难"的帽子——访最高人民法院审委会专委刘贵祥》，载 https://www.court.gov.cn/zixun/xiangqing/124871.html，最后访问日期：2024年8月1日。

〔3〕 参见自然人破产处理工作小组起草：《世界银行自然人破产问题处理报告》，殷慧芬、张达译，中国政法大学出版社2016年版，第29页。

〔4〕 参见自然人破产处理工作小组起草：《世界银行自然人破产问题处理报告》，殷慧芬、张达译，中国政法大学出版社2016年版，第52页。

〔5〕 参见自然人破产处理工作小组起草：《世界银行自然人破产问题处理报告》，殷慧芬、张达译，中国政法大学出版社2016年版，第53页。

〔6〕 参见自然人破产处理工作小组起草：《世界银行自然人破产问题处理报告》，殷慧芬、张达译，中国政法大学出版社2016年版，第31页。

人的生存权和发展权无从谈起。如果说民事执行程序中不受执行的财产制度保证了债务人基本的生存权的话，终身为债务所羁绊的债务人仍然是没有重新振作和创业的意愿和动力的。自由竞争的社会中，每个人固然应对自己的行为负责，但如果并非自身原因或其他偶然因素导致不能清偿债务时，不应该单纯依据"优胜劣汰"的社会达尔文主义予以对待，仍应予宥恕，使其有起死回生的机会。[1]

　　生存权是国际人权公约上的相当生活水准权。《世界人权宣言》第25条第1款规定："人人有权享有为维持他本人和家属的健康和福利所需要的生活水准，包括食物、衣着、住房、医疗和必要的社会服务。"[2]作为《经济、社会及文化权利国际公约》缔约国，我国"承认人人有权为他自己和家庭获得相当的生活水准，包括足够的食物、衣着和住房，并能不断改进生活条件。"发展权是所有个人和全体人类应该享有的自主促进其经济、社会、文化和政治全面发展并享受这一发展成果的人权，是享受其他人权的前提。1986年12月4日，第41届联合国大会第41/128号决议通过了《发展权利宣言》。在这个宣言中，发展权利被正式宣布为"一项不可剥夺的权利"。[3]中国是《发展权利宣言》的积极倡导者和践行者。2016年12月1日，我国发表《发展权：中国的理念、实践与贡献》白皮书。在新的发展权理念和战略的引领下，中国政府进一步完善了以立法、政策、规划、计划以及司法救济五位一体的保障发展权的制度体系。[4]

　　生存权、发展权是历史地产生的，是对建立在一定生产力发展水平上的现实社会关系的调整。如何妥善处理个人过度负债所带来的生存权和发展权问题，是我们面临的新挑战。国家有权利和义务制定政策，保障每个人，包括无力偿债的债务人，公平享有相当生活水准权和发展所带来的利益。与强制执行中为债务人保留不受执行的财产相比，自然人破产法对债务人的保障

<hr/>

[1]　参见许士宦：《债务清理法之基本构造》，元照出版公司2008年版，第301页。
[2]　联合国：《世界人权宣言》，载 https://www.un.org/zh/about-us/universal-declaration-of-human-rights，最后访问日期：2023年3月20日。
[3]　联合国：《发展权利宣言》，载 https://www.un.org/zh/documents/treaty/files/A-RES-41-128.shtml，最后访问日期：2023年3月20日。
[4]　参见中华人民共和国中央人民政府：《发展权：中国的理念、实践与贡献》，载 http://www.gov.cn/zhengce/2016-12/01/content_5141177.htm，最后访问日期：2023年3月20日。

不仅仅是保障最低的生活，而且保障宪法要求的"健康而富有文化性的最低生活"，必须使破产人作为健全的市民有可能重新起步。[1]破产法对自然人债务人的保障目标不仅体现在使那些本来陷入绝望的债务人从债务的重压中解脱出来，重新开始正常的生活；[2]也体现在通过为债务人提供直接、及时的救济，帮助缓解他们的压力、焦虑和其他负面情绪，[3]避免衍生的社会成本；从而恢复债务人的人力资本，提高其生产经营能力和债务清偿能力。消除债权人带来的压力不仅鼓励了常规的生产收入，而且增加了债务人的创造力，甚至是创业的意愿和渴望，这是实现其人格尊严的重要路径。自然人破产立法是对债务人的发展权的一种法律确认。[4]

（三）自然人破产立法是基于更广泛的社会利益

自然人破产制度的立法目的并非基于特定债权人和债务人孤立的利益，而是基于更广泛的社会利益。一个运行良好的自然人破产制度不仅帮助债务人摆脱债务的困扰，降低甚至消除许多因债务人受困于永久债务困境而带来的疾病、犯罪、失业及其他与福利相关的直接和间接的社会成本，而且鼓励债务人的常规生产收入，增加债务人的创造力，甚至是创业的意愿和渴望。当今世界，人力资本是最重要的资本，人们在某一时刻所拥有财产对于清偿债务能力的重要性越来越弱。[5]促进创新、竞争力和创造就业机会，才是经济增长的主要驱动力。而且，破产制度为债务人提供较为直接、及时的救济，这些措施帮助缓解债务人的压力、焦虑和其他负面情绪，进而产生社会外溢效果，包括避免债务人的配偶、子女等因此遭受严重的有害影响。每个公民都是经济和社会潜力链中的一环。公民积极参与社会生活，不仅增加了常规的生产收入，而且能够使国家经济活动和国际竞争力最大化。[6]

---

〔1〕 参见李永军：《重申破产法的私法精神》，载《政法论坛》2002 年第 3 期。

〔2〕 参见 [美] 查尔斯·J. 泰步：《美国破产法新论》，韩长印等译，中国政法大学出版社 2017 年版，第 4 页。

〔3〕 参见自然人破产处理工作小组起草：《世界银行自然人破产问题处理报告》，殷慧芬、张达译，中国政法大学出版社 2016 年版，第 32 页。

〔4〕 参见许士宦：《债务清理法之基本构造》，元照出版公司 2008 年版，第 18-19 页。

〔5〕 See Douglas G. Baird, *The Elements of Bankruptcy*, The Foundation Press, 1993, p. 36.

〔6〕 参见自然人破产处理工作小组起草：《世界银行自然人破产问题处理报告》，殷慧芬、张达译，中国政法大学出版社 2016 年版，第 33-50 页。

自然人破产制度也将鼓励债权人参与到更为负责任的放贷行为中，提升更为广泛的金融系统的稳定性和可预测性。如果债务人未能履约完全是因为债务人的不负责任或不道德行为，将不良后果再分配到社会其他成员是不可取的。然而，债务人违约并不完全是其可控因素导致的后果。通过对债务人意料之中但又无法避免的财务困境带来的必然损失进行再分配，将损失转移到更适合的贷款人身上，避免造成毁灭性的后果，自然人破产制度具有了现代社会意义上保险的功能。相较于受到意外财务困境重创的自然人债务人，债权人至少在再分配财务困境带来的成本方面处于优势地位。破产制度确保对经济活动损失进行更为及时和破坏性较小的处理，保证了经济活动更为流畅、更加稳定和更有预测性。[1]

三、自然人破产制度需把"人的因素"放在首位

（一）"人的因素"是自然人破产制度设计的核心

虽然从历史的角度来看，破产法适用于自然人，尤其是商自然人，是应有之义；由于我们最为熟悉的是 1986 年颁布的《中华人民共和国全民所有制企业破产法（试行）》以及 2006 年颁布的《企业破产法》，因此还是有必要厘清自然人破产法与企业破产法的相通与相异。

自然人破产与企业破产之间并没有一条明显的界限。[2]两类破产制度的许多目的是重合的，例如，增加债权人的受偿和债权人之间更为公平的分配，减少司法机构的过多负担，同时为了社会的最终利益而提高经济效益。但人的因素往往会增加对这些经济目标微小而重要的变数：（1）破产程序终结后的主体资格是否存续不同。企业破产时，破产程序终结，企业资格消灭，而对自然人破产而言，破产后的个人生命将存续，因此人格将存续，仍有民事权利能力和民事行为能力。因此，商事破产政策几乎完全只受到经济考量的影响，而自然人破产救济的确包括了人道主义同情的某些元素。例如，

---

〔1〕　参见自然人破产处理工作小组起草：《世界银行自然人破产问题处理报告》，殷慧芬、张达译，中国政法大学出版社 2016 年版，第 33-50 页。

〔2〕　See Elizabeth Warren, Jay Lawrence Westbrook, *The Law of Debtors and Creditors: Text, Cases, and Problems*, Aspen Law & Business, 2001, p. 171.

让自然人债务人重新振作并且激励他们生产创收的目标。[1](2) 个人债务人进入破产程序时通常缺乏可供分配的财产，但只要拥有健康的身体、稳定的职业，就仍可以有固定的收入用于清偿债权。企业破产的情形下，即使有残留财产可供分配，未来收益也是不确定的。就这一特征来看，比起企业破产，个人债务人的债务清理方式，较适合利用和解方式。但是和解能否成功，即清偿计划是否能被履行，多基于债务人本身工作意愿、消费习惯改善等原因。[2]

自然人破产与企业破产存在的上述不同之处，决定了自然人破产制度与企业破产在制度设置上的诸多不同。第一，由于个人债务人的主体资格不因破产程序的终结而消灭，因此需有专门的制度来保障自然人的生存，如免除剩余债务的破产免责制度、为债务人提供最基本的生存保障的豁免财产制度等，这对自然人来讲是最具有实际意义的，对企业破产是没有实际意义的。自然人破产后，自然人信用丧失或极度下降，从而产生对自然人的民事行为能力在一段时期内的限制，即设置了破产失权和破产复权制度。破产清算程序下法人以其所有财产清偿债权后人格消灭，也就无所谓免责和企业消灭后的失权与复权。第二，无论是为了减轻法院负担，还是寻求更合理地解决个人债务纠纷的方式，庭外和解都是解决个人债务问题的有机组成部分。庭外纠纷解决具有成本低、对债务人负面影响小、效率高的优势，债务人既可避免破产程序所需程序费用的支出，且可避免包括强制让与债务人未来收入在内的长期负担。同时，债权人可迅速收取一定金额的受偿，防免债务清理计划违反自己意思的危险。[3]立法实践中有市场化的法庭外和解模式，如《德国破产法》第305条，要求债务人先尝试法院外债务清理程序予以解决，以防止因新增消费者破产程序致过度增加法院负担；也有附设在法院的准司法化和解模式，例如日本的特定调解程序，在法院一定程度的参与之下，保障程序的透明性及债权人间的公平性。[4]

---

〔1〕 参见自然人破产处理工作小组起草：《世界银行自然人破产问题处理报告》，殷慧芬、张达译，中国政法大学出版社2016年版，第21页。

〔2〕 参见许士宦：《债务清理法之基本构造》，元照出版公司2008年版，第18页。

〔3〕 参见许士宦：《债务清理法之基本构造》，元照出版公司2008年版，第251页。

〔4〕 参见〔日〕山本和彦：《日本倒产处理法入门》，金春等译，法律出版社2016年版，第170页。

（二）商自然人破产制度与消费者破产制度的区别

依据债务类型的不同，自然人债务人可区分为商自然人和消费者。在世界范围内，存在着两种立法主义，即商人破产主义和一般破产主义。形成于中世纪意大利沿海商业城市的商人破产主义目前仍在一些国家如克罗地亚等适用，但采取一般破产主义立法原则的国家或地域相对更为普遍。有些国家的破产法未就商自然人和消费者区分适用不同的破产程序，例如 2000 年之前的《日本民事再生法》。[1]随着消费者破产问题的日益凸显，越来越多的国家或地域的破产法针对消费者破产的特点加以特别规制，如《美国破产法》2005 年引入适用对象为消费者的"收入测试"标准。

消费者与商自然人在债务复杂程度、风险预见能力、滥用可能性等方面有所区别。首先，商自然人的债务复杂程度与企业的债务复杂程度类似，而消费者债务人的债务类型相对简单。针对消费者破产债务简单明了、案件数量多的特点，可选择设置简易程序，同时可避免因为案件数量多而带来的法院的审案压力。消费者可用于清偿债务的财产一般数额较少，只有少量案件预计有显著金额分配给债权人，因此废弃债权人会议、简化债权人提交和核实以及其他形式的债权人参与成为消费者破产案件明显的发展趋势。[2]其次，商自然人像企业一样，都是完全理性的经济主体，并且是在得知完整和足够的信息后才承担或应承担债务。[3]商事破产制度中设置的正面激励、收益或负面制裁，都不太可能影响那些未参与商业活动的自然人，正如无法影响那些有良好顾问资源的复杂商业实体一样。[4]消费者因为其有限理性而陷入过度负债是普遍现象，为改变这一状况，许多国家通过破产程序中债务人信用咨询和教育制度的设计来提高消费者的理财能力。例如，美国将信用咨

---

〔1〕 基于程序简易、弹性的需求，《日本民事再生法》于 2000 年引入第 13 章小规模个人再生与工资所得者再生程序，其中工资所得者再生程序适用的对象实质上就是我们这里所指的消费者。参见［日］山本和彦：《日本倒产处理法入门》，金春等译，法律出版社 2016 年版，第 170 页。

〔2〕 参见自然人破产处理工作小组起草：《世界银行自然人破产问题处理报告》，殷慧芬、张达译，中国政法大学出版社 2016 年版，第 325 页。

〔3〕 参见自然人破产处理工作小组起草：《世界银行自然人破产问题处理报告》，殷慧芬、张达译，中国政法大学出版社 2016 年版，第 22 页。

〔4〕 参见自然人破产处理工作小组起草：《世界银行自然人破产问题处理报告》，殷慧芬、张达译，中国政法大学出版社 2016 年版，第 22 页。

询作为消费者进入破产程序的前置性制度，个人债务人提请破产申请前 180 天之内，必须经过授权咨询机构的培训，除非有法院的豁免。[1]尽管对于降低债务人对于消费信贷风险的系统性低估作用有限，[2]但信用咨询和教育制度有助于债务人在破产程序结束之后重新进入信用市场时作出明智的决定。[3]最后，破产滥用的可能性不同。对于商自然人而言，债务人与债权人之间往往有着持续性的交易关系，或者较为紧密的人际关系，信誉就是他们的生命，因此，绝大多数商人都会自惜羽毛，甚至对申请破产免除债务持回避、拒绝的态度。[4]与之相比，消费者的活动范围较狭小，信用对于消费者的影响更少，因此消费者滥用破产程序的可能性更大。2005 年《美国破产法》修正案就特意针对消费者设计了"收入测试"标准来决定债务人可以选择的程序。若法院认定授予消费者债务人以破产法上的救济将导致破产法的实质性滥用，法院就可驳回债务人的清算申请或将案件转换成第 11、13 章案件。[5]

（三）"防范欺诈"是自然人破产制度设计的重点

引入自然人破产制度，面临的一大质疑是债务人会不会利用该制度逃避债务。

1.《企业破产法》防范逃债的相关规定可适用于自然人破产法

作为调节市场经济的基础性法律，《企业破产法》在防范债务人逃避债务方面的制度设计已经逐渐为人们所认识。针对部分债务人在破产申请前转移、隐匿财产以逃避债务，或者有无偿转让财产、非正常交易、偏颇清偿等行为，《企业破产法》专门设置了无效行为和撤销权制度，以纠正债务人不当处分财产的行为，恢复其责任财产；独立、中立而专业的管理人被赋予了审查和监督债务人活动、发现债务人财产的职责；《企业破产法》的适用主

---

〔1〕 参见殷慧芬：《消费者破产制度研究》，上海交通大学 2008 年博士学位论文。

〔2〕 See Jason J. Kilborn, "Mercy, Rehabilitation and Quid Pro Quo: A Radical Reassessment of Individual Bankruptcy", *Ohio State Law Journal*, Vol. 64, 2003, pp. 855-896.

〔3〕 参见殷慧芬：《消费者破产制度研究》，上海交通大学 2008 年博士学位论文。

〔4〕 参见［日］藤本利一：《如何做到破产免责与防止滥用的平衡？丨破产池语》，李英译，载 https://www. sohu. com/a/238316105_159412，最后访问日期：2024 年 8 月 29 日。

〔5〕 参见殷慧芬：《美国破产法 2005 年修正案述评》，载《比较法研究》2007 年第 2 期。

体是企业法人，但是当关联企业成员法人人格存在高度混同、区分各自财产的成本过高、严重损害债权人公平清偿利益时，可以对关联企业适用实质合并破产；企业董事、监事或者高级管理人员违反忠实义务、勤勉义务，致使所在企业破产的，依法承担民事责任，以强化对债权人利益的保护。

《企业破产法》的相关制度设计，消除了人们由于历史原因而形成的对破产制度的偏见。人们逐渐发现破产法并不是仅为解决债务人的债务问题而设置，而是在债务人无力偿债时有效解决债权人之间、债权人和债务人之间的矛盾，建立市场竞争优胜劣汰机制的必不可少的有效制度。但是，社会公众仍普遍关注和担忧自然人债务人可能利用破产制度逃避债务的问题，因为人们通常认为自然人比企业更容易逃债。企业有设置商事账簿的义务，相对完善的财务会计制度，使得企业进入破产程序后债务人财产的范围原则上容易确定，而自然人的财产状况往往是不公开、不透明的，又比较零碎和杂乱，难以确定；加上自然人债务人的财产往往与其他人的财产相混合，增加了区分的难度。担心并非多余，然而，自然人破产制度为无力清偿的债务人提供有序退出路径、对经济活动损失进行及时高效处理的功能无可替代。那么，自然人债务人利用破产程序逃债问题可以通过制度设计加以防范吗？

2. 自然人破产法中防范逃债的独特制度设计

除了《企业破产法》中的撤销权、管理人等制度可以适用外，自然人破产法还有独特的制度设计来防范债务人逃避债务。

免责制度发挥着自然人破产制度的核心功能，也使得自然人破产法遭遇最大的伦理挑战。为避免欺诈和机会主义行为，并非所有进入破产程序的债务人都可以获得免责。法院许可免责、不予免责的行为、不可免责的债务、较长的免责考察期、一旦发现存在法定情形即撤销免责等规定，加上债权人作为直接的利害关系主体对免责的可获得性、债务的可免责性等享有的异议权都可以有效防止免责制度的滥用。从历史的角度来看，各国的破产法先后采用了债权人同意、最低清偿比例、债权人和管理人监督等机制来抑制债务人的滥用行为。自然人破产案件中，债权人的预期分配通常很少或零受偿。[1]

---

〔1〕 参见自然人破产处理工作小组起草：《世界银行自然人破产问题处理报告》，殷慧芬、张达译，中国政法大学出版社 2016 年版，第 85 页。

因此，债权人的积极参与是例外情形。[1]债权人对债务人是否获得免责几乎没有发挥有意义的作用。[2]债权人主导地位的逐渐弱化，很大程度上是因为救济债务人逐渐成为个人破产法的立法目标之一。现代破产法下，债权人的权利通过不同方式得以保障。一般说来，债权人对债务人获得免责有提出异议的权利，法院可以通过召开管理人参与的听证会的方式对异议作出裁定。[3]除了有权对免责的可获得性或债务的可免责性提出异议外，有些国家的债权人通过选任管理人来实现对债务人是否可被免责的监督。有些制度甚至允许债权人或管理人在免责后有新财产的情形下重新启动案件。[4]

在我国以家庭、亲属为核心的关系网络下，债务人通过其亲属隐匿、转移财产具有隐蔽性，难以发现。自然人破产法能够通过制度设计来破解这一难题：一是要求债务人一并申报家庭财产，包括其配偶、未成年子女以及其他共同生活的近亲属名下的财产，并规定债务人特殊关系人协助查明债务人财产的义务；二是债务人在明知或应当知道其实质已经符合破产条件后的财产处分行为一般被推定无效；三是建立信息公开制度，依法将债务人的财产状况和破产案件信息公开，接受债权人和社会公众的全程监督。

最后也是最为重要的一点是，即使在自然人破产法下，债权人的公平、最大化受偿仍是立法目标之一。直接或间接地强制符合条件的债务人进入清偿率更高的重整程序，可以有效抑制债务人滥用破产清算程序。即使在清算程序下，清偿率达到一定比例债务人即可提前获得免责的制度设计将激励债务人在免责考察期内积极努力地偿还债务，从而实现债权人的最大受偿。此外，对我国刑法相关条款做出相应的修改，例如《中华人民共和国刑法》（以下简称《刑法》）第162条之二增加自然人为犯罪主体增加其他相关刑事责任的规定，也能够有效震慑和打击自然人通过破产程序逃债。

---

〔1〕 参见自然人破产处理工作小组起草：《世界银行自然人破产问题处理报告》，殷慧芬、张达译，中国政法大学出版社2016年版，第85页。

〔2〕 参见自然人破产处理工作小组起草：《世界银行自然人破产问题处理报告》，殷慧芬、张达译，中国政法大学出版社2016年版，第86页。

〔3〕 参见自然人破产处理工作小组起草：《世界银行自然人破产问题处理报告》，殷慧芬、张达译，中国政法大学出版社2016年版，第89页。

〔4〕 参见自然人破产处理工作小组起草：《世界银行自然人破产问题处理报告》，殷慧芬、张达译，中国政法大学出版社2016年版，第90页。

3. 债务人欺诈行为的避免可通过制度设计和司法防范来实现

立法者对债务人利用破产制度以不正当的方式获得巨大利益，以欺诈手段逃避合法债务表示担忧是普遍现象。制度设计方面，可通过以下方式实现：设定严格的申请人申请条件，不符合条件的申请不被法院裁定受理；债务人的如实申报财产义务，包括其配偶、未成年子女以及其他共同生活的近亲属名下的财产；管理人对债务人的财产状况、破产前的交易情况进行严格的调查；许可免责的立法模式下，法院的审查、不予免责的行为、不可免责的债务、免责期的考察和免责的撤销，以及社会监督等都可以有效防止免责制度的滥用；法律责任的规定，如债务人存在故意隐匿、转移财产、虚构债务等行为，构成犯罪的，甚至可依法被追究刑事责任。

地方法院的审判实践证明，严格的司法审查能够有效防范债务人通过个人破产逃废债。《深圳经济特区个人破产条例》施行至今三年多，深圳破产法庭认为通过面谈辅导、听证、管理人调查、立案审查等程序，能将大量不诚实、有逃废债可能的债务人挡在破产程序之外：（1）通过面谈辅导，向申请的债务人说明破产行为限制的措施，财产等信息公开的要求，隐瞒财产可能的法律后果后，有大量债务人自愿撤回破产申请。（2）通过听证程序，法官问出瞒报的财产，或者管理人调查发现瞒报财产后，也有债务人撤回申请。深圳破产法庭就个人破产案件作出的第一份裁定书实际上是一份不予受理裁定。该债务人存在离婚后过度举债，对财产变动经过不能作出合理解释的情形，导致法院不能认定其是否存在破产原因，故裁定不予受理其个人破产清算申请。（3）对于已经进入程序的债务人，通过破产信息公开公示制度，将债务人的财产等信息予以公开，确保债权人有充分的知情权与监督权，也能够有效防止债务人逃废债情形的发生。[1]浙江法院在个人债务清理实践中，如果法官有理由合理怀疑债务人存在财产去向不明、隐瞒财产等逃废债情形，就终结个人债务清理程序，恢复执行。许多个人债务清理案件因为债务人存在逃废债等情形恢复了执行程序。

一言蔽之，自然人破产法不是债务人逃债的避风港，周密的制度设计能

---

〔1〕 参见景晓晶：《深圳反个人破产欺诈的实践》，载《人民法院报》2021 年 10 月 20 日，第 2 版。

够有效识别、防范债务人的逃债行为。

四、全国性自然人破产立法是未来的应然选择

(一) 应对自然人过度负债问题的两种实践模式

在加快推动供给侧改革和优化营商环境的时代背景下，自然人破产法受到了各界的广泛关注。2018 年 10 月，时任最高人民法院周强院长在《最高人民法院关于人民法院解决"执行难"工作情况的报告》中呼吁，"推动建立个人破产制度，完善现行破产法，畅通'执行不能'案件依法退出路径"。2019 年 6 月，国家发展改革委、最高人民法院、工业和信息化部等十三部门印发《加快完善市场主体退出制度改革方案》，提出分步推进建立自然人破产制度。"研究建立个人破产制度，重点解决企业破产产生的自然人连带责任担保债务问题。明确自然人因担保等原因而承担与生产经营活动相关的负债可依法合理免责。逐步推进建立自然人符合条件的消费负债可依法合理免责，最终建立全面的个人破产制度。"2020 年 5 月，中共中央发布《关于新时代加快完善社会主义市场经济体制的意见》，明确要求"健全破产制度，改革完善企业破产法律制度，推动个人破产立法，建立健全金融机构市场化退出法规"，2024 年 7 月，中共中央公布《关于进一步全面深化改革、推进中国式现代化的决定》，提出"探索建立个人破产制度"。司法实践中出现了《深圳经济特区个人破产条例》地方立法和以浙江法院为代表的个人债务集中清理两种应对模式。

2020 年 8 月 26 日，深圳市人大常委会审议通过《深圳经济特区个人破产条例》，这是破产法立法史上一起具有里程碑意义的事件，是贯彻落实党的十九届四中全会精神，在推动自然人破产立法方面实现的历史性突破。深圳之所以可以突破法律框架，率先推出个人破产条例，是因为 1992 年全国人大常委会授予深圳经济特区立法权，而经济特区立法权的重要特色就是先行先试权。2020 年 8 月 9 日，《中共中央、国务院关于支持深圳建设中国特色社会主义先行示范区的意见》公布，在对深圳的战略定位中明确提出要打造法治城市示范，用足用好经济特区立法权。事实上，早在 2014 年至 2016 年间，深圳市中级人民法院就对经强制执行不能清偿债务的个人案件进行专

项调研，并曾向深圳市人大常委会提交个人破产条例的建议稿。[1]前期的实践积累和当前的时代背景，最终促成《深圳经济特区个人破产条例》出台。

2019 年 5 月起，全国各地法院开始了各有特色的个人债务清理实践探索。作为进一步探索和开展个人债务集中清理工作的参考，2020 年 12 月浙江省高级人民法院印发《浙江法院个人债务集中清理（类个人破产）工作指引（试行）》，并定期发布个人债务清理工作报告。2022 年全年浙江法院共审理个人债务清理案件 835 件，审结 688 件。[2]如今江苏、山东、四川、宁夏、贵州等地数十家中级法院、基层法院都发布了关于开展个人债务集中清理工作的指引或实施指南，在个人债务集中清理制度的性质、机制、配套措施等方面作出了积极的探索。

（二）地方立法是否可以解决我国的自然人过度负债问题

不可忽视的是，区域发展不平衡是我国的一个基本国情。我国目前对自然人破产制度表现出强烈需求的主要是东部省份，例如广东省、浙江省、江苏省、山东省等民营经济比较发达的地区，地方立法和个人债务清理实践也集中在这些省份。例如目前浙江省市场经营主体已经超过 1000 万户，民营经营主体达 967 万户，占比 96.69%，其中民营企业达 322 万户，占企业总量 92.05%。[3]小微企业数量又占企业总数的 90% 以上。[4]商业银行为了规避风险，小微企业授信业务原则上均要求授信企业实际控制人或法定代表人或主要股东个人及配偶提供连带担保责任，从而导致小微企业破产程序中往往伴随着企业主或其家庭成员因为对企业债务承担连带责任而导致的过度负债，这一问题甚至影响到了《企业破产法》的顺利运行，例如经营者缺乏启

---

[1]　参见池伟宏：《企业经营者与个人破产制度》，载《人民法院报》2016 年 11 月 16 日，第 7 版。

[2]　参见《浙江高院 | 2022 年浙江法院个人债务集中清理工作暨十大典型案例》，"中国破产法论坛"公众号 2023 年 4 月 12 日。

[3]　参见《浙江市场经营主体突破 1000 万户每 7 个浙江人就有一个老板》，载 zjnews.china. com.cn/yuanchuan/2023-08-11/387080.html，最后访问日期：2024 年 8 月 30 日。

[4]　参见《三看小微企业——浙江小微企业一线观察》，载 https://jxt.zj.gov.cn/art/2023/2/28/art_1229600052_58930003.html，最后访问日期：2024 年 8 月 30 日。

动企业破产的积极性；《企业破产法》运行效果受到影响等。作为市场经济的一项基础性法律制度，《企业破产法》在社会治理体系和治理能力提升、营商环境优化等方面发挥着不可替代的重要作用。因此浙江自 2018 年起便在全国率先试点探索具备个人破产制度功能的个人债务集中清理工作，总结实践经验出台《浙江法院个人债务集中清理（类个人破产）工作指引（试行）》等规范性文件。2023 年全年，全省法院共受理个人债务清理案件 1275 件，审计 1122 件。其中，与企业破产案件一并受理的个债清理案件共 22 件，办结 16 件，为个人破产立法提供实践素材和浙江样本。[1]

上海、[2]安徽、河南、河北等其他省市没有表现出对自然人破产制度的强烈需求，是因为没有这个需求吗？可能并非如此。而且，虽然许多省市的企业破产实践没有感受到对自然人破产制度的需求，但是从我国执行案件现实情况来看，已有大量终本案件淤积在终本库中，而且每年终本案件数量仍在不断上涨。终本案件中，自然人类案件数量又远超法人类案件。而且近年来自然人为被执行人的终本案件呈逐年上升趋势。[3]终本案件中大量自然人被执行人的存在是普遍性的，这不是经济发达地区法院面临的问题，而是全国各地法院都面临的问题。终本案件中的自然人被执行人通常是无力清偿债务的自然人，破产制度可以为这些债务人提供退出路径。因此对自然人破产

---

〔1〕 参见《2023 年浙江法院个人债务集中清理（类个人破产）工作报告暨典型案例》，"浙江天平" 公众号 2024 年 4 月 25 日。

〔2〕 上海企业破产司法实践中较少遇到自然人过度负债的问题，据上海法官介绍，这与上海的企业类型分布有关。2019 年上海民营经济 GDP 占比 25%，同期外资和国资占比分别是 27% 和 48%，民营经济明显弱势。另外，与浙江、江苏等省份的民营经济相比，上海的民营经济发展过程中较少出现企业债务由企业主个人承担保证责任的情形。

〔3〕 吴江法院执行案件统计显示，2018 年至 2020 年三年间，吴江法院共立案受理首次执行案件 27 392 件，涉自然人被执行人案件占执行案件总数的比例为 62.8%（2018 年至 2020 年的比例分别为 59.79%、63.67%、65.6%）。参见遂昌法院统计显示，2016 年至 2020 年的 5 年间，遂昌法院首次执行案件新收 10 255 件，终本案件 6094 件，其他案件执行完毕或者达成长期和解终结执行。其中，被执行人为组织（除自然人以外的主体，包括企业法人、合伙企业等）的终本案件 757 人次，自然人为被执行人的终本案件 9723 人次，组织和自然人为被执行人的终本案件人次数分别占终本案件人次数的 7.2% 和 92.8%，终本案件中的被执行人以自然人为主。而且，五年来，遂昌法院的自然人为被执行人的终本案件人次数占当年的终本案件人次数的比重分别为 84.7%、94.1%、95%、96.7%、95.7%，呈上升趋势。参见最高人民法院民二庭课题组等：《司法实践视野下的自然人债务庭外重整程序》，载《法律适用》2022 年第 2 期。

制度的需求也并非只是经济发达省份的需求。浙江、江苏等地的个人债务清理实践本质上是执行程序下的和解，需有全体债权人的主动让步方能达成协议，尤其金融债权人因政策依据不足、试点层级不够、内部审批权限限制等因素，投反对票或弃权票，导致方案表决无法通过的情形较为普遍，[1]个人债务清理的效果受到限制。

深圳于 2021 年 3 月 1 日率先在全国建立自然人破产制度，为创业者解除后顾之忧、促进创新创业，实施以来已经积累了丰富的实践样本。那么，规范自然人过度负债问题是否可以通过地方立法实现呢？破产法在市场经济法律体系中具有不可替代的重要地位，其本质上是要保护统一的市场，保护跨界的、跨国的贸易与市场交易。美国作为联邦制国家，破产法从 1800 年起就采取了联邦法的形式，国会认为"关于建立统一的破产法律的授权是与商业方面的有关规定密切相关的，统一的破产法能够防止当事人转移其财产至其他州从而规避法律的欺诈行为，其积极作用是毋庸置疑的。"[2]我国是单一制国家，立法权主要由中央行使，在一定条件和程序规定下，地方可适当地行使某些地方立法权。破产法是程序法和实体法相结合的法律，在实施过程中不可避免会涉及不同地方的债权人或财产位于其他地区，甚至会涉及跨境的问题。基于先行先试的需求，《深圳经济特区个人破产条例》率先构建起较为完备的个人破产实体规则和程序规则，为实施个人破产改革提供了法律依据和制度基础，但是条例实施过程中遇到的问题可能是特区之外效力的问题，这是《深圳经济特区个人破产条例》作为地方性法规的先天不足。如果未来的个人过度负债问题的规制均通过地方立法实现，不可避免会出现适用主体、免责考察期、清偿顺序等的差异性规定，从而导致司法适用中的冲突、市场主体地位和待遇的不平等问题。[3]2022 年 3 月《中共中央、国务院关于加快建设全国统一大市场的意见》公布，其强调法治统一对于建设全国统一大市场的重要性，提出应充分发挥法治的引领、规范、保障作用，

---

〔1〕　参见《浙江高院 | 2022 年浙江法院个人债务集中清理工作报告暨十大典型案例》，"中国破产法论坛"公众号 2023 年 4 月 12 日。

〔2〕　James Madison, *Federalist Paper* No. 42（1788）.

〔3〕　事实上这一点在各地出台的个人债务清理规则中已经显现，例如江苏规定债权人、债务人可以提出个人破产申请（类个人破产申请），浙江则仅限于债务人申请。江苏为 6 个月至 5 年，浙江则未按照清偿率设定不同的考察期，统一规定为 5 年。

打破地方保护和市场分割，打通制约经济循环的关键堵点，加快建立全国统一的市场制度规则。因此全国性自然人破产立法势在必行。

（三）单独立法和统一立法的模式选择

综上，自然人破产与企业破产相比有很多共同点，但比较而言，自然人破产立法往往更侧重于个人债务人经济康复的显著效益和社会利益；自然人破产法通常是总结性的和简单的法院程序，与企业案件适用的复杂程序也有所不同。[1]各国和地区基于法律文化和传统的不同，自然人破产与企业破产或者是分别立法，或者是统一立法。英国法最初发展出了处理自然人破产和公司破产的双轨制，但1986年《英国破产法》将个人破产法和企业破产法合二为一；《美国破产法》虽然继受于英国，但是从1800年第一部联邦破产法适用于商自然人开始，逐渐发展出了个人破产和企业破产统一立法的模式。为了应对大幅增加的个人无力偿债问题，过去二十年中相继颁布个人破产法的国家（地区）多选择了独立的法律模式。[2]20世纪90年代以来，许多欧洲国家相继推出个人破产立法，虽然这些立法差别很大，有些国家的立法强调社会和行政方面，有些国家的立法更重视当事人的权利，但多数个人破产法是通过特别法律来规范，有些国家或地区甚至专门针对未显著从事商业活动的消费者债务人制定了法律[3]。

把债务救济放在一部破产背景下和针对自然人破产制定一部单独的法律各有其可取之处。单独立法提供了更好地考虑到破产个人而不是企业的特殊需求，如需要借助咨询和社会机构的转介服务等。相对于一般的破产程序，这些服务更容易附加到特定程序，对于破产界限和清偿计划的具体建议也更容易在单独立法中明确体现。[4]自然人破产放置到一般破产体系中也有其优

---

〔1〕参见自然人破产处理工作小组起草：《世界银行自然人破产问题处理报告》，殷慧芬、张达译，中国政法大学出版社2016年版，第64页。

〔2〕See Iain Ramsay, *Personal Insolvency in the 21st Century: A Comparative Analysis of the US and Europe*, Hart Publishing, 2017.

〔3〕参见自然人破产处理工作小组起草：《世界银行自然人破产问题处理报告》，殷慧芬、张达译，中国政法大学出版社2016年版，第65页。

〔4〕参见自然人破产处理工作小组起草：《世界银行自然人破产问题处理报告》，殷慧芬、张达译，中国政法大学出版社2016年版，第64-65页。

点，有些自然人破产案件牵涉复杂的破产问题，有时企业破产转换到自然人破产处理是必要的。自然人破产和企业破产的统一立法使得二者之间这些类型的重叠更容易管理。[1]

我国现行破产法仅适用于企业法人，自然人破产法律制度处于空白状态。随着《企业破产法》修改被列入全国人大常委会立法工作计划，将自然人破产制度放在此次《企业破产法》修改中，可以尽快地在我国建立自然人破产制度，目前面临的最为急迫的自然人过度负债问题即企业破产产生的自然人连带责任担保债务问题，也能够得以有效解决。

---

[1]　参见自然人破产处理工作小组起草：《世界银行自然人破产问题处理报告》，殷慧芬、张达译，中国政法大学出版社 2016 年版，第 65 页。

自然人破产法的适用主体

自然人破产制度在我国的现实需求日益增强。然而，自然人破产立法面临许多难题，其中首要难题是适用主体的范围问题。在我国现阶段，自然人破产法是适用于所有的自然人，还是采用分步走的方式，先适用商自然人，再扩大至消费者，[1]是各方争议的焦点之一。[2]商人破产主义抑或一般破产主义，既是我国自然人破产立法面临的问题，也是其他国家和地区自然人破产立法会遇到的问题。本书将从历史和比较的角度溯源各国和地区确立自然人破产法适用主体的影响因素，探讨自然人破产法下商自然人和消费者的内涵，并剖析如何解决主体识别这一立法技术问题及不同主体的程序选择。

一、自然人破产法适用主体的范围：影响因素溯源

（一）信用市场的发展是确定自然人破产法适用主体范围的客观经济基础

自然人破产法适用主体的范围因各国和地区的历史传统而呈现差异。最

---

〔1〕 破产语境下的自然人包括因生产经营活动失败而无力偿债的商自然人，因消费借贷而过度负债的消费者，也包括因民事相关事实（如侵权行为）而破产的自然人。一般而言，第三种情形的案件数量最少，这部分自然人，本书没有涉及。

〔2〕 参见王欣新：《个人破产法的立法模式与路径》，载《人民司法》2020 年第 10 期；金春：《个人破产立法与企业经营者保证责任问题研究》，载《南大法学》2020 年第 2 期；徐阳光：《个人破产立法的英国经验与启示》，载《法学杂志》2020 年第 7 期；刘静、刘崇理：《建立我国个人破产制度若干问题研究》，载《人民司法》2020 年第 19 期。

初的破产法是一种仅仅针对商人债务人的集体程序，以解决通过信贷发展贸易所带来的不可避免的风险。[1]始建现代破产制度的意大利、法国等最初都将破产法作为商人法的一部分，采取的是商人破产主义。[2]19 世纪中叶，英国和美国才对不从事商业活动的债务人提供破产保护。[3]1877 年《德国破产法》突破了商人破产主义的传统，采取一般破产主义。此后，非商自然人逐渐走进各国破产法的视野。[4]但是直到 20 世纪下半叶，商自然人一直都是自然人破产制度的主要适用对象。[5]英国属典型的判例法国家，但它的破产法却从产生之初就采用了成文法的形式。《英国破产法》起源于 1542 年从欧洲大陆直接输入的商习惯法。[6]早期的破产立法迎合了英格兰的商业市民化进程，只适用于诈欺性转让财产而应当受惩罚的商人。[7]当时的破产法仅仅被认为是商业紧急状态下的必然产物，是为了保护那些愿意为从事商业活动的商人们冒险提供资金的债权人，非商人们根本没有足够的资金来犯下需要破产救济的错误。[8]这种只适用于商人的立法，以及用刑罚手段惩罚破产商人的商习惯法意识，统治英国破产立法达二百余年之久。[9]19 世纪 50 年代是英国消费文化的一个决定性转折点，新的零售机构合作社、百货商店等的出现，表明了大众市场的到来。1847 年，英格兰和威尔士各地建立的小

---

〔1〕 See Tabb Charles Jordan, "The History of the Bankruptcy Laws in the United States", *American Bankruptcy Institute Law Review*, Vol. 3, No. 1., 1995, pp. 5-52.

〔2〕 See Riesenfel Stefan A., "The Evolution of Modern Bankruptcy Law", *Minnesota Law Review*, Vol. 31, No. 5., 1947, pp. 401-455.

〔3〕 See Iain Ramsay, *Personal Insolvency in the 21st Century: A Comparative Analysis of the US and Europe*, Hart Publishing, 2017, p. 4.

〔4〕 参见卜璐:《消费者破产法律制度比较研究》，武汉大学出版社 2013 年版，第 1 页。

〔5〕 参见自然人破产处理工作小组起草:《世界银行自然人破产问题处理报告》，殷慧芬、张达译，中国政法大学出版 2016 年版，第 24 页。

〔6〕 See Ian P. H. Duffy, "English Bankrupts, 1571-1861", *The American Journal of Legal History*, Vol. 24, No. 4., 1980, pp. 283-305.

〔7〕 See Ian P. H. Duffy, "English Bankrupts, 1571-1861", *The American Journal of Legal History*, Vol. 24, No. 4., 1980, pp. 283-305.

〔8〕 See Tabb Charles Jordan, "The History of the Bankruptcy Laws in the United States", *American Bankruptcy Institute Law Review*, Vol. 3, No. 1., 1995, pp. 5-52.

〔9〕 See Ian P. H. Duffy, "English Bankrupts, 1571-1861", *The American Journal of Legal History*, Vol. 24, No. 4., 1980, pp. 283-305.

额索赔法庭，预示着商业繁荣的新时代。[1]与此相应，1861 年《英国破产法》有新的突破，该法取消了以往破产法和支付不能法的区别，规定商人和非商人适用同一破产法，非商人也能获得免责，[2]奠定了英国近现代破产立法的一般破产主义之基础。

20 世纪 80 年代中叶以前，消费者破产法律制度的比较几乎只存在于普通法系内部，因为欧洲大陆法系国家和斯堪的纳维亚国家或者不承认消费者的破产能力，或者即使承认消费者破产能力也不认可消费者破产中的免责制度。[3]从 20 世纪 70 年代末开始，欧洲国家逐渐取消对消费信贷的限制，小额贷款融资公司和信用经纪公司激增，银行更积极地利用信用卡的透支功能。信贷民主化使得人们利用未来收入获得了即时消费和满足，但是欧洲立法者们很快就听到了要求从法律上缓解难以控制的过度负债的呼声。20 世纪 80 年代起，从斯堪的纳维亚半岛到法国，各国立法机构开始考虑对日益严重的消费者债务问题作出法律回应。[4]

（二） 立法传统是确定自然人破产法适用主体范围的重要影响因素

立法传统是各国确定自然人破产法适用于哪些主体的无法回避的影响因素。美国早期的破产法移植于英国，1570 年伊丽莎白法令（the Statute of E-lizabeth）规定仅商人有破产资格，这一限制在 1800 年《美国破产法》中得到了贯彻，直至 1841 年《美国破产法》取消了商人资格的限制，"任何人负债"都可以进入破产程序。[5]1861 年《英国破产法》颁布不久，"为了保证更好、更公平地保护欧洲贸易商和银行，让香港的法律与殖民帝国的最新破产立法相协调"，1864 年 4 月，香港立法会在几乎没有争议的情况下通过了

---

[1]　See Margot C. Finn, *The Character of Credit: Personal Debt in English Culture, 1740-1914*, Cambridge University Press, 2003, p. 252.

[2]　See Iain Ramsay, *Personal Insolvency in the 21st Century: A Comparative Analysis of the US and Europe*, Hart Publishing, 2017, p. 4.

[3]　See Iain Ramsay, "Comparative Consumer Bankruptcy", *University of Illinois Law Review*, Vol. 2007, No. 1., 2007, pp. 241-273.

[4]　See Iain Ramsay, "Comparative Consumer Bankruptcy", *University of Illinois Law Review*, Vol. 2007, No. 1., 2007, pp. 241-273.

[5]　See Charles J. Tabb, "The Top Twenty Issues in the History of Consumer Bankruptcy", *University of Illinois Law Review*, Vol. 2007, No. 1., 2007, pp. 9-29.

"破产条例"（Bankruptcy Ordinance）。[1]19 世纪 60 年代至 20 世纪初，包括澳大利亚在内的其他英国殖民地也通过了类似的法律。[2]新加坡的自然人破产法源于英国的破产法，英国维多利亚时期的自然人破产法在新加坡适用了 100 多年。1995 年新加坡制定了新的《新加坡自然人破产法》，该法于当年 7 月 15 日开始实施，适用于所有的自然人。

自 1538 年以来，法国很长时期内采用商人破产主义。1807 年《法国商法典》第三编破产编全面规定了商事破产制度，之后法国破产法虽历经多次修订，但直到 1989 年，法国才颁布了适用于消费者的《个人和家庭过度负债法案》。[3]《法国破产法》在历史上对采取商人破产主义的国家，特别是法属前殖民地国家的破产立法，产生了极其深远的影响。[4]该种立法例又称为折中破产主义，实质上是一般破产主义的一种表现形式。

（三）商人破产主义抑或一般破产主义是立法政策选择的结果

最初的破产法适用于商自然人，是因为立法者认为：商人是唯一容易在自身毫无过错的情况下，遭受意外损失和不能偿还债务的人群。如果人们在其他生活方式下背负了不能清偿的债务，他们必须承担自己的过失导致的后果。除了商人以外，法律将其他任何人背负巨债视为不可宽恕的行为。对商人能否破产还有一个最低债务标准的规定，所以，甚至不是所有的商人都能适用破产法。[5]1861 年《英国破产法》延伸适用于商人以外的债务人，仍是为了扩大债权人的权力，使得破产行为适用于更广泛的群体。[6]

近些年来，与消费者破产和消费者过度负债有关的法律程序才像企业破

---

〔1〕 参见徐睿：《从"父债子还"到依例破产——香港〈破产条例〉的百年变迁》，载《跨域法政研究》（2019 年第 1 卷），启蒙时代出版社 2019 年版，第 91-104 页。

〔2〕 参见徐睿：《从"父债子还"到依例破产——香港〈破产条例〉的百年变迁》，载《跨域法政研究》（2019 年第 1 卷），启蒙时代出版社 2019 年版，第 91-104 页。

〔3〕 See Iain Ramsay, "Comparative Consumer Bankruptcy", *University of Illinois Law Review*, Vol. 2007, No. 1., 2007, pp. 241-273.

〔4〕 参见邹海林：《破产程序和破产法实体制度比较研究》，法律出版社 1995 年版，第 30 页。

〔5〕 See Tabb Charles Jordan, "The History of the Bankruptcy Laws in the United States", *American Bankruptcy Institute Law Review*, Vol. 3, No. 1., 1995, pp. 5-52.

〔6〕 See Iain Ramsay, *Personal Insolvency in the 21st Century: A Comparative Analysis of the US and Europe*, Hart Publishing, 2017, p. 77.

产那样引起持续的政治和法律关注。[1]19 世纪 70 年代以来资本主义的重新组构和战后福利制的转型导致金融资本和消费信用驱动的资本主义在美国之外的其他许多国家占据中心地位,[2]尤其是消费信用的快速发展使得消费者在欠下大量债务的同时,面临着无法按期清偿的风险。为了缓解大量消费者背负沉重债务为社会的正常发展带来的压力,欧洲各国纷纷将消费者破产立法作为了了解决之道。[3]

杰森·J. 吉伯恩（Jason J. Kilborn）教授曾经指出,一个社会制定消费者破产制度的前提是其必须有相对发达的协议履行机制、有可进行融资的发达的金钱借贷机制,以及个人可以为非商业目的借贷和承担其他金钱义务。[4]今天世界上绝大多数国家都已具备这三个前提,制定消费者破产法的最佳时机应该是什么时候呢? 消费信贷通常以动产或不动产的抵押、质押和留置作为担保,债务人所欠债务通过强制执行担保物就能得以实现。破产法采取一般破产主义的社会经济背景往往是信贷供给的急剧上升和资产价格的下跌,消费者过度负债带来许多严峻的社会问题,从而使得消费者破产立法成为必要。"应该说,将破产法适用于何种主体,是一个国家的立法政策选择问题。"[5]

二、破产语境下的商自然人与消费者: 内涵与区分

确定自然人破产法的适用主体范围,是仅适用于商自然人,还是商自然人或消费者均可以适用,应明确破产语境下商自然人与消费者的内涵。

(一) 破产语境下的商自然人不同于商法语境下的商个人

商主体的界定没有统一标准,但是《法国商法典》《德国商法典》《日本

---

[1] See Iain Ramsay, *Personal Insolvency in the 21st Century: A Comparative Analysis of the US and Europe*, Hart Publishing, 2017, p. 4.

[2] See Iain Ramsay, "Comparative Consumer Bankruptcy", *University of Illinois Law Review*, Vol. 2007, No. 1., 2007, pp. 241-273.

[3] See Johanna Niemi, "Consumer Insolvency in the European Legal Context", *Journal of Consumer Policy*, Vol. 35, No. 4., 2012, pp. 443-459.

[4] See Jason Kilborn, *Comparative Consumer Bankruptcy*, Carolina Academic Press, 2007, pp. 16-17.

[5] 李永军:《重申破产法的私法精神》,载《政法论坛》2002 年第 3 期。

商法典》以及《美国统一商法典》关于商主体的概念表明，商主体不同于民事主体，"有自己的名义"[1]"以商行为为业"[2]"具有专门知识或技能"[3]是其特征。早期商人的法律人格由自然人派生，在表现形式、权利属性等方面都直接表现出自然人的特征。因此，当时把从事营业的自然人形象地称为"商自然人"是直观且不易引起歧义的。随着经济的发展，以自然人形态出现的商主体难以符合现代市场主体的形态要求，具有商事组织体系和商业运行机制的商主体应运而生。按照组织构成以及法律地位的标准，近现代商事主体可划分为商个人、商合伙和商法人。现代商法语境下的商个人不仅包括个体商人（个体工商户、摊贩等），也包括组织商个人（个人独资企业），强调的不再是外观上的单一自然人形态，而是将投资主体的单一性与一般商法人、商合伙要求投资主体的复数性或团体组织性作为相互区别的另一基本属性。[4]

破产法语境下的商自然人具有"商"的要求，但又强调"人的属性"，不同于商法语境下强调投资主体单一性的商个人。当今体现了自然人破产制度典型特征的破产免责、豁免财产和破产失权复权等制度也只对于程序终结后主体资格存续的自然人才有意义。个体工商户是从事工商业经营的自然人，即使是家庭经营的，也可看作是人的组合，因此属于商自然人的范畴。作为组织体的个人独资企业以企业商号从事民事活动，在经营管理模式等方面表现出更强的规范性与规模性，[5]不属于破产语境下的商自然人范畴。[6]个

---

〔1〕《日本商法典》第 4 条，参见《日本最新商法典译注》，刘成杰译注，中国政法大学出版社 2012 年版，第 13 页。

〔2〕《法国商法典》第 L121-1 条，参见《法国商法典》，罗结珍译，北京大学出版社 2015 年版，第 15 页；《日本商法典》第 4 条，参见《日本最新商法典译注》，刘成杰译注，中国政法大学出版社 2012 年版，第 13 页。

〔3〕《美国统一商法典》第 2.104 条，参见《美国统一商法典》，潘琪译，法律出版社 2018 年版，第 28 页。

〔4〕参见李建伟：《对我国商个人立法的分析与反思》，载《政法论坛》2009 年第 5 期。

〔5〕参见张阳：《走向勃兴的商个人：主体转向及制度因应》，载《西南政法大学学报》2019 年第 1 期。

〔6〕我国一些地方发布的个人债务清理规程适用于个人独资企业和合伙企业是不合适的。例如：《台州市中级人民法院执行程序转个人债务清理程序审理规程（暂行）》第 1 条第 2 款规定："个人独资企业、合伙企业、有字号的个体工商户等不具有法人资格的主体，也可依照本规程实行债务清理。"

人独资企业和合伙企业作为非法人组织，在破产法的适用上应更接近企业法人。[1]

(二) 破产语境下的消费者不同于消费者权益保护法下的消费者

消费者在经济学、社会学、行为学意义上的内涵并非完全相同，即使在法律学上，各国和地区立法例或学者意见也没有定论。我国消费者权益保护法上的消费者，是指为生活消费需要而购买、使用商品或接受服务者。[2]消费者是经济流通过程最末端的消费主体，在交易上处于相对的弱势，应特别成为保护对象，需要注意的是，这里所称消费者未必以自然人为限，例如，以消费某类产品为目的而购入商品的公司，也是消费者保护的对象。[3]

破产语境下的消费者是与商自然人相对应、未从事商业活动的自然人。需要指出的是，破产是集中处理债权债务关系的法律程序，因此破产语境下的消费者界定不局限于特定的合同或法律关系，而是涉及债务人无力偿债时的所有法律关系，即另一方为债权人。破产语境下消费者的界定可归纳为如下两种立法例：(1) 以债务性质为标准，如债务为非职业性、家庭性，《美国破产法》第 707 条 b 款和第 101 条 8 款将消费者界定为那些债务类型"主要为个人、家庭或家用的目的而承担的债务"的债务人。(2) 以债务人属性为标准，此方式可进而区分如下：一是以债务人收入为准入方式，例如《日本民事再生法》所规定的"工资所得者"；二是以债务人经济活动为准入方式，例如《德国破产法》第 304 条所规定的"不从事独立经济活动"的自然人。

(三) 破产语境下商自然人与消费者的区分必要与可能

区别自然人债务人与企业债务人是容易的，但是想要清晰地区分同为自然人的商自然人与消费者却不是那么简单。《世界银行自然人破产问题处理报告》承认，商业活动和非商业活动之间的界限并不总是明确的，这种模糊的界限也延伸到债务人的定义当中。自然人在商业活动终结后负担的沉重债

---

〔1〕《企业破产法》第 135 条规定："其他法律规定企业法人以外的组织的清算，属于破产清算的，参照适用本法规定的程序。"

〔2〕 参见《中华人民共和国消费者权益保护法》第 2 条。

〔3〕 多数国家和地区将消费者限定于自然人，但考虑到目前有不同意见，我国消费者权益保护法并没有对此明确规定。

务，可能由债务人以自己名义所致，或者是合伙人对合伙企业经营债务承担了个人责任，也或者是公司的股东、董事或者企业经营者的亲属为公司贷款提供了个人保证；同时，以自己的名义参与小规模经营活动的个人，与陷入破产的工薪债务人，本质上情况是相似的。[1]

对商自然人与消费者区分的目的不是在二者之间划出截然的界限，而是因为毕竟消费者在债务复杂程度、风险预见能力和滥用可能性等方面与商自然人有所区别。[2]商自然人与企业相似，"具有专业知识或技能"，而消费者不具有专业知识，有限理性是其特点；商自然人的债务较为复杂，与企业债务结构较为一致，而消费者债务结构较为简单。[3]因此破产法对消费者债务人的特别规定很少适用于经营者债务人案件中。不同市场主体的区分对待与平等并不矛盾，而且当主体间存在事实上的差别时，也应当予以区分对待，才能实现真正的平等。

早期的英国破产法只适用于商自然人。随着自由贸易时代[4]的到来，每个人都曾经或希望从事商业活动，商自然人与消费者的区别在逐渐消失。1898年《美国破产法》下适用于消费者和企业的法律规则几乎没有什么区别。1938年《钱德勒法案》（Chandler Act）在豁免财产和第13章工薪者清偿计划部分对消费者制定了截然不同的规则，商自然人与消费者的区别再次被扩大和强化。[5]当今法律体系下，消费者与商自然人的区别在整个法律体系中变得越来越重要。虽然许多国家的破产法采用了一般破产主义，但商自然人与消费者的区别却在条文中多处体现。[6]

---

〔1〕 参见自然人破产处理工作小组起草：《世界银行自然人破产问题处理报告》，殷慧芬、张达译，中国政法大学出版社2016年版，第20页。

〔2〕 参见殷慧芬：《个人破产立法的现实基础和基本理念》，载《法律适用》2019年第11期。

〔3〕 参见殷慧芬：《消费者破产制度研究》，上海交通大学2008年博士学位论文。

〔4〕 1846年废除《谷物条例》，1849年取消少数临时性的捐税后，英国商业正式进入了自由贸易时代。

〔5〕 参见［美］伊丽莎白·沃伦、杰伊·劳伦斯·韦斯特布鲁克：《债务人与债权人法：案例与难点》，中信出版社2003年版，第170-171页。

〔6〕 《德国破产法》第9章为"消费者破产程序与其他小型程序"，消费者破产要经历庭外和解、庭内债务整理、简易清算程序三个阶段。《美国破产法》对消费者与商自然人的区分并不十分明显，破产法的许多条款对二者是同等适用的，但也有关于消费者债务人的特别规定，如第7章破产清算程序的适格消费债务人必须符合"收入测评"的要求，以抑制消费者滥用破产程序逃避债务。

三、破产语境下的商自然人与消费者：识别标准与具体认定

（一）破产语境下商自然人与消费者的识别标准

商自然人和消费者虽然在区分上有一定困难，但仍然有标准可循。依据主体性质，以债务人属性为标准界定破产语境下的商自然人与消费者在立法例中较为常见。18 世纪的破产法描述进入破产程序的商人是"以议价、交换、买卖、协议或其他方式从事商品买卖，无论零售还是批发，或以信托、保管为业收受他人金钱或财产的任何人。"[1]"任何人"指债务人在生活中的其他身份并不重要，伯爵、医生甚至文学家都可能成为适格债务人。[2]法国的司法重整或司法清算程序适用于从事"商业、手工业活动的自然人、农业生产者"，以及其他所有从事独立的职业活动，其中包括从事受法律与条例特别规范、名称受到保护的自由职业的自然人。[3]

然而，以债务人属性为标准界定，容易出现理解和适用上的混乱。2013年《西班牙破产法》（Spainish Insolvency Act）修正案确立商事法院只审理商自然人的破产案件，其他自然人破产案件则由普通法院审理。由于界定"商业活动"固有的困难，该规定适用中出现混乱，普通法院只能根据债务人是否领取工资或者失业来判断案件是否属于受案范围。[4]《德国破产法》采用了债务人属性标准，第 304 条规定消费者破产程序适用于不从事或曾从事独立商业活动的自然人。债务人如曾从事独立商业活动的，其财产关系必须明了清楚，债权人人数少于 20 人，并且不得存在劳动关系债权。《德国破产法》之所以作此规定，是因为商人或消费者的身份并不是固定不变的，一

---

[1] Andrew J. Duncan, "From Disemberment to Discharge: The Origins of Modern American Bankruptcy Law", *Commercial Law Journal*, Vol. 100, 1995, pp. 191-220.

[2] 以《鲁滨逊漂流记》等小说为现代读者所熟知的英国作家丹尼尔·笛福，因一些不明智的投资行为，也具备破产资格，于 1692 年被强制宣告破产。参见：Andrew J. Duncan, "From Disemberment to Discharge: The Origins of Modern American Bankruptcy Law", *Commercial Law Journal*, Vol. 100, 1995, pp. 191-220.

[3] 《法国商法典》第 L653-1 条，参见《法国商法典》，罗结珍译，北京大学出版社 2015 年版，第 932 页。

[4] See F. Javier Arias Varona, et al., "Discharge and Entrepreneurship in the Preventive Restructuring Directive", *International Insolvency Review*, Vol. 29, No. 1., 2020, pp. 8-31.

位经商多年的自然人也可随时退出商界终止其商行为。因此对于曾从事独立经济活动的自然人增加了"财产关系明了清楚"的要求，以确保简易、弹性的消费者破产程序适用主体的适当性。

相比较而言，依据债务人申请破产时的债务性质来确定其适用的破产程序具有可操作性。此标准无需去考察债务人之前是否有经营行为，只要债务人申请破产时，其无力清偿的到期债务是因为经营目的而发生，债务人类型就归属于商自然人；债务人无力清偿的到期债务是因为生活目的而发生的，债务人类型就归属于消费者。然而，单纯依据债务性质来界定商自然人或消费者不可避免地带来主体身份认识的模糊。

债务人属性标准或债务性质标准两种立法例均有缺陷，采取折中主义标准更具合理性，即以债务人属性标准为核心，兼顾债务性质标准。这种识别模式既考虑到债务人是否从事营业性活动的主体身份，也兼顾到主体身份发生转换的现实可能性。

（二）破产语境下商自然人与消费者的具体认定

法院在认定破产语境下的商自然人与消费者时，应依据债务人属性和债务性质相结合的识别标准综合判断。商事登记是登记主管机关依法对商事主体的经营状态予以确认的法律行为。为了防止设立商事主体不实导致欺诈行为的发生，现代立法逐渐趋向于采取强制登记原则。因此，商事登记可作为识别商自然人或消费者的基本原则。

商事登记虽然标准明确，但是法院无法以商事登记作为商自然人的唯一判断标准。商事登记的确认性质以及豁免登记的存在，使得商人资格的认定应当接受法院监督。[1]有些商主体是不需要登记的；营业性是商主体区别于民事主体的实质特征，起字号、登记等外观特征不过是法律规定的形式要件。[2]尤其是除个体经营者外，近年来大量自然人以个人名义直接参与到商事活动中，这部分商事主体一旦遭遇市场风险，需要以个人名义负担无限债务责任，只能根据债务性质来确定主体资格是属于商自然人还是消费者。

---

〔1〕　参见王冬梅：《商个人登记制度的完善路径研究》，载《河北法学》2017 年第 3 期。
〔2〕　参见李建伟：《对我国商个人立法的分析与反思》，载《政法论坛》2009 年第 5 期。

需要指出的是，现实中总会有一些自然人的债务类型同时包括经营类债务和消费类债务，此时可依据主要债务类型来作主体认定。如果进入破产程序的债务人的债务类型以经营类债务为主，债务人就划分为"商自然人"，反之，如果进入破产程序的债务人的债务类型以消费类债务为主，债务人就划分为"消费者"。曾经从事经营活动的债务人，虽然不符合债务人属性标准，但是如果债务类型以经营类债务为主，就归为商自然人。

（三）企业经营者保证中的保证人应认定为商自然人

企业获得资金通常需要担保。担保减少了债权人的监督成本，债权风险至少部分地被转移给担保人。担保物权人通常只对特定设押资产享有优先清偿的权利，相比之下，个人保证以第三人所有资产确保主要债务人的义务履行，因此对债权人具有极大的吸引力，并在实践中发挥着非常重要的作用。我国民营企业债务构成的鲜明特色是绝大部分都涉及股东个人、企业经营者、家庭成员或亲友的连带保证。破产审判实践中，囿于自然人破产制度的缺失，债务人重整或破产清算后，企业经营债务的保证人在被迫无偿让渡股权或者企业清算注销后，仍然背负着巨额的个人担保债务，并且可能从此丧失了通过继续经营营业事务获利偿债的机会。[1]德国和日本甚至将这一问题上升到宪法层面，并基于公序良俗否定保证的诸多效力。《日本债权法》在修正中亦增加保护自然人保证人的特殊保护措施，尤其是体现在债权人提供与保证相关的信息义务。[2]

综观其他国家和地区的相关立法，为与商行为的性质相符，商法上特设与普通保证相异的商事保证。民法上除连带债务的保证人与主债务者同负责任外，普通债务的保证人，其所负责任较主债务者为轻，保证人始终立于从债务者的地位，并不与主债务人负同一责任。商法则不然。凡因商行为而生债务概作为连带债务，故担保此债务的保证人当然负连带之责。原因是连带保证使债务的履行臻于确实，债权者可求偿于主债务人，又可求偿于保证

---

〔1〕 2017 年全国法院审理破产十大典型案例之一庄吉集团破产重整成功后，公司主要经营者（大多数是原来的老股东）仍然因为担保责任背上了超过 4 亿元的债务，出行受限，不能正常出差进行商务活动。参见孙岚：《创业三十多年，我的企业破产了》，载《浙商》2020 年 11 月上。
〔2〕 参见金春：《个人破产立法与企业经营者保证责任问题研究》，载《南大法学》2020 年第 2 期。

人，而不至于遭受不测损失。[1]因此，商事保证或民事保证的界定不以保证合同或基础合同的主体身份为判断要件，仅依基础合同的性质而定：若基础合同为商事合同，则为其提供的保证就是商事保证；若基础合同是民事合同，则保证合同性质为民事保证。

《民法典》没有区分民事保证和商事保证，而且保证人可能是企业主的家庭成员或亲友，不具有商法意义下的商主体身份，但基于基础合同是商事合同，依据债务类型标准，企业保证人的保证债务性质应列为商事债务，而不是民事债务。更重要的是，如果保证人因偿付保证债务而破产，保证人应能在与主要债务人相同或同等的条件下获得免责，否则可能抑制保证人的积极性，损害企业家的融资，从而危及促进创业的总体目标。[2]因此，企业主连带保证的保证人应属于破产法下的商自然人范畴。

类似地，由于出资人、合伙人对个人独资企业和合伙企业的债务承担连带责任，个人独资企业和合伙企业破产通常会导致出资人、合伙人破产。出资人、个人合伙人本身虽然并不具有商主体身份，但由于出资人和个人合伙人的债务类型主要是企业的商事债务，因此应适用商自然人的破产程序。

四、破产语境下的商自然人与消费者：程序选择与融合

自然人破产问题和各种不同的社会政治及文化问题交织，处理方式实难统一。[3]程序设计上不对消费者或商自然人区别对待，固然不必花费心力去做区分，但是同时因适用范围扩大，使得程序不具有针对性。从立法趋势看，我国自然人破产立法即使采取一般破产主义，也需要考虑到商自然人和消费者的区别对待问题。

---

〔1〕　参见［日］志田钾太郎口述，熊元楷编：《商法总则》，上海人民出版社 2013 年版，第 78-79 页。

〔2〕　See F. Javier Arias Varona, et al., "Discharge and Entrepreneurship in the Preventive Restructuring Directive", *International Insolvency Review*, Vol. 29, No. 1., 2020, pp. 8-31.

〔3〕　参见自然人破产处理工作小组起草：《世界银行自然人破产问题处理报告》，殷慧芬、张达译，中国政法大学出版社 2016 年版，第 6 页。

（一）商自然人破产与企业破产的程序融合

自然人破产与企业破产之间并没有一条明显的界限。[1]除"人的属性"外，商自然人与其他商主体在"商"的属性上相通。在法律中是否划分或在何处划分商业因素与个人因素的界限，或商业破产因素的考虑在何范围内优先于自然人破产因素，由政策制定者在各国和地区独特的环境下自行评估。[2]破产程序中的商自然人是归类为其他企业，还是视作单独的类别，或是被视为消费者，有不同的立法例。法国将商自然人和企业归为一类，适用相应的破产程序或企业重整程序；英国根据债务人的商业身份分类，法人、自然人适用不同的程序，商自然人与消费者适用同样的程序；有的国家为商自然人设计了单独的破产程序和重整程序，如斯洛文尼亚。[3]

商自然人具有"专门知识与技能"，对风险的预测能力较强；商自然人破产后虽然也有权利获得豁免财产，但其财产状况一般更类似于企业破产；商自然人破产时的债务结构，其复杂程度与企业破产时的债务状况更接近，因此，除了免责制度或豁免财产等自然人的特别制度外，商自然人与企业应该更为相通，可选择适用同一程序。《日本民事再生法》是重整型程序的一般法，主要以中小企业和个体经营者为适用对象。[4]

许多自然人在他们的企业倒闭时申请破产。小型公司、合伙企业或个人独资企业的破产案件中，企业破产和自然人破产问题可能会完全交织在一起，因为小型企业的经营者通常为企业债务提供保证或者承担连带责任。[5]企业经营者为企业债务提供高额保证或承担连带责任的情形下，基于

---

〔1〕 参见［美］伊丽莎白·沃伦、杰伊·劳伦斯·韦斯特布鲁克：《债务人与债权人法：案例与难点》，中信出版社 2003 年版，第 171 页。

〔2〕 参见自然人破产处理工作小组起草：《世界银行自然人破产问题处理报告》，殷慧芬、张达译，中国政法大学出版社 2016 年版，第 20 页。

〔3〕 See Study on a New Approach to Business Failure and Insolvency-Comparative Legal Analysis of the Member States' Relevant Provisions and Practices, Tender No. JUST/2012/JVIC/CT/0194/A4，最后访问日期：2024 年 7 月 20 日。

〔4〕 参见［日］山本和彦：《日本倒产处理法入门》，金春等译，法律出版社 2016 年版，第 170 页。

〔5〕 参见［美］伊丽莎白·沃伦、杰伊·劳伦斯·韦斯特布鲁克：《债务人与债权人法：案例与难点》，中信出版社 2003 年版，第 171 页。

债务规模等的限制，很难适用个人重整程序，只能与法人共同申请普通的重整程序。[1]从程序经济的角度，对于负有连带债务的多个债务人、保证人与主债务人等，法院可以依据合并管辖的相关规定联合处理。[2]

（二）商自然人破产与消费者破产的程序融合

一些商自然人营业规模小、经营范围小、债权债务关系简单，与消费者在财产规模、债务规模等方面更加类似，两者在程序的适用上可以相通。适用消费者破产程序的商自然人需符合什么样的标准有不同的立法例。

第一，以无担保债权总额为标准。《美国破产法》第 13 章是关于个人消费债务人的再生的主要一章，最初只有"主要收入来源为计时计件工资、固定报酬或佣金的自然人"方才适格，但是"理发师、杂货商或自由执业的除虫师与正式雇员之间的差别其实微乎其微"[3]。因此 1978 年修法时，将适格主体的范围扩大到了任何"具有固定收入的自然人"而不论收入来源，但债务人的负债必须低于规定的数额。[4]

第二，以营业额为标准。我国台湾地区《消费者债务清理条例》所定义的消费者，指五年内未从事营业活动或从事小规模营业活动之自然人。前者表明其非企业经营者，只要申请前五年内未从事营业活动的自然人（如单纯受领薪水、工资之公务员、公司职务、劳工），均包括在内；后者指小规模经营者，如计程车司机、小商贩。上述自然人，不论其所负债务是否因消费行为所生，亦不论其债权人数多寡。为避免小规模经营者的范围过广，导致债务关系过于杂难难以处理，限定小规模经营者的营业额每月新台币二十万元以下。因此，我国台湾地区《消费者债务清理条例》适用主体既可以是因经营行为而破产，也可以是因消费行为而破产。简言之，其适用主

---

〔1〕 参见［日］山本和彦：《日本倒产处理法入门》，金春等译，法律出版社 2016 年版，第 163 页。

〔2〕 参见［日］山本和彦：《日本倒产处理法入门》，金春等译，法律出版社 2016 年版，第 163 页。

〔3〕 H. R. Rep. No. 95-595, 95th Cong. , 1st Sees. , at 119 (1977). 转引自［美］查尔斯·J. 泰步：《美国破产法新论》，韩长印等译，中国政法大学出版社 2017 年版，第 1327 页。

〔4〕 参见［美］查尔斯·J. 泰步：《美国破产法新论》，韩长印等译，中国政法大学出版社 2017 年版，第 1327 页。

体除了消费者之外，还包含了小规模经营的自然人，它的内涵比消费者破产更丰富。[1]

第三，采用混合标准。《德国破产法》第9章消费者破产程序同时适用于曾独立从事经济活动，但财产状况简明清晰且债权人人数较少的自然人。

（三）消费者破产程序的特殊性

商人破产和消费者破产之间的区别源于这样一种观点，即交易者受到贸易和外部经济事件的影响而过度负债的风险更高。[2]无论采取一般破产主义还是商人破产主义，消费者破产的特殊性都须予以重视。即使是采取一般破产主义的国家，在提供适当救济的同时避免消费者逃废债务也是经久不变的主题，西欧各国的立法机构以各种方式回应了相应需要，包括对和解的关注和积极的债务清偿等。[3]

法院外和解是对司法性预防的最大补充和补救。人们对自愿和解的偏好导致许多国家的消费者破产法律都制定了两阶段程序，要求提交正式破产救济申请之前，债务人为与债权人达成自愿和解协议而作出过努力。法院外和解在体现程序上的适应性和灵活性的同时，其非强制性和效力上的不足是其固有缺陷。这些缺陷可通过某些制度的改进与司法预防程序的衔接得到解决。

消费者破产程序比起企业破产程序，应更加简易、迅速、经济及富有弹性。以债权人决议为例，德国的庭内消费者债务清理程序中清理计划的表决采用书面表决方式，且在债权人过半数通过，其所持债权额超出债权总额二分之一的情形下，其他债权人只要消极同意即可，不必明示同意。[4]日本小规模个人再生程序的再生计划表决也采用书面表决，并可消极同意，工资所得者再生程序中，再生计划甚至无须债权人议决，债权人陈述意见后法院迳行裁定认可与否。在负债规模不大，债权人数不多，且债权态样单一的背景

---

〔1〕 参见陈廷献：《消费者债务清理条例要义》，五南图书出版股份有限公司 2016 年版，第 30-32 页。

〔2〕 See Tabb Charles Jordan, "The History of the Bankruptcy Laws in the United States", *American Bankruptcy Institute Law Review*, Vol. 3, No. 1. , 1995, pp. 5-52.

〔3〕 See Jason Kilborn, *Comparative Consumer Bankruptcy*, Carolina Academic Press, 2007, p. 51.

〔4〕 参见《德国破产法》第 309 条第 1 款。

下，通过书面方式表决，可实现程序的迅速进行，并且有最低清偿额要件等的保障，故可简化程序；工资所得者的固定收入足以保障债权人利益，因此不必再经债权人多数同意，而采用更加简易、迅速的程序。[1]

五、我国自然人破产法适用主体的选择

从其他国家和地区的立法经验看，最初的破产法是一种仅仅针对商人债务人的集体程序，19世纪中叶，英国法和美国法才适用于不从事商业活动的自然人债务人。[2]欧洲大陆法系国家和斯堪的纳维亚国家的自然人破产法起初只适用于商自然人，或者即使承认消费者的破产能力，消费者也无法获得免责。[3]从20世纪70年代末开始，日益严重的消费者债务问题也使得欧洲各国立法机构逐渐作出法律回应。[4]我国自然人破产法适用主体的选择是各方争议的焦点之一，主要有三种观点：一是只适用于为企业承担连带责任的自然人，二是适用于所有的商自然人，包括个体工商户、个人独资企业出资人、合伙企业个人合伙人等，三是适用于包括普通消费者在内的所有自然人。[5]

（一）自然人破产立法是否应只适用于为企业承担连带责任的自然人

企业经营者等相关主体基于企业经营产生的巨额担保性负债清理难问题，已经成为当前影响民营经济健康发展的重要障碍，甚至成为比较突出的社会问题。自然人破产制度适用于为企业承担连带责任的自然人，可以解决当前企业破产法实践感受最迫切的那部分自然人债务人的破产问题，而且还能够减轻对法院破产审判能力的挑战。2019年6月，国家发展和改革委员会

---

〔1〕 参见［日］山本和彦：《日本倒产处理法入门》，金春等译，法律出版社2016年版，第170页。

〔2〕 See Iain Ramsay, *Personal Insolvency in the 21st Century: A Comparative Analysis of the US and Europe*, Hart Publishing, 2017, p. 4.

〔3〕 See Iain Ramsay, "Comparative Consumer Bankruptcy", *University of Illinois Law Review*, Vol. 2007, No. 1., 2007, pp. 241-273.

〔4〕 See Iain Ramsay, "Comparative Consumer Bankruptcy", *University of Illinois Law Review*, Vol. 2007, No. 1., 2007, p. 250.

〔5〕 另有一种观点是只适用于为企业承担连带保证责任的自然人。这种观点的立足点是先行解决企业破产中遇到的最紧迫的自然人过度负债问题，但是这将导致其他非因担保而为企业承担连带责任的自然人被差别对待，不能适用自然人破产法。

同最高人民法院等 13 个部委印发《加快完善市场主体退出制度改革方案》（发改财金〔2019〕1104 号），明确提出要求研究建立个人破产制度，重点解决企业破产产生的自然人连带责任担保债务问题。地方法院个人债务清理规程也通常将为企业承担保证责任的自然人放到适用主体的首要位置，甚至将其视为唯一的适用主体。例如，山东省高青县人民法院出台的《关于企业破产中对有关个人债务一并集中清理的意见（试行）》中第 1 条规定："本意见集中清理的个人债务，是指破产企业生产经营活动中对企业债务承担清偿责任的有关个人债务。"第 2 条进一步明确适用主体首先是"对该企业法人负保证责任的法定代表人、实际控制人、股东、董事、监事及其他高管人员"。

司法实践中，除担保外，为企业债务承担连带责任的原因还包括：董事等高管因违反忠实勤勉义务致使企业破产而承担民事责任；个人独资企业等非法人企业的股东、经营者为破产企业债务承担无限责任；企业的清算义务人违反清算义务承担无限责任或者赔偿责任等。[1]需要指出的是，为企业债务承担连带责任的自然人过度负债问题虽然在企业破产的情形下比较明显，但执行实践表明，因对企业债务承担连带责任而发生债务危机的自然人数量，在无力偿债的自然人中占比较低。2017 年至 2021 年 10 月，山东省东营市两级法院共有执行不能案件 23 033 件，其中涉及自然人担保的案件有9195 件，占全部执行不能案件 39.92%。[2]江苏吴江法院 2018 年至 2020 年三年间，自然人与企业同为被执行人的案件数量仅占涉自然人被执行人案件总数的不足 20%。[3]深圳个人破产审判统计数据显示，截至 2021 年 12 月 31日，深圳中院收到的 943 件个人破产申请中，为他人或公司担保而背负债务的破产申请有 25 件，仅占 2.7%。[4]上述三个地区所处省份均是我国民营经济比较发达、企业经营者保证问题比较突出的省份。即使在这些省份，为企

---

〔1〕 参见池伟宏：《企业经营者与个人破产制度》，载《人民法院报》2016 年 11 月 16 日，第 7版。

〔2〕 参见最高人民法院民二庭课题组等：《企业破产程序中经营者保证责任的合并处理》，载《法律适用》2022 年第 2 期。

〔3〕 根据执行法官的办案经验，"自然人与企业同为被执行人的案件"通常就是经营者等为企业承担连带责任而负债的案件。

〔4〕 参见曹启选等：《个人破产制度先行先试中的实践示范与体系构建》，载《人民司法》2022年第 22 期。

业承担连带责任的自然人也只占到无力清偿债务的自然人的较低比例。

（二）自然人破产制度是否可限定于从事生产经营活动的自然人

除了为企业承担连带责任之外，自然人无力偿债更为普遍的原因是金融借款合同纠纷和民间借贷纠纷。[1] 尤其是其他以个人名义为企业经营借款的自然人、占到商事主体 2/3 左右的个体工商户的破产资格问题，也是我们不容忽视的现实问题。许多理论界人士认为，我国自然人破产立法宜先采商自然人破产模式。[2] 这不仅与自然人破产制度的演变历史契合，也可以解决我国司法实践中遇到的多数自然人过度负债问题。地方法院的相关规定也体现了这一观点，例如《东营市中级人民法院关于个人债务清理的实施意见（试行）》第 3 条规定，"在东营市辖区居住的，资产不足以清偿全部债务或者明显缺乏清偿能力，且符合下列条件之一的自然人，可以依照本意见进行债务清理：（一）企业法人已进入破产程序或者已经破产，为该企业法人负债提供担保责任的自然人；（二）因生产经营活动陷入困境不能清偿到期债务且经人民法院强制执行程序执行不能的自然人；（三）人民法院认为有必要进行个人债务清理的其他自然人"。

在司法实践中，最迫切需要解决的是因生产经营原因而负债的债务人。若将个人破产制度适用范围限定于商自然人，包括个体工商户、企业的出资人或设立人、保证人等，司法实践中需要考虑的问题是，如何清晰地界定并区分商自然人和其他类型的自然人，这不仅增加了司法适用难度，而且将引发其他问题。有学者指出，从行为角度言之，在市场经济条件下，随着人们参与商事活动的增多，出现了很多性质模糊、难以清晰界定商事、民事抑或其他法律性质的行为，[3] 尤其是近年来大量自然人以个人名义直接参与到商事活动中，大量自我雇佣的商事主体以微商、电商、自由职业者等形式存在。

---

〔1〕　参见最高人民法院民二庭课题组等：《司法实践视野下自然人破产免责制度的构建》，载《法律适用》2022 年第 2 期。

〔2〕　参见赵万一、高达：《论我国个人破产制度的构建》，载《法商研究》2014 第 3 期；参见蔡嘉炜：《个人破产立法与民营企业发展：价值与限度》，载《中国政法大学学报》2019 年第 4 期；参见孙宏友：《论英国破产法制度发展及其对我国个人破产立法的启示》，载《河北法学》2010 年第 3 期。

〔3〕　参见赵万一、高达：《论我国个人破产制度的构建》，载《法商研究》2014 第 3 期。

这也是《深圳经济特区个人破产条例》选择适用于所有自然人的原因之一。

（三）自然人破产制度是否应适用于所有自然人

自然人破产制度不仅是对债务人的生存权和发展权的法律确认，是实现个人债务人人格尊严的重要路径，也能帮助债务人摆脱债务的困扰，降低甚至消除许多因债务人受困于永久债务困境而带来的疾病、犯罪、失业及其他与福利相关的直接和间接的社会成本，这对于全社会显然都有所裨益。[1]自然人破产中的免责制度将财富从债权人重新分配给由于各种自然和社会因素而陷入无力偿债困境的商自然人或者消费者，减少社会偶然因素和自然因素对债务人的影响，[2]债务人将会具有更大的工作动力并重新成为富有创造力的社会成员，从而推进实现全体人民的共同富裕。

根据我国市场监管总局公布的数据，截至 2023 年底，全国登记在册个体工商户 1.24 亿户，占经营主体总量 67.4%，支撑近 3 亿人就业。[3]优化营商环境，提升企业家精神的时代背景下，自然人破产法适用于商自然人已是无可争议。消费信用的扩张不可避免地导致消费者过度负债的增加。根据中国人民银行公布的数据，2020 年 12 月，我国消费贷款余额约 49 万亿元；[4]2018 年，信用卡交易额与 GDP 的比值上升至 41.55%。[5]以裁判文书网的统计数据为例，2015 年民事一审信用卡纠纷案件数量为 19 306 件，2019 年已攀升至 450 857 件。[6]2021 年 1 月 7 日中国银行保险监督管理委员会办公厅出台《关于开展不良贷款转让试点工作的通知》，明确将进行单户对公不良贷款和批量个人不良贷款转让试点，参与试点的个人贷款范围包括：个人

---

[1] 参见自然人破产处理工作小组起草：《世界银行自然人破产问题处理报告》，殷慧芬、张达译，中国政法大学出版社 2016 年版，第 44—45 页。

[2] 参见殷慧芬：《论自然人破产免责制度中的利益衡平》，载《西南政法大学学报》2021 年第 4 期。

[3] 参见《截至 2023 年底我国个体工商户达 1.24 亿户》，载 https://www.gov.cn/lianbo/bumen/202401/content_6929259.htm，最后访问日期：2024 年 11 月 20 日。

[4] 参见《金融机构本外币信贷收支表》，载 http://www.pbc.gov.cn/eportal/fileDir/defaultCurSite/resource/cms/2021/01/20210118818005922737.htm，最后访问日期：2024 年 7 月 11 日。

[5] 参见中国银行业协会银行卡专业委员会编著：《中国银行卡产业发展蓝皮书（2019）》，中国金融出版社 2019 年版，第 2 页。

[6] 参见中国裁判文书网，https://wenshu.court.gov.cn/，最后访问日期：2020 年 12 月 20 日。

消费信用贷款、信用卡透支、个人经营性信用贷款。我国的社会经济发展现状表明，一般破产主义已经具备现实条件。《深圳经济特区个人破产条例》适用于所有的自然人，包括因生产经营或生活消费原因过度负债的自然人，第 2 条规定，"在深圳经济特区居住，且参加深圳社会保险连续满三年的自然人，因生产经营、生活消费导致丧失清偿债务能力或者资产不足以清偿全部债务的，可以依照本条例进行破产清算、重整或者和解。"《浙江法院个人债务集中清理（类个人破产）工作指引（试行）》也是适用于"具有浙江省户籍，在浙江省内居住并参加浙江省内社会保险或缴纳个人所得税连续满三年的自然人"。

（四）自然人破产法的适用主体是立法政策选择的结果

自然人破产立法的适用主体是立法中的一个重要问题，也是争议较大的问题。前文通过考察各国和地区的立法实践得出的结论表明，自然人破产制度适用主体的范围不仅受各国和地区信用市场发展程度的影响，也受到其他因素的影响。

一般破产主义在我国具有现实的必要性。截至 2022 年 2 月 28 日，深圳中院收到个人破产申请 1031 件纯因生活消费负债而提起破产申请的有 221 件，占 21.4%。[1] 经济下行压力下，我国有可能会出现更多的普通消费者无力偿债的现象。然而，自然人破产免责制度以债权人受损为代价。在信用经济条件下，商业银行作为规模最大、最主要的债权人，自然人破产的危机首先会传导到银行体系中，导致银行业不良贷款的大规模增加甚至造成银行破产，银行业危机又会进一步传导到整个金融系统。根据各银行发布的 2023 年年报，国有行个人贷款在总贷款中的占比通常在 30% 左右，如工商银行、中国银行和建设银行的个人贷款在总体贷款的比例分别为 33.2%、33.11% 和 36.36%。个人贷款在贷款总额占比超过一半的有四家银行，包括平安银行、邮储银行、招商银行。[2]

---

〔1〕参加曹启选等：《个人破产制度先行先试中的实践示范与体系构建》，载《人民司法》2022 年第 22 期。

〔2〕参见吴海珊：《国有大行反超股份行，个人消费贷款和经营贷款大幅扩张》，载《证券市场周刊》2024 年第 16 期。

不同银行业务对于个人贷款分类的有所不同，一般而言，个人住房贷款、个人经营性贷款、个人消费性贷款以及信用卡等占主要比重。全面的自然人破产立法是否可能对金融体系造成冲击是需要审慎对待的。2005 年《美国破产法》修正案对债务人更加严格，很多债务人赶在新法案实施之前提出破产申请。2005 年下半年美国商业银行核销了大量的信用卡呆坏账，不仅造成 2005 年度美国商业银行的净收入下降，还使银行业出现了危机端倪。而且越来越多的消费者选择了放弃赎回权等"非正式破产"的方式来缓解债务压力。这就导致了待售住房数量的大量增加，给房地产市场带来了价格下降的压力，加剧了大量以住房抵押贷款为基础资产池的证券的贬值，为金融危机的爆发埋下了隐患。[1]因此，我国可以"分步推进建立自然人破产制度"，防止短期内出现大量的自然人破产，尤其是自然人破产和企业破产之间产生的巨大的连锁反应可能对金融系统造成的冲击。

企业破产审判实践表明，连带保证人的过度负债问题较为紧迫，但是自然人破产制度不仅是为了解决企业破产审判中遇到的相关问题，更重要、更核心的目的是有效、高效地处理自然人的过度负债风险，[2]尤其是与企业面临同样经营风险的个体工商户，不应该被排除在适用主体之外。因此折中观点即适用于从事生产经营活动的自然人，包括个体工商户、企业的出资人或设立人、保证人等，也许是更为可行的选择。

折中观点会面临无法真正清晰地区分商自然人和纯粹的消费者，增加司法实践争议的问题。关于商自然人的界定问题，依据主体性质，以债务人属性为标准界定破产语境下的商自然人与消费者在立法例中较为常见，但是商人或消费者的身份并不是固定不变的，一位经商多年的自然人也可能随时退出商界终止其商行为。因此，相比较而言，依据债务人申请破产时的债务性质来确定自然人的类别具有可操作性。此标准无需去考察债务人之前是否有经营行为，只要债务人申请破产时，其无力清偿的到期债务是因为经营目的

---

〔1〕 参见陈云良、梁杰：《2005 年美国破产法修改与世界金融危机——兼论破产法的经济调节功能》，载《政治与法律》2011 年第 4 期；冯彦明、侯洁星：《欧美个人破产制度对商业银行的影响与启示》，载《银行家》2020 年第 11 期。

〔2〕 参见自然人破产处理工作小组起草：《世界银行自然人破产问题处理报告》，殷慧芬、张达译，中国政法大学出版社 2016 年版，第 3 页。

而发生，债务人类型就归属于商自然人；债务人无力清偿的到期债务是因为生活目的而发生的，债务人类型就归属于消费者。由于出资人、合伙人对个人独资企业和合伙企业的债务承担连带责任，个人独资企业和合伙企业破产通常会导致出资人、个人合伙人破产。出资人、个人合伙人本身虽然并不具有商主体身份，但由于出资人和合伙人的债务性质主要是企业的商事债务，因此应适用商自然人的破产程序。企业主连带保证的保证人应属于破产法下的商自然人范畴。现实中可能会出现的某些债务人故意创造条件去满足主体标准从而进入破产程序的问题，可以由管理人、人民法院依据相关事实作出判断债务人是否为适格债务人。而且，这样的问题不仅是在自然人破产法分步实施中可能会遇到的问题，即使是实行一般破产主义，也会遇到同样的问题，因为各国和地区的立法通常对商自然人和消费者适用不同的规定。

国外破产法对农场主破产有特别规定，例如《美国破产法》第 12 章就是为满足家庭农场主以及渔业主的需求而制定。通过承诺根据履行期间为 3 至 5 年的清偿计划进行清偿，家庭农场主可以留存其土地，而家庭渔业主则可以留存其财产并继续用于渔业生产。通过上述规定，美国国会延续了其对农场主提供特别破产优待的悠久历史。农村承包经营户是《民法典》规定的一类特殊类型的自然人，指农村集体经济组织的成员，依法取得农村土地承包经营权，从事家庭承包经营。农村土地承包是以家庭为单位来进行，但司法实践中，对农村承包经营户所负的经营性债务，是以实际经营为标准来认定应当由谁承担责任，即执行部门均是以实际经营者作为被执行人，而非农村承包经营户，因此进入破产的主体不应该会出现"农村承包经营户"这一主体，不需要将农村承包经营户作为一种特别的自然人破产主体加以规定。

农村居民因为经商或消费等原因破产后，其土地承包经营权、宅基地使用权问题比较特殊，但这一问题不仅在破产中会遇到，在执行中也会遇到。执行实践中的普遍观点是，对于农村居民而言，土地承包经营权和宅基地使用权带有一定的社会保障功能，是农村集体经济组织成员享有的权利，与享有者特定的身份关系相联系，因此法院不能强制执行农村居民的土地承包经营权和宅基地使用权抵偿债务。破产清算程序本质上是总括性的执行程序，可以参照执行实践的做法处理土地承包经营权和宅基地使用权，将"土地承包经营权和宅基地使用权"作为"依照其他法律、法规或者基于公序良俗不应当用来偿还债务的财产"。破产和解程序和破产重整程序是体现当事人意志的程序类型，因此应当尊重当事人的意愿，由当事人在不违反法律的前提下自行决定是否转让。

自然人破产法的程序架构

　　自 1883 年比利时颁布《预防破产之和解制度》之后，世界各国对破产预防日益重视，或专门制定破产和解制度、重整制度，或在破产法典中规定和解及重整的内容。自此，破产程序由两大体系组成，即清算型破产程序和预防型破产程序。破产重整作为一种相较于破产和解制度更具积极性的破产预防制度，其最终价值在于视社会总体利益为首要目标，在创造出债权人更多权益的同时，争取整体经济以及社会的稳定和持续不断发展的生命力。这样的价值目标不仅适用于大型公司的重整之上，部分国家也逐渐基于此将重整制度的做法及概念运用于处理自然人的财务再建上。[1]自然人破产法与企业破产法在债务人生存权的保障和债务人是否有确定的未来收入等方面存在差异，程序的基本理念及基本构造上应有所不同。[2]本书希望以系统性思维来思考我国自然人破产程序设计的基本逻辑与具体框架，为未来全国性自然人破产立法提供选择的可能方向。

一、传统的自然人破产程序类型

　　清算程序是传统意义上的破产程序，也是破产救济中最基本、最常见的程序类型。简而言之，破产清算程序是指由破产管理人对破产财产收集、清算、变价，最终分配给债权人并使企业债务人的人格归于消灭，抑或以自然人债务人的"经济生命周期"或消费周期的终结作为代价的程序。债务人为

---

〔1〕　参见郑有为：《破产法学的美丽新世界》，元照出版公司 2006 年版，第 262 页。
〔2〕　许士宦：《债务清理法之基本构造》，元照出版公司 2008 年版，序言。

自然人的，清算程序终结后的剩余债务通常会获得免责。[1]清算程序的优点在于一举解决债务人与所有债权人之间的债务清偿关系。然而，债权人希望通过破产清算程序获得相当清偿，并非现实之举。清算型破产程序中，破产财产扣除破产程序所需的费用和支出，给予破产管理人报酬后，真正能够分配至各债权人手中的是相当少的，因为债务人或债权人任何一方向法院提出破产申请时，需有债务人不能清偿债务的法律事由。

为了弥补清算型破产程序所无法避免的缺点，就诞生了破产和解程序。破产和解程序希望借助于债务人本身对于自己经济状况的了解，趁早与各债权人达成降低债权清偿的比例或迟延付款期限等协议。破产和解通过债权人的让步来缓解债务人的债务压力，[2]本质上属于当事人自愿协议范畴。同时，破产和解又是一种强制和解，和解协议的通过不需要经过全体债权人的一致同意，在尊重当事人意愿的基础上，应当允许法院对协议的达成甚至履行实施必要的引导和干预，以克服私法外和解中存在的一些缺陷。相对于破产清算程序，破产和解程序的制度成本低；债权人往往能得到比适用破产清算程序更高比例的清偿；债务人还可以避免破产清算给其带来的公法和私法上的限制，同时为债务人经济上的复苏争取一定的时间和空间。正因如此，各国法均规定破产和解具有优先于破产清算程序的法律效力。

破产和解程序的设置，让债务人在发生破产可能之时，可以及早清理规划财务状况并提出能够说服所有债权人的还债计划，而达到避免破产的目的。但在实施破产和解程序过程中，常出现部分债权人恶意干扰使债权人会议无法达成共识或债务人故意拖延还款的问题，因此，重整制度的蓬勃发展在这样的背景因素中孕育而出。重整程序是一种积极挽救困境中的债务人的法律程序，它采用各种各样的措施使债务人走出困境，避免因债务人破产给社会带来的许多不利因素。首先，申请重整之原因整体而言是比较宽松的，只要当事人认为其具有破产原因或者有破产发生原因之虞时，就可提出申请，而破产和解把存在破产原因作为启动程序的条件。例如我国台湾地区《消费者债务清理条例》的规定。为了避免破产和解程序下可能因为债务人

---

〔1〕 参见韩长印主编：《破产法学》，中国政法大学出版社 2016 年版，第 7 页。

〔2〕 参见韩长印主编：《破产法学》，中国政法大学出版社 2016 年版，第 281 页。

刻意拖延而使还款计划停滞不前的情形发生，重整的另一个重要特性是债务人必须拥有经济迅速重建的希望，例如有固定的薪资收入。《美国破产法》对提出第 13 章破产申请的债务人主体资格有严格的限制，只有"有固定收入"并且担保债务数额不超过 922 975 美元、无担保债务数额不超过 307 675 美元的个人债务人才能提出第 13 章规定的破产申请。其次，由法院依据当事人的经济状况，裁量是否可依据破产重整程序解决债务危机，重整方案的履行也是在法院的监督之下完成。最后，债务重整程序中，担保债权必须受破产重整程序的制约，而担保债权人与和解程序没有关系，可以直接行使担保权而不受任何制约。可以看出，与破产和解程序相比，破产重整程序更适应个人破产案件中债权多为担保债权、债权人人数较少等特点。

综上，从破产清算、破产和解及破产重整程序的功能来看，破产清算程序强调对债权人公平受偿的保护；破产和解程序注重对债务人的救济；破产重整程序则强调对社会整体利益的保障，三种程序在实践中各有利弊。和解程序诞生以来，破产预防程序日益受到重视。《美国破产法》第 13 章以"有固定收入的个人重整"为名强调对自然人的适用；《日本民事再生法》第 13 章"个人小规模再生与薪资所得者再生程序"以《美国破产法》第 13 章为制定蓝本；《德国破产法》也对个人债务人重整程序有所规范。建立债务重整制度作为积极主动地改善个人自身财务危机与维护社会整体经济环境平顺发展的新思潮，已成为 21 世纪以来多数国家破产法体制立法之新趋势。[1]

二、自然人破产程序之间的联系与差异

自然人破产法下的清算、和解与重整三种程序的立法目标、具体构造以及程序效力等方面都有差别，同时无论从程序步骤还是从实体问题看，三者之间存在着相当多的重叠和联系。

（一）破产清算程序与重整程序的联系与差异

与清算程序相比，个人重整程序在许多方面表现出对债务人的强有力的

---

〔1〕　参见郑有为：《破产法学的美丽新世界》，元照出版公司 2006 年版，第 206 页。

吸引。第一，个人债务重整程序更能保护债务人的信用，可以帮助债务人免遭因直接破产而带来的耻辱，并且可以保留债务人有履行能力的自尊，所以中小企业主为了未来的信誉会倾向于选择重整。清算程序下，有些国家规定债务人的现有财产用于清偿债权后，债务人可以随即获得剩余债务的免除，例如美国；有些国家则规定需经过一定时期的免责期间后，债务人方可获得免责，例如德国目前规定的免责期间为 3 年。破产清算程序通常会带来债务人的失权，高消费行为和任职资格等在免责期间都会受到限制，个人信用记录也会受影响。与破产清算程序相比，债务重整程序允许债务人保留豁免财产以外的财产，并在 3-5 年或更长时间内依照法院批准的债务清偿计划清偿债务。自然人进入债务重整程序也会有信用记录，但是对债务人的影响小很多。与直接清算相比，由于债权人的受偿比例更高，重整程序下的债务人拥有更好的信用评级。[1]

第二，与清算程序相比，重整程序中的债务人有更强的控制力。债务清偿以债务人自愿为基础，没有债务人积极主动的配合，任何破产程序都可能会遇到程序延迟或费用增加的情况，重整程序也不例外，因为债务人的不当行为可能导致重整案件被撤销或被转换为清算案件，这样重整失败的系数也就会大大增加。为了鼓励债务人在破产程序中积极主动地与债权人及其他有关人士配合，各国债务重整程序设立了诸多制度来提高债务人启动破产程序的"自愿性"：首先，有些国家规定某些类型的债务重整程序只能由债务人启动，例如《美国破产法》对提出第 13 章破产申请的债务人主体资格有严格的限制，只有"有固定收入"的个人债务人才能提出第 13 章破产申请。[2]其次，在自然人债务重整程序中，通常只有债务人才能提出方案，债权人没有提出"竞争性"方案的机会。最后，在清算案件中，债务人必须将其豁免财产之外的财产交由管理人清算和出售，而个人债务重整程序的债务人通过清偿承诺可以保留他的财产，且受到一直持续到方案完成为止的自动冻结制度的保护。例如，《深圳经济特区个人破产条例》第 39 条规定，"除本条例第一百零九条规定的情形外，管理人应当接管债务人除豁免财产以外的全部财产"。

---

〔1〕 参见［美］查尔斯·J. 泰步：《美国破产法新论》，韩长印等译，中国政法大学出版社 2017 年版，第 1322 页。

〔2〕 日本小规模个人再生程序是债务人、债权人均可以启动。

当然，债务重整程序对债权人的好处也是不言而喻的：他们将获得更高比例的清偿，债权损失将明显少于债务人选择直接破产的情形。自然人债务重整程序与企业重整程序均属于破产预防程序体系，但自然人债务重整程序与企业重整程序也有所区别：与企业重整程序将挽救复兴企业作为基本价值取向不同，债务清偿是个人债务重整程序的首要目标。企业重整程序目的主要业务和改善经营管理的机会，进而改善其经济条件，使其业务可以重新复原到破产申请以前的状况，恢复正常的清偿债务能力；自然人债务重整程序的目的主要是为自然人债务人提供一种清偿债务的机制，在这种机制中，债务人可以用自己未来收入对当前的债务进行清偿，而不必因为一时的财务困难就遭受被清算的命运。债务清偿的立法目标也体现在个人重整程序的门槛设置上。

（二）破产重整程序与和解程序的联系与差异

破产重整程序与和解程序同为破产预防程序，甚至采用的方法存在重合，但两种程序仍存在一定的差异。这种差异包括：

1. 程序运作成本不同导致适用的范围存在差异。重整程序的成本通常要大于和解程序，程序参与人的范围也不同。重整程序不仅有普通债权人、债务人参与，而且担保债权人也发挥着很重要的作用，例如《美国破产法》第13章中担保债权和无担保债权均受债务清偿计划的调整。而在和解程序中，担保债权人不参与程序，其地位并不受影响，例如英国个人自愿安排程序（Individual Voluntary Arrangement，IVA）即是如此。

2. 重整计划有最大利益标准的下限要求，而和解程序通常取决于债权人债务人达成的协议。最大利益标准，即清算价值保障原则，指债权人依据重整计划所得的清偿不得少于其依破产清算程序能够获得的财产，旨在确保破产重整程序本身的正当性，可以为每个利害关系人提供最低限度的保护，也是债务重整方案的基本要求。此外，立法例中还有可支配收入标准。例如，《美国破产法》第13章规定，债务清偿计划被批准需要符合清算价值标准和可支配收入标准。英国个人自愿安排程序没有清偿下限的要求，但是债权人通常也不会同意低于清算价值标准的和解协议。

3. 司法干预的程度不同。在和解程序中，法院不能强制批准和解协议，但在重整程序中却有权基于社会利益本位的立场强行批准重整计划。强制批准体现了司法权力对重整计划的必要干预，也是重整制度的立法目的得以实现的必要措施。在自然人破产重整程序中，为了社会利益以及债权人、债务人双方的平衡利益保护，一定程度忽略或降低将债权人同意作为重整计划得以通过的要件。强制批准是指当重整计划草案没有被受托人或无担保债权人通过时，如果符合法律规定的一定条件，法院可以强行批准该计划。强制批准制度更加突出地体现了重整制度的国家干预色彩，体现了从社会利益角度保证破产法律秩序的法治精神。《美国破产法》第 11 章、第 13 章均允许法院强制批准符合相关标准的重整计划。

企业破产法下破产和解程序强调通过债权人的让步促成债务人与债权人之间协议的达成，消极地避免债务人被清算，而破产重整程序则侧重积极地通过减免债务、留债清偿、债转股等方式维持债务人的存续价值，实现对债权人的清偿，与此不同，自然人破产法下无论是和解程序还是重整程序通常都是依靠债务人的未来收入实现。相较于通过法律确定的破产财产变价、分配顺位等规则实现债权人公平受偿的破产清算程序，破产和解程序和重整程序均强调通过债务人和债权人团体间达成的契约实现债务清理，两类再建型程序的差异体现在程序自身的构造即实现债务清理的具体方式上。破产和解程序的本质是当事人之间通过市场化协商解决债务清偿问题，[1] 而重整程序既体现当事人基于意思自治进行谈判达成的合意，又体现司法对契约的规制。[2]

（三）自然人破产程序竞合的处理

三种自然人破产程序在实践中各有利弊，彼此各有其存在价值。不同国家的破产程序在立法理念、制度设计和实施效果上呈现出显著的差异，但同时也存在许多共性。在债务重整与破产和解、破产清算的程序选择上，有些国家或地区规定了一种单一而灵活的破产程序，实行一项单一的启动要求，视案件的具体情况而定，可以在清算程序或预防程序中任选一种；另有一些则规定两种明显不同的程序，各有自己的准入和启动要求，两种程序之间的转换存在着不同的可能性。从各国、各地区立法实践来看，自然人破产程序设计基本包括以下模式：（1）单门户式。单门户式指在程序强制从某一程序

---

〔1〕 参见王欣新：《论担保债权在破产程序中的权利行使》，载《法律适用》2024 年第 3 期。
〔2〕 参见王佐发：《公司重整制度的契约分析》，中国政法大学出版社 2013 年版，第 101 页。

开始，当事人不得直接适用其他程序的方式。单门户式以德国为代表。现行德国消费者破产程序要经历以下三个阶段：①债务人在破产方案的基础上正式要求与债权人庭外和解，这是先行程序；②没有达成和解时，启动庭内的债务整理程序，债务人提交债务清偿计划并征得债权人的同意；③如果在法院主持下仍不能达成债务清偿协议时，可以由法院直接适用与免责制度相关联的简易破产程序进行债务清理，经过诚实行为期间后，依债务人申请赋予免责的机会。单门户式模式的特点是程序进入简单直接，省去了破产案件当事人在程序间进行比较、选择的过程。当然，其缺点也是显而易见的，这种设置过于僵化，当事人进入破产的程序路径已经被硬性规定，不能直接适用对当事人最快捷、方便的程序，而只能先从法定的某种程序进入，而后转化为需要适用的程序，从而造成不必要的程序繁琐，不利于提高效率。有学者在研究这一制度设计时精辟地指出，德国"消费者倒产之情况不一，不区分事件类型，均强制试行裁判外和解，亦不切实际"。[1]（2）多门户式。多门户式是指在程序启动时，当事人可根据破产案件的特性在法律规定的范围内选择适用某一种程序的方式。例如日本、美国将破产、再生、庭外程序三者并列，由当事人选择适用。与单门户模式相比，当事人可以选择适合的程序，提高效率，缺点是需有相应的制度安排来抑制当事人选择有利于自己的程序而损害对方当事人利益或社会整体利益。《深圳经济特区个人破产条例》也是采用了清算、重整、和解三程序并列，由当事人自由选择适用。

多门户式充分尊重当事人的意愿，但是对法律程序之间的衔接和平衡提出了更高的要求，需要设置既合理又适当的程序以发挥自然人破产制度的功能，同时防止程序被滥用。美国自然人可以选择《美国破产法》第7章、第11章、第13章规定的三种程序。第11章重整程序是个人与企业所共用；第7章下的债务人不必放弃破产后的收益，但有义务将所有超过豁免财产的资产用于清偿债务。第13章下的债务人须基于未来3年的收入提出一个偿债计划。按照1978年《美国破产法》规定，申请破产的债务人可以在适用第7章和第13章之间进行自由选择。《美国破产法》下有清偿能力的债务人选择第7章清算程序而不是第13章个人债务重整程序较为常见。这种法律上

---

〔1〕　许士宦：《债务清理法之基本构造》，元照出版公司2008年版，第278-279页。

存在的不足之处实际上早已引起立法机构的注意。例如 1984 年《美国破产法》修正案对此进行了补充，当债务人构成"实质性滥用"（Subsantial Abuse）时，破产法院可驳回债务人的第 7 章破产申请，然而关于"实质性滥用"的具体内涵并没有在破产法中作出明确规定。法院在解释其含义时有一定的自由裁量权，在实践中各法院对于"实质性滥用"的解释存在较大的差异。有的法院解释为如果债务人能够按照第 13 章方案实现清偿或实现部分清偿即构成了"实质性滥用"，法院应拒绝相应的债务人破产案件适用第 7 章清算程序；而有的法院则认为"清偿能力"（Repayment Capability）只是构成"实质性滥用"的因素之一，仅根据债务人的"清偿能力"一项指标还不足以拒绝其适用第 7 章。诸如此类的破产法漏洞形成了一种过于宽松的法律环境，给带有机会主义倾向的债务人"合法"地逃避债务提供了便利。[1]

1984 年《美国破产法》修正案虽然增加了构成"实质性滥用"将被禁止适用第 7 章程序的规定，但在实践中发挥的作用却差强人意。针对这种现状，2005 年《美国破产法》修正案要求提出第 7 章破产申请的债务人必须符合"收入测试"的要求。所谓"收入测试"就是综合申请人过去半年的平均收入、申请人所在州的平均收入以及申请人的日常开销等各项因素，决定申请人是否有能力偿还部分债务，《美国破产法》收入低于本州中等收入的债务人可依第 7 章提出申请，而那些收入超过所在州的中间收入水平、在支付固定债务和开支之后还能每月剩余至少 100 美元的债务人，则只能申请第 13 章破产。经过"收入测试"这一划分，就为申请者限定了适用的破产程序，其实质是使债权人利益进一步得到保护。[2]2005 年《美国破产法》修正案尽管通过，但也遭受了很多质疑。有学者认为，其并没有促进破产分配收益的显著提升，申请第 13 章所规定破产的案件占所有破产案件的比重并没有改变，仍旧是 1/3 左右。相反，为了防止潜在的大量滥用，增加了大量的文书工作，极大地增加了律师费等其他费用，导致大量的债务人被破产程序拒之门外或延缓了申请。[3]我国台湾地区《消费者债务清理条例》中，债务

---

〔1〕 参见殷慧芬：《美国破产法 2005 年修正案述评》，载《比较法研究》2007 年第 2 期。

〔2〕 参见殷慧芬：《美国破产法 2005 年修正案述评》，载《比较法研究》2007 年第 2 期。

〔3〕 See Jay Lawrence Westbrook, "The Retreat of American Bankruptcy Law.", *QUT Law Review*, Vol. 17, No. 1., 2017, p. 40.

人也是可以自由选择清算程序和更生程序。然而，2008 年 4 月 1 日《消费者债务清理条例》生效以来，更生程序的案件数量远高于清算程序案件数量。这并非由于债务人自愿通过更生程序来提高债权人受偿，而是由于《消费者债务清理条例》清算程序的免责条件非常苛刻，导致许多债务人无法实际获得清算程序下的免责；同时，为了避免破产程序被滥用，法院在案件受理过程中审查标准严格，因此债务人更倾向选择更生程序。[1]

多门户式注重效率原则，债务人可依自身需求作出最佳选择，但重整程序和清算程序的差异，例如清算程序免责考察期内对债务人失权的限制等，普通债务人通常不能有特别明确的认知，尤其是在失权的威慑力不足时，此时债务人选择清算程序而不是重整程序是必然的。单门户递进式的程序设计最大限度地避免了当事人的程序滥用问题，但必然增加司法成本和当事人支出。《深圳经济特区个人破产条例》规定破产程序分为破产清算、重整、和解三种，其虽然没有直接为个人破产清算、重整、和解三种程序设定不同的准入条件，但是在司法实践中，法院一直坚持发挥破产制度的拯救功能，在审查标准和程序准入上，体现出鲜明的重整和解优先的司法政策导向。从申请的程序类型来看，《深圳经济特区个人破产条例》实施首月，90%的申请人都选择清算。这一偏好在《深圳经济特区个人破产条例》实施 1 年后有所下降，破产清算的申请数从 90.4%下降为 76.5%，重整与和解的申请数较前期显著上升，分别从 6.5%上升为 17%、从 3.1%上升为 6.5%。[2]深圳破产法庭在 2022 年公布的《加强个人破产申请与审查工作的实施意见》第 9 条进一步明确，申请个人破产清算的债务人，应当符合丧失清偿能力且清偿能力不可恢复的条件。深圳市中级人民法院依法实施个人破产制度以来截至 2023 年 8 月底，市中级人民法院共裁定受理破产申请 172 件，已批准重整计划 69 件，达成和解协议 5 件，90%以上案件通过重整或和解实现。[3]这一

---

[1]　参见郑有为：《消费者债务清理条例十年发展回顾与展望——兼论美国联邦破产法当代发展之比较研究》，载《成大法学》2021 年第 6 期。

[2]　参见曹启选等：《个人破产制度先行先试中的实践示范与体系构建》，载《人民司法》2022 年第 22 期。

[3]　参见《个人破产条例执法检查报告提请审议 深圳实现个人破产从制度设计到稳步推进的突破》，载 https://www.szrd.gov.cn/v2/lvzhi/lfgz/lfdt/content/post_ 1112350.html，最后访问日期：2024 年 9 月 13 日。

过程，反映出司法实践引导取得的切实效果，也反映出个人破产司法认知不断深入细化。不管选择何种立法模式，如何平衡债权人的清偿利益和相应的司法运行成本，以及债务人的意思自治是核心问题。

三、自然人破产和解程序的困境与再造

（一）破产和解程序适用的现实困境

近代意义上以预防破产为目的的和解制度，乃肇始于 1883 年比利时颁布的《预防破产之和解制度》。和解程序在破产法上的确立，改变了行之久远的破产程序即清算程序的单一模式，丰富了破产制度的内涵，增加了破产结果的多元性。然而，破产和解程序无论在企业破产法下还是自然人破产法下的运行都不尽如人意。破产和解的本质是私法的契约。[1]和解制度主要是靠债务人和债权人的谈判博弈，以减少债务或延期清偿等方式给予债务人喘息机会。其程序的司法强制性薄弱。法院对滥用权利的债权人缺乏抗衡机制，对债务人及股东保护也并不周延。法院不仅无法指定债务人应当还款或者和解的确切期限，无法设定破产和解的准入门槛，更无法利用"强裁"机制挽救未能通过的破产和解协议。法院对破产和解程序唯一的制衡手段是对债权人会议通过的和解协议的裁定认可。[2]我国企业破产和解程序面临的主要问题有：（1）程序开始原因与破产程序开始原因相同，导致程序开始的拖延。（2）程序开始时必须同时提交计划草案，导致了很难及时提交。（3）诸多债务人滥用保全处分，利用法院作出的禁止清偿等保全处分，免于债权人追讨的同时，又在处分或隐匿资产后撤回和解申请。（4）由于担保权的行使不受限制，企业经营不可或缺的财产上如果设定了担保权并被行权，和解程序难以推进。（5）债务人的经营管理存在问题的，没有适当的措施予以纠正。（6）追究债务人经营者和股东责任的制度不完善。[3]（7）债务人继续

---

〔1〕 参见张钦昱：《上市公司适用破产和解程序的误区与矫正——以我国首起上市公司破产和解案为例》，载《证券法苑》2022 年第 2 期。

〔2〕 参见张钦昱：《上市公司适用破产和解程序的误区与矫正——以我国首起上市公司破产和解案为例》，载《证券法苑》2022 年第 2 期。

〔3〕 参见〔日〕山本和彦：《日本倒产处理法入门》，金春等译，法律出版社 2016 年版，第 119页。

控制企业的所有资产以及债务人继续经营企业的现状，使得债权人与债务人间存在巨大的信息不对称，和解协议可能不被严格执行，并且法院并不实际参与破产和解程序以及债权人会议无法经常召开，使得和解监督机制呈现消极性和滞后性。2006 年《企业破产法》生效以来，鲜有和解案例。2022 年，浙江全省法院共受理破产案件 3980 件，其中清算 3923 件；共审结破产案件 4531 件，其中清算 4423 件、重整 107 件、和解 1 件。[1]

　　企业破产和解程序仅是对破产债务的减额或者延期清偿，完全靠单一的减债方式应对复杂的破产环境效果非常有限，充其量仅有利于债务人清偿能力的恢复，而没有触及债务人的生产经营能力。这样实际上是"治标不治本"，不能根本上解决问题，[2]因此进入和解程序的债务人企业很难获得资本市场的青睐，无法有效融资。由于和解程序的强制型基因先天不足，无力清偿到期债务的债务人与债权人团体达成债务清偿协议并非易事，许多国家破产和解程序的实践效果也并不尽如人意，程序冗余、费用高昂等因素都会成为和解程序运行效果不佳的原因，和解制度成为破产领域一项沉睡的制度。许多论者均将破产和解视作鸡肋，甚或一个濒于死亡的制度，甚少前景与生命力。在日本，和解程序甚至已经被废除。日本旧法中有强制和解一章，破产进行中的整个期间债务人可以向法院提出和解申请，债权人会议对和解的成立与否作出决议，和解协议的通过须有参加会议的债权人过半数同意，且所代表的债权额占债权总额的 3/4 以上，再经法院认可后，和解协议即开始生效。20 世纪 70 年代以后，和解程序的利用率提高的同时，存在的问题也逐渐凸显，包括程序启动原因与清算程序启动原因相同而导致的程序拖延；担保权的行使不受限制带来的和解程序难以推进；没有适当的措施纠正债务人的经营管理问题等。这些问题只有通过修法才能得以解决。[3]《日本民事再生法》是主要以中小企业和个体经营者为适用对象的重整型破产程序，也是其和解法律的后续法律，弥补了旧和解程序的不足。1986 年《英国破产法》创设了个人自愿安排程序，允许个人通过专业破产从业人员与无担保债权人达成和解协议，但是需由 75% 的债权人接受该清偿方案。科克委

---

[1]　参见《2022 年浙江法院企业破产审判工作报告》。

[2]　参见汤维建：《破产概念新说》，载《中外法学》1995 年第 3 期。

[3]　参见徐立志：《日本倒产处理中的和解制度》，载《外国法译评》1997 年第 4 期。

员会设想该程序正常还款期为三年；主要适用于提供个人担保的公司董事、承担无限责任的专业人员和贸易商；个人自愿安排程序下，债务人可以继续经营，可以采取更合理的方式处置资产，贸易债权人可以与债务人持续开展业务往来；程序成本降低的同时，债务人的经营利润也可以用于偿还债务，债权人的受偿率因而更高。但是在 20 世纪 80 年代末和 90 年代初，只有少量的个人自愿安排案件，高昂的成本和相对繁琐的程序被认为是案件数量较少的原因。[1]

（二）破产和解程序的独特优势

虽然和解制度本身亦存在缺陷，许多市场经济先进国家的破产法中都没有规定和解程序，例如美国、日本等，有不少学者也主张取消破产和解程序，但相较于程序复杂、成本较高的重整制度，和解制度具有程序简便和成本较低的特点。[2]随着近些年我国中小微企业破产案件增多，和解案件的数量也逐渐呈上升趋势。2023 年，上海破产法庭全年共审结破产案件 931 件，其中破产清算 875 件，破产重整 18 件，破产清算转和解 38 件。最高人民法院及时应对经济和社会形势的变化，在 2020 年公布的《全国法院服务保障疫情防控期间复工复产民商事典型案例（第二批）》中首次列举了破产和解案例，破产和解程序在平等保护民营企业、助力构建市场化法治化营商环境方面发挥独特作用。

全国性自然人破产立法中是否应该保留和解程序目前有不同观点。支持保留和解程序的学者认为，从制度供给的角度来说，"在没有令程序复杂至对申请人构成选择困境的情况下，多一种在合乎法律规定的情况下灵活安排清偿协议的程序选择，就为更多的债务人获得救济提供了可能，也为债权人迅速实现债权提供了清算之外的另一种谈判和博弈机会。"[3]因此，应保留并完善破产和解程序，使其更好发挥应有作用。[4]也有观点认为，和解程序

---

〔1〕 See Iain Ramsay, *Personal Insolvency in the 21st Century: A Comparative Analysis of the US and Europe*. Hart Publishing, 2017, p. 87.

〔2〕 参见张善斌、翟宇翔：《破产和解制度的完善》，载《河南财经政法大学学报》2019 年第 5 期。

〔3〕 刘静、刘崇理：《建立我国个人破产制度若干问题研究》，载《人民司法》2020 年第 19 期。

〔4〕 参见张善斌、翟宇翔：《破产和解制度的完善》，载《河南财经大学学报》2019 年第 5 期。

的设置将会使债务人选择在清偿标准上更为宽松的和解程序，导致个人重整程序形同虚设，因此应废除破产和解程序。[1]通过考察破产和解程序相关立法例的演变历程可以发现，破产和解程序的意定性决定了其在司法实践中运行效果不佳在所难免。立法例或者通过吸收重整程序的制度特点实现程序升级；或者通过强有力的专业机构的加持仍在自然人破产法下发挥着重要作用，甚至成为了最主要的破产程序类型；有的立法例则是通过和解程序向庭外的迁移赋予了其新的生命力，这些立法实践也为我国破产和解程序的未来发展提供了有益的借镜。从文化上来说，破产和解更适合中国人忌讳破产而希望维持和局、弱化冲突的深层心理，尤其在债权人以民间借贷为主的案件中，鉴于每个债权背后的复杂社会牵连，债权人对破产会使大部分财产恒定性的灰飞烟灭的担忧比债务人更甚。[2]因此债权人也会有作出让步的意愿。由于含有"和解"两字，对和解程序的废止也会使当事人产生一种破产法不再鼓励当事人达成和解的认知。

（三）破产和解程序的未来发展方向

《深圳经济特区个人破产条例》最初的《草案建议稿（初稿）》中仅有破产清算、重整程序，并无破产和解程序，理由为"个人债务在进入破产程序前，大部分已经过执行程序，如当事人在执行程序中不能达成和解，再安排庭外和解或者破产程序中的和解，多数不能产生增量效益"。[3]《草案建议稿（初稿）》征求意见过程中遭遇许多反对意见，最终，《深圳经济特区个人破产条例》赋予和解制度独立的制度价值，使其成为庭外和解的司法审查确认程序，搭建了庭内外衔接的桥梁。因此，如何优化和解程序，对和解制度进行程序上的改造才是其未来发展方向。和解程序的优化，可以考虑简化现行的破产和解制度，基于其本身所尊崇的债权人、债务人意思自治，进一步降低法院介入程度，甚至采取由债权人、债务人场外协商的方式，完全

---

〔1〕　参见金春：《个人破产立法与企业经营者保证责任问题研究》，载《南大法学》2020 年第 2 期。

〔2〕　参见张钦昱：《破产和解之殇——兼论我国破产和解制度的完善》，载《华东政法大学学报》2014 年第 1 期。

〔3〕　参见白田甜：《个人破产立法中的争议与抉择——以〈深圳经济特区个人破产条例〉为例》，载《中国人民大学学报》2021 年第 5 期。

遵从市场经济下的各方主体的意愿，减免债务、延长偿债期间等。比如替代性纠纷解决机制（ADR）和个人自愿安排程序等，都为破产和解制度提供了思路。有学者指出，从成立的基础和具体操作层面来看，替代制度与破产和解制度具有内在同质关系和外在牵连关系，替代制度可以成为中国破产和解的改革方向。[1]替代制度充分发挥了当事人的自主性和功利主义的合理性，采用常识化的运作机制，为债权人快速受偿提供低成本、高效率的选择。

企业破产重整程序需识别债务人是否具有重整价值。企业是否具有重整价值的识别是一项商业判断，应当借助征询制度、监察人制度来帮助法院进行识别。[2]与企业破产重整的识别相比，个人破产重整的识别就简单方便许多。通常而言，债务人只要在未来有固定收入的，即可进入重整程序进行重整。《深圳经济特区个人破产条例》规定："有未来可预期收入的债务人，可以依照本条例向人民法院申请重整。"有学者认为，是否要求债务人有预期收入以及是否对债务人的负债数额作出限定都不重要，因为这两点仅是判断债务人是否具备重整价值的条件之一而非全部。换言之，个人重整成功的关键在于债务人的清偿能力与债务人负债水平相匹配，至于对债务人清偿能力以及负债情况，法律不应对之作出具体的要求，而是可以规定一个原则性的条件，要求法院、管理人、债务人以及债权人等主体根据个案情况进行判断即可。[3]

在《深圳经济特区个人破产条例》下，破产和解程序与重整程序最大的区别是：破产和解程序中，无论是自行和解或委托和解，债务人均需要与全体债权人达成和解协议；而在破产重整程序中，重整计划草案适用由出席债权人会议同一表决组的债权人过半数同意重整计划草案并且其所代表的债权额占该组债权总额的三分之二以上的表决规则。和解与重整同样聚焦于破产预防和债务人拯救，功能定位具有一定重复性，继续在破产程序内将造成与重整程序的重叠。如何避免重叠，进行差异化定位，将其改造成一种庭外和解协议的司法承认制度，从而与重整程序在不同的轨道上进行差异化发展可

---

〔1〕 张钦昱：《破产和解之殇——兼论我国破产和解制度的完善》，载《华东政法大学学报》2014 年第 1 期。

〔2〕 参见张世君：《我国破产重整立法的理念调适与核心制度改进》，载《法学杂志》2020 年第 7 期。

〔3〕 参见汤维建、胡守鑫：《个人破产制度构建的难点与对策研究》，法律出版社 2022 年版，第 226 页。

以是破产和解程序的未来发展方向。

四、自然人破产清算程序与重整程序间的同一性与差异性

（一）破产清算程序与重整程序目的上的同一性

关于自然人破产制度的设计，首先需要明确的是，破产后的公司选择清算或者重整结果将大相径庭，但对自然人来说，无论是选择何种程序，事实上根本就不可能发生真正的清算。因为对自然人来说，最有价值的财产就是他们的人力资本，债务人物质上的财富可被清算，但其仍对人力资源享有所有权和继续使用的权利，因此所有的自然人破产实质上就是重整。[1]

甚至有观点提出自然人破产程序应不对清算程序和重整程序作区分。美国现行的消费者破产制度在清算程序与重整程序的设计上是泾渭分明的，即或是清算资产以清偿债务，或是以未来收入清偿债务。2022 年"沃伦议案"结合了清算程序与重整程序各自的特点，并且更具灵活性。"沃伦议案"为个人破产申请人设计了新的《美国破产法》第 10 章，适用于所有债务低于 7 500 000 美元的个人债务人，除非他们选择使用第 11 章重整程序。根据该议案，通常债务人提交第 10 章申请书后即可获得债务免责；但是有收入或资产的债务人需在 3 年内履行最低付款义务，最低付款义务是基于债务人的收入超过特定阈值的金额来确定。此外，想要保留非豁免资产的债务人必须贡献相应价值的资产，作为其最低付款义务的一部分。虽然"沃伦议案"形式上是将第 7 章和第 13 章合为一体，但事实上仍然是有清偿能力的债务人和无清偿能力的债务人适用不同的流程，无清偿能力的债务人可以获得免责，有清偿能力的债务人仍需履行法定的清偿义务。与第 13 章重整程序相比，不需要债务人提交清偿计划，而是根据法定规则统一确定债务人应该履行的清偿义务。"沃伦议案"通过用一个可供所有消费者使用的单一系统取代两个独立的消费者破产章节，简化申请流程并降低申请费，使经济拮据的

---

[1] See Michelle J. White, *A general model of personal bankruptcy: Insurance, Work effort, opportunism and the Efficiency of the Fresh Staro presented at ALEA Conference*, American Law and Economics Association New York, 2005.

家庭和个人更容易、更便宜地获得经济救济。[1]

清算制度与重整制度具有目的上的同一性，即使得自然人债务人获得全新的开始，因此制度的设计应当使得相同条件的债务人获得相同的待遇，不同条件的债务人获得不同的待遇。清算程序和重整程序下，债务人条件的最大差异即为还款能力的不同。"沃伦议案"通过在单轨制制度中引入最低还款义务的标准从而实现前述目的。[2]《深圳经济特区个人破产条例》沿用了《企业破产法》的规定采用多轨制，[3]其中破产清算程序认为破产财产的内容应当按照膨胀主义的概念来界定，例如在深圳呼某个人破产清算案[4]中，其财产包括每月劳务收入5000元。究其原因，申请破产的自然人往往已经"无产可破"，若寥寥无几的财产用以清偿债务，对债权人来说极不公平，对于经济社会稳定将会产生不利影响。这种规定也一定程度上实现了清算程序和重整程序的同一。与重整程序下债务人须按照重整计划完成清偿义务相比，清算程序下债务人只要尽力清偿就可以获得重生，并没有最低清偿比例的要求。因此，清算程序下债务人履行的是法定的清偿义务，而重整程序下债务人履行的是约定的清偿义务；也正因此，《深圳经济特区个人破产条例》规定清算程序下的债务人仍应受到失权的限制，而重整程序下的债务人则可以摆脱失权的限制。

（二）破产程序的启动

我国破产程序的启动采取申请主义，启动破产程序的主体包括债务人和债权人。债权人申请债务人破产的为"强制破产"，而债务人自己申请破产程序的为"自愿破产"。《深圳经济特区个人破产条例》第二条规定，"在深圳经济特区居住，且参加深圳社会保险连续满三年的自然人，因生产经营、生活消费导致丧失清偿债务能力或者资产不足以清偿全部债务的，可以依照

---

〔1〕　参见《2020年美国消费者破产议案》，载 https://www.warren.senate.gov/imo/media/doc/Consumer%20Bankruptcy%20Reform%20Act%20（DUN20676）%2012.7.20%20FINAL.pdf，最后访问日期，2024年12月2日。

〔2〕　参见申林平：《美国"沃伦议案"对中国个人破产立法的启示》，"中国破产法论坛"公众号2021年10月28日。

〔3〕　《深圳经济特区个人破产条例》第32条："人民法院裁定受理破产申请时属于债务人的财产和依照本条例裁定免除未清偿债务之前债务人所取得的财产，为债务人财产。"第84条第3款："债务人被宣告破产后，债务人财产为破产财产。"

〔4〕　参见（2021）粤03破417号（个11）。

本条例进行破产清算、重整或者和解"。与《企业破产法》第二条规定的破产原因不同，该条例以"无力清偿"或"资不抵债"作为破产原因，而且未明确破产清算、重整、和解这三类程序的准入规则。财产是判断自然人债务人清偿能力的重要指标，但是不起完全的决定作用，影响自然人清偿能力的因素除了财产外还包括信用、职业、知识、技能等。在自然人债务超过其财产总额时不能苛刻地据此宣告其破产，要综合考虑其它因素。并且，自然人破产清算程序和重整程序的同一性决定了债务人倾向于选择通过清算程序免除债务。开放的准入条件将引发对道德风险的争论，一般来说，债务人进入破产清算程序应符合一些条件，如债务最低水平、诚信、无力清偿，甚至包括已经尝试庭外和解等。

为防止个人破产清算程序被滥用，深圳破产法庭于 2022 年 5 月 17 日发布《加强个人破产申请与审查工作的实施意见》，规定申请人在提出个人破产申请前应当经过破产事务管理部门的专门面谈辅导，债务人申请时选择破产清算程序的，应当以"丧失债务清偿能力且难以恢复"为条件；债务人可以通过破产重整或和解程序清理个人债务的，则引导其选择破产重整或和解程序。这一规定旨在推动债务清偿能力较好的债务人通过破产重整或和解程序尽力偿债，尽量提高债务清偿率，防止破产清算程序的滥用和系统性风险的发生。债务人申请个人破产清算时，需要提交证明材料，证明其丧失清偿能力且难以恢复。《加强个人破产申请与审查工作的实施意见》发布后，债务人提出个人破产申请时选择破产重整或和解程序的比例大幅上升，从常态化面谈辅导机制建立前的 27% 增至 2023 年度的 80%；选择破产清算程序的比例从常态化面谈辅导机制建立前的 73% 下降至 2023 年度的 20%。[1]

强制破产的主要目的是保障债权人因债务人不愿自愿破产所造成的损失。深圳个人破产审判实践中也已经出现债权人启动破产程序的案例。2021 年 3 月 1 日至 2023 年 12 月 31 日收到的 2273 件个人破产申请中，债务人自行申请破产 2207 件，多数申请程序为破产清算程序；债权人申请债务人破产 66 件，这类申请中，债务人或下落不明，或自称仍有偿债能力，不希望

---

〔1〕 参见曹启选：《构建个人破产制度的若干思考——以深圳探索经验为视角》，载《中国应用法学》2024 年第 1 期。

进入个人破产程序。[1]为防止因债权人滥用强制破产而造成债务人困扰的现象，自然人破产法中应对强制破产的申请有一定的限制，债权人所持债权额必须是合法无争议性的债权，而且需要额度的要求。《美国破产法》要求提出强制申请的债权人必须持有总数达到或超过 18 600 美元[2]的无担保债权，债权额度限制之外，对债权人申请债务人破产还有数量上的要求。如果债务人的债权人数量不足 12 人，单独一名债权人即可提出强制清算申请，如果债权人达到或超过 12 人，则需要至少 3 名债权人共同提出申请。《英国破产法》也规定，债权人需满足第 267 条规定的要件才能提交申请，包括无担保债权额达到 5000 英镑且需负担诉讼费用等，法官则拥有最终的裁量权。[3]

《深圳经济特区个人破产条例》第九条规定，当债务人不能清偿到期债务时，单独或者共同对债务人持有五十万元以上到期债权的债权人，可以向人民法院提出破产申请，申请对债务人进行破产清算。为避免小额债权人恶意侵扰债务人，造成司法资源的浪费。《深圳经济特区个人破产条例》未对启动破产程序的债权人的人数予以要求，而是要求债权人持有的债权额度是五十万元以上。五十万元是深圳市职工年度平均工资的三倍多[4]。有观点认为这一额度相较我国人均收入过高。[5]江苏省高级人民法院也规定，单独或者共同享有十万元以上到期债权的债权人可以申请个人债务人进入个人债务清理程序。[6]强制启动破产程序的适格债权人所持债权额度的要求可以结合深圳个人破产审判实践和地方法院个人债务清理实践效果作综合考量。

---

〔1〕 参见曹启选：《构建个人破产制度的若干思考——以深圳探索经验为视角》，载《中国应用法学》2024 年第 1 期。

〔2〕 该债权数额每 3 年根据消费物价指数调整一次，而在 1978 年美国破产法通过之初，该下限仅为 5000 美元。参见［美］查尔斯·J. 泰步：《美国破产法新论》，韩长印等译，中国政法大学出版社 2017 年版，第 173 页。

〔3〕 参见徐阳光：《英国个人破产与债务清理制度》，法律出版社 2020 年版，第 84-86 页。

〔4〕 2020 年深圳城镇非私营单位在岗职工年平均工资为 139 436 元，3 年为 418 308 元。

〔5〕 参见徐阳光、梁春瑾：《债权人申请债务人破产案法院对债权人申请债务人破产的审查》，载刘崇理主编：《域外个人破产典型案例：深度解析与实务指引》，法律出版社 2024 年版，第 344 页。

〔6〕 参见江苏省高级人民法院：《关于开展"与个人破产制度功能相当试点"工作中若干问题解答》，http://www.jsfy.gov.cn/article/60436.html，最后访问日期：2024 年 11 月 18 日。

（三）破产清算程序设计的核心

破产清算程序的主要目的是对债务人的财产进行处分、变现，并将所得分配给债权人。破产程序中，一方面债务人的资产被变现；另一方面债务人的负债（债权人的债权）得到确定后，通过资产变现获得的金额会被公平在各债权人之间进行分配。对于大多数个人破产案件而言，实际上能够利用的财产早已所剩无几。

1. 无财产案件的处理。个人破产案件大多数是无财产案件。破产人无财产可供分配是指破产财产不足以清偿破产费用和共益债务。在破产案件中，破产费用和共益债务应当随时支付，如果债务人的财产不足以支付破产费用和共益债务的，破产程序将无法进行下去，破产程序应当终结。自然人破产的情形下，债务人需要保留一定份额的豁免财产以维持本人及家属的基本生活，豁免财产之外债务人往往已经没有财产可供分配债权人，如果债务人又没有持续性的未来收入，债权人在案件中只能是颗粒无收。由于这些债务人对债权人几乎没有什么价值，不能实现破产立法的重要目标之一即实现债权人的公平受偿，有些国家的自然人破产立法甚至排除这些债务人寻求破产救济的可能性。但是，多数已经建立破产制度的国家避免这样的歧视，不论债务人的财务能力如何，均向所有的债务人提供同等的救济。例如，德国消费者破产案件中，债务清理程序是清算程序的前置性要求，实践中经常出现呈递"零计划"的情形。[1]

2. 破产财产的变价。破产程序中豁免财产之外破产财产变价的最终目的在于实现合理的财产变现。自然人破产财产变价的方法，原则上应与企业破产相同，只是考虑到自然人破产程序简易性与廉价性的要求，仍有制定特别规定的必要。我国破产财产的变卖行为应属于破产管理人的权限，但与管理行为一样，须以债权人会议决议、法院许可为前提。根据《企业破产法》的规定，企业破产财产变价的方式以拍卖为原则。自然人破产情形下，应由破产管理人选择适当的方式。一般说来，在实物上任意变卖能以高价出售。[2]

---

〔1〕 参见［德］乌尔里希·福尔斯特：《德国破产法》，张宇辉译，中国法制出版社 2020 年版，第 336 页。

〔2〕 ［日］伊藤真：《破产法》，刘荣军、鲍荣振译，中国社会科学出版社 1995 年版，第 271 页。

因此，考虑到自然人财产的性质，应尽可能以任意卖出为处理原则。对重要资产而言，拍卖是最公正的出售方法，也最能够实现高额变现。对于小额的动产和债权往往没有特别的限制，可以依破产管理人的裁量来实现。

3. 确定破产分配顺位需要考虑的问题：第一，抚育费、赡养费的受偿顺位。抚育费、赡养费请求权是特定亲属之间根据法律的明确规定而存在的经济上相互供养、生活上相互辅助照顾的权利义务关系。双方当事人之间的权利义务关系是基于血缘或收养关系而产生的。赡养费、抚育费请求权人往往是缺少生活来源的老人和未成年的儿童，他们的请求权需要在破产分配顺位设计时予以考虑。第二，人身损害赔偿请求权的受偿顺位。人身损害赔偿请求权是因生命权、健康权、身体权遭受侵害，赔偿权利人请求赔偿义务人赔偿财产损失和精神损害的案件。由于其直接损害的客体是自然人的生命权和健康权，而生命和健康权具有一旦损害无法恢复的特性，它不能采用同态复仇的方法惩罚侵害人，只能用财产加以补偿和抚慰，这使其与侵犯财产或其他财产内容的债务区别开来。[1] 第三，税收债务的受偿顺位。税收债务是否需要优先受偿仍有争议。支持观点认为税收是公民支持社会的基本义务的一部分。反对观点认为税务征纳机关可以通过多种途径化解风险，税收债权不应该获得优先对待。《深圳经济特区个人破产条例》第 89 条提供了一种债权受偿顺位的思路："破产财产在优先清偿破产费用和共益债务后，其他债务依照下列顺序清偿：（一）债务人欠付的赡养费、抚养费、扶养费和专属于人身赔偿部分的损害赔偿金；（二）债务人所欠雇用人员的工资和医疗、伤残补助、抚恤等费用，应当缴入雇用人员个人账户的基本养老保险、基本医疗保险等社会保险费用，以及依法应当支付给雇用人员的补偿金；（三）债务人所欠税款；（四）普通破产债权，其中债务人的配偶以及前配偶、共同生活的近亲属以及成年子女不得在其他普通破产债权人未受完全清偿前，以普通债权人身份获得清偿；（五）因违法或者犯罪行为所欠的罚金类款项。破产财产不足以清偿同一顺序债权的，按照比例分配。"

4. 简易程序的设计。与企业破产相比，自然人破产权利义务关系明确，

---

[1] 参见韩长印、韩永强：《债权受偿顺位省思——基于破产法的考量》，载《中国社会科学》2010 年第 4 期。

债权债务数额小，应更多地适用简易程序。因此，在普通的清算程序之外，应创制简易程序，以适用于债权债务清楚、债务人财产数额不多的自然人破产案件。程序的简易性体现在破产财产的管理、破产债权的申报和确认、债权人会议的召开等环节。

（四）破产重整程序设计的核心

有观点认为，自愿性是个人重整程序的基本特点。如此，重整程序是否只有债务人才能提出申请？事实上这并非定论。例如《美国破产法》第13章中规定，个人债务人享有是否进入第13章程序的选择权。理由是：其一，强制债务人以未来收入清偿债务可能与禁止强制劳役的宪法第13章修正案相冲突；其二，国会也怀疑强制启动的第13章程序能否发挥实际作用——如果债务人不愿意为其债权人工作并在第13章程序下执行其清偿计划，强迫的实际效果恐怕也不容乐观。[1]然而，2005年破产法修正案后，《美国破产法》中债权人不仅可以强制个人债务人进入第11章重整程序，还可以取得其未来5年的全部可支配收入，使得国会早先确定的立法政策大打折扣。[2]《深圳经济特区个人破产条例》的重整程序规定债权人、债务人均可以启动。赋予债权人强制启动破产重整程序的权利可以遏制债务人恶意拖延债务问题。

重整程序是对无力清偿的债务人涉及的大量复杂的债权债务关系作出符合公平效率的契约安排。[3]在个人重整程序中，债务人用未来三到五年甚至更长时间的所有可任意处置的收入（必要的生活费用除外）清偿债务。重整计划是重整制度的核心，当事人之间围绕重整计划的内容进行谈判，法官就谈判达成的重整计划作出司法裁判，重整计划既体现当事人基于意思自治进行谈判达成的合意，又体现司法对契约的规制。[4]

在自然人破产重整程序中，为了社会利益以及债权人、债务人双方的平衡利益保护，一定程度忽略或降低将债权人同意作为重整计划得以通过的要

[1] [美]查尔斯·J.泰步：《美国破产法新论》，韩长印等译，中国政法大学出版社2017年版，第168页。

[2] [美]查尔斯·J.泰步：《美国破产法新论》，韩长印等译，中国政法大学出版社2017年版，第169页。

[3] 参见王佐发：《公司重整制度的契约分析》，中国政法大学出版社2013年版，第2页。

[4] 参见王佐发：《公司重整制度的契约分析》，中国政法大学出版社2013年版，第101页。

件。强制批准是指当重整计划草案没有被受托人或无担保债权人通过时，如果符合法律规定的一定条件，法院可以强行批准该计划。强制批准制度更加突出地体现了重整制度的国家干预色彩。当然，强制批准应该有严格的适用条件，需符合债权人最大利益原则、可任意处置收入标准等。这体现了从社会利益角度保证破产法律秩序的法治精神。以陈某案[1]为例，债务人陈某确实已尽最大努力偿债，该偿债方案并无不合理之处，亦不损害国家利益、社会公共利益或他人合法权益，在此情形下再将其转入清算程序或终结程序极不利于制度效果的发挥。陈某申请批准重整计划方案，符合《深圳经济特区个人破产条例》有关规定，破产法庭予以批准。[2]切实把握重整的适用条件，结合社会习惯及背景，制定合理的债务重整制度将成为我国自然人破产制度的重点和难点。

---

〔1〕 （2021）粤 03 破 512 号（个 18）。

〔2〕 参见曹启选：《深圳个人破产立法与司法实践探索》，中国人民大学破产法前沿系列讲座第 36 期，2022 年 6 月 11 日。

自然人债务庭外清理程序的构建

《深圳经济特区个人破产条例》于 2021 年 3 月 1 日生效实施以来，一批典型案例，如梁某个人破产重整案〔1〕、张某个人破产和解案〔2〕、呼某个人破产清算案〔3〕等为我国自然人破产制度的未来发展提供了极具参考价值的示范实例和可复制、可推广的审判经验。与此同时，个人破产审判实践也遇到了新的挑战：自然人的财产、债务状况通常是零星、散落的，债务人"难以准确全面提供个人及其家庭的资产负债情况以及佐证材料"，而且通常对破产事宜缺乏了解，文书填写不够规范，影响了破产申请审查效率。〔4〕基于此，深圳破产法庭于 2022 年公布《加强个人破产申请与审查工作的实施意见》，要求申请人提出个人破产申请前应当经过破产事务管理部门的专门面谈辅导。〔5〕实践证明，具有"普法宣传＋面谈调查＋申请指导"三重属性的面谈辅导在引导当事人方面发挥了积极、有效的作用。截至 2023 年 5 月，深圳市破产事务管理署共收到个人破产申请前辅导预约 1733 人次，组织完成辅导 1508 人次，发放申请前辅导回执并向法院推送辅导材料 734 人次，劝

---

〔1〕（2021）粤 03 破 230 号（个 1）。

〔2〕（2021）粤 03 破 347 号（个 6）。

〔3〕（2021）粤 03 破 417 号（个 11）。

〔4〕《深圳经济特区个人破产条例》实施 1 年间，法院审核申请材料 1031 份，经审核或者补正后不通过的 264 份，材料待补正的 132 份，法官释法说理后撤回和退回申请的达到 150 份。曹启选等：《个人破产制度先行先试中的实践示范与体系构建》，载《人民司法》2022 年第 22 期。

〔5〕深圳破产法庭《关于加强个人破产申请与审查工作的实施意见》第 3 条第 1 款："申请人提出个人破产申请前，应当经过破产事务管理部门的专门面谈辅导，并按照要求提交材料，完成申请个人破产信息采集表。"

退不符合个人破产申请条件的辅导对象 774 人次，〔1〕切实推动解决个人破产申请难、申请审查效率低、申请填报不规范等问题。此外，深圳破产审判实践也尝试让破产事务管理部门发挥庭外和解机构的作用，建立以破产事务管理署为主体的庭外和解机制。〔2〕

此外，深圳个人破产审判 3 年多的实践显示，大部分债务人愿意选择重整、和解程序，〔3〕积极偿还债务并争取债权人谅解；重整成功的案例通常表现为"债权本金不减免，利息和滞纳金减免"，甚至家庭成员愿意与债务人共同还债，例如已经执行完毕的深圳个人重整第一案中，法院裁定生效且执行完毕的重整计划显示，债务人及其配偶除了每月用于基本生活的 7700 元以及一些生活生产必需品作为豁免财产之外，其他收入均用于偿还债务，重整计划执行完毕实现债权人本金 100% 清偿，债务人免于偿还利息和滞纳金。〔4〕本金 100% 清偿的情形在国外通常是通过庭外程序解决，而不需要借助于司法程序，而且自然人债务庭外纠纷解决机制依赖于当事人的意思自治，使得纠纷在互谅互让的基础上自行解决，这一模式也契合了中国传统文化中的和合理念，"以和为贵""和衷共济"。自然人债务庭外清理程序，是我国在正式破产制度设计之外需要着重考虑的问题。

一、自然人债务庭外清理程序的现实需求

债务庭外清理程序指债权人和债务人自行达成协议或者在第三方的主持下达成协议，是旨在通过对话和协商解决债务人经济困境的一种方式和渠道。无论是基于寻求更合理的纠纷解决方式，还是为了缓解司法压力，庭外清理都是自然人债务纠纷解决中的常见机制，甚至是一些国家自然人债务救

---

〔1〕 参见深圳市破产事务管理署：《个人破产申请前辅导制度运行一周年，已经服务群众 1500 余人》，载《深圳市司法局》2023 年 6 月 1 日。

〔2〕 参见曹启选等：《个人破产制度先行先试中的实践示范与体系构建》，载《人民司法》2022 年第 22 期。2021 年 7 月，深圳市破产事务管理署受深圳市中级人民法院委托，办理全国首宗个人破产委托和解案件，债务人和全体债权人达成还款期限为 54 个月的和解协议，从高达 72 万元的债务泥潭中解脱出来。参见《为"诚实而不幸"的人生按下重启键 | 深圳市破产事务管理署成立两周年纪实》，"深圳市破产事务管理署"公众号 2023 年 3 月 1 日。

〔3〕 具体可参见深圳个人破产案件信息网。

〔4〕 参见（2021）粤 03 破 230 号（个 1）。

济框架的核心焦点。[1]

(一) 当事人的利益选择使然

自然人破产制度通过明确的法律规定在社会成员之间实现了"财富公平分配"，过度负债的债务人可以摆脱沉重债务的羁绊，债权人不必通过成本高昂的债务催收程序而实现受偿，同时鼓励人们在可预测的风险范围内创业、创新，从而提高整个社会的生产力。[2]然而，破产制度是一种相对激烈的保护形式，除了影响债务人、债权人等相关主体的权利义务关系外，还一定程度上影响了商业发展的稳定性，降低了自然人对财务安排的信心。[3]因此，破产应该是解决债务人无力清偿问题的最后手段，替代性的债务纠纷解决方式应是必要特征。[4]

而且，法律是一种应对复杂社会的高级规范、复杂规范，也必然是专业化的规范。过分的专业化，对于简单案件的当事人，未必是一种理性的选择。当事人在简单的、容易理解的、为一定范围内主体所容易接受的规范中选择其权利和义务的分配方案，更具有实效性、经济性和低成本性。这也是用简单规范应对简单案件的必然要求。[5]在债务额度不高且债务人有定期收入的情况下，让债务人有机会通过双方自愿达成的还款计划在一段时间内偿还所有或部分债务，这既使得债务人通过部分月收入用于偿还债务而避免了破产，债权人也将获得不少于破产下可能得到的清偿。

庭外债务清理程序的运作通常是常识化的，通过通情达理的对话和非对抗性的斡旋缓和债权人和债务人及其他利益关系人的矛盾，更易于当事人之间达成和解。庭外债务清理程序所追求的公平、正义与司法性预防也不

---

〔1〕　参见〔美〕杰森·J. 吉伯恩:《个人破产法比较研究》，徐阳光、李丽丽译，法律出版社2022年版，第31页。

〔2〕　参见自然人破产处理工作小组起草:《世界银行自然人破产问题处理报告》，殷慧芬、张达译，中国政法大学出版社2016年版，第24-50页。

〔3〕　See Joseph Spooner, "Seeking Shelter in Personal Insolvency Law: Recession, Eviction and Bankruptcy's Social Safety Net", *Journal of Law and Society*, Vol. 44, No. 3. , 2017, pp. 374-405.

〔4〕　See Kee Oon, "Alternatives to Bankruptcy-The Debt Repayment Scheme ('DRS')", *Singapore Academy of Law Journal*, Vol. 20, 2008, pp. 541-558.

〔5〕　参见谢晖:《论司法方法的复杂适用》，载《法律科学（西北政法大学学报）》2012年第6期。

同，它更适合于自然人破产这种特定社会关系下的债务人再生。庭外债务清理程序的优势还来自程序利益，即成本较低、迅速且灵活。庭外程序更多依靠当事人的自律，为当事人自治创造了更大的自由空间。例如，保证人可以灵活的方式出现在和解协议中，这在司法债务调整中往往是不可能的；债务人的住房在自愿和解中也可以得到相较于司法债务调整程序更好的保护。[1]

（二）　自然人债务纠纷案件的特征使然

自然人破产法的立法目标与企业破产法有所不同，破产案件呈现出的特征也存在差异：

第一，案件数量居多。纵览已经全面建立破产制度的国家或地区，自然人破产案件均占绝大比例。美国破产协会（American Bankruptcy Institute，ABI）的相关统计数据显示，2020年美国破产案件数量为544 463件，其中消费者破产[2]案件数量就达到522 808件，占比96.02%。虽然每年破产案件数量会有一定幅度的变化，例如受金融危机的影响，2010年美国破产案件数量为1 593 081件，但消费者破产案件数量比例始终在96%-97%左右。[3]"执行不能"案件中的自然人债务人将是我国未来自然人破产程序的潜在债务人。根据最高人民法院提供的数据，我国超过40%的民商事案件进入了执行程序，约43%进入执行程序的案件无法执行。换算下来，大约18%的民商事案件中是执行不能案件。[4]这类案件所涉债务大致分为两类：一类是法人债务，另一类是自然人债务。[5]其中80%左右执行不能案件中的被执行人是

---

〔1〕　参见自然人破产处理工作小组起草：《世界银行自然人破产问题处理报告》，殷慧芬、张达译，中国政法大学出版社2016年版，第58页。

〔2〕　美国对破产案件的统计是基于债务的类型而划分为"商事破产"与"消费破产"。"消费者破产"是"自然人破产"的下位概念，从事商业活动的自然人的破产也应归入"自然人破产"的范畴。参见殷慧芬：《消费者破产制度研究》，上海交通大学2008年博士学位论文。

〔3〕　相关数据来源：www.abi.org。

〔4〕　参见周强：《最高人民法院关于人民法院解决"执行难"工作情况的报告》，2018年10月24日在第十三届全国人民代表大会常务委员会第六次会议上的讲话。

〔5〕　参见周强：《最高人民法院关于人民法院解决"执行难"工作情况的报告》，2018年10月24日在第十三届全国人民代表大会常务委员会第六次会议上的讲话。

自然人。[1]2021 年，各级法院审结一审民商事案件 1574.6 万件，[2]按照之前的比例推算下来，2021 年执行不能案件中的自然人被执行人有 226 万左右。即使有 1/10 的债务人进入破产程序，也有破产案件 20 余万件。我国未来自然人破产法律制度实施后，适用主体范围不同、立法宽严、经济环境等因素将影响到可能的案件数量，但自然人破产案件数量应该是远超出企业破产案件[3]的数量。

第二，案件规模总体较小。相较于债权债务关系复杂的企业破产案件，自然人破产案件通常涉及的债权人人数较少，债权额度较小。我国未来自然人破产案件的规模从个人债务清理实践和个人破产审判实践可以窥之一二。《浙江法院个人债务集中清理（类个人破产）工作报告》显示，截至 2020 年 9 月 30 日，浙江省共受理个人债务集中清理案件 237 件，涉案债权人共计 685 人，[4]平均每个案件涉及债权人 2-3 人。不同地区的自然人负债规模当然会存有差异。以深圳个人破产审判实践为例，截至 2022 年 2 月 28 日，深圳中院收到个人破产申请 1031 件，其中申请人申报的债务规模，最小约1.8 万元，最大约 16 亿元，[5]债务人负债中位数为 91.31 万元。[6]相较于企业破产案件，自然人破产案件总体规模更小是不争事实。[7]

第三，案件适宜和解。虽然破产的自然人通常缺乏财产可供分配，但只要有健康的身体和稳定的工作，就可以有固定的收入用于清偿债权。因此比起破产方式，自然人较适合于利用和解方式。[8]

鉴于自然人债务纠纷具有案件数量多、债权人数量少、适宜和解等特

---

[1]　参见刘崇理：《建立我国个人破产制度的若干思考》，2020 年 1 月 14 日在第二届东南破产法论坛上的发言。根据地方法院的统计数据，近年来在执转破的大力推动下，执行不能案件中企业债务人比例在逐年降低，自然人债务人比例逐年上升。

[2]　参见 2022 年《最高人民法院工作报告》。

[3]　2021 年全国法院审结企业破产案件 1.3 万件。参见 2022 年《最高人民法院工作报告》。

[4]　参见《浙江法院个人债务集中清理（类个人破产）工作报告》。

[5]　8 人负债过亿，主要因为公司经营承担连带担保责任。

[6]　参见曹启选等：《个人破产制度先行先试中的实践示范与体系构建》，载《人民司法》2022 年第 22 期。

[7]　2021 年全国法院审结的 1.3 万件破产案件涉及债权 2.3 万亿元。参见 2022 年《最高人民法院工作报告》。

[8]　参见许士宦：《债务清理法之基本构造》，元照出版公司 2008 年版，第 15 页。

点，庭外债务清理程序可利用自身的特点和优势互补，在破产预防中起着对司法性预防补偏救弊的作用，减少债权人和债务人在破产预防中的成本和代价，有效地节约司法资源。

（三） 司法体制改革的趋势使然

案件分流和程序多元已成为 21 世纪以来司法改革的总体趋势。[1]综合各国立法例，自然人破产程序大体上可归纳为两种程序：一是就债务人既存财产变价分配给债权人的清算型程序；二是为避免既存财产清算，而就债务人将来劳动结果所取得的收入分配给债权人的康复型程序。制度上无论采取何种类型的自然人破产程序，其程序均具有多样性，随之而来的，必是为法院带来的相当负担。以法院为基础的系统可能有显著的延迟，司法系统面临的公共基金压力、基层法院解决债务的经济和社会问题的有限能力和法官作出决策的不一致，都要求一方面加强法官队伍的专业化，另一方面强化庭外债务清理程序的有效分类。[2]

关于自然人破产案件的解决，《国际破产法协会消费者债务报告》第三项原则[3]主张优先采用非司法方法，因为此类诉讼成本较低且耗时较长，呼吁立法者"鼓励解决消费者和小企业债务问题的法外或庭外程序"，并通过提供"足够的、有能力的和独立的债务咨询"来支持这一过程。司法外程序花费的时间较少，成本较低，而且可以更全面地设计以解决自然人债务人所面临的问题。[4]欧盟委员会同样表达了"找到更简单、更快捷、更廉价的解决方案，以避免法院案件数量增加"的建议，认为债务顾问应尽可能在

---

〔1〕 参见傅郁林：《迈向现代化的中国民事诉讼法》，载《当代法学》2011 年第 1 期。

〔2〕 参见自然人破产处理工作小组起草：《世界银行自然人破产问题处理报告》，殷慧芬、张达译，中国政法大学出版社 2016 年版，第 70 页。

〔3〕 《国际破产法协会消费者债务报告》认为，消费者破产有四大原则：一是公平、公正分配消费信贷风险；二是为债务人提供某种形式的免责、康复、重新开始；三、司法外程序而非司法内程序优先；四，预防优先。See INSOL International, "Consumer Debt Report: Report of Findings and Recommendations (2001)", 载 https://paperzz.com/doc/8737881/consumer-debt-report---insol-international，最后访问日期：2024 年 8 月 2 日。请注意，这里的表述虽为"消费者债务人"，但实际上也包括所有因个人或商业原因过度负债而无力清偿的自然人。

〔4〕 See INSOL International, "Consumer Debt Report: Report of Findings and Recommendations", 载 http://www.insol.org/page/38/consumer-debt-report and http://www.insol.org/pdf/consdebt.pdf, 2001.

法院外处理过度负债问题，并应改革法律"以促进和加强自愿协商的债务和解"，通过正式的法院内程序提供杠杆，鼓励庭外安排。[1]

近些年来我国企业破产案件数量大幅增加，有限的破产审判力量已经面临着巨大的挑战，[2]自然人破产制度引入后，法院有限的审判力量是否能高效地应对大量的自然人破产案件无疑是需要正视的问题。《中共中央关于全面推进依法治国若干重大问题的决定》以及中共中央办公厅、国务院办公厅《关于完善矛盾纠纷多元化解机制的意见》明确提出，我国要推进和完善矛盾纠纷多元化解机制。多元化纠纷解决机制在有效化解矛盾纠纷、修复弥合社会关系、优化解纷资源配置等方面的优势，越来越为社会所重视和认可。庭外债务清理程序一方面可最大限度体现当事人的意思自治，避免对"契约神圣"原则的冲击，[3]另一方面可有效减轻法院的负担，契合多元解纷的需求。

二、自然人债务庭外清理程序的模式选择

许多国家和地区积极发展庭外机制以解决自然人的过度负债问题，并形成不同的发展模式。部分国家将庭外债务清理程序规定在更为正式的制度架构中，行政机构在处理和管理自然人债务问题方面发挥着显著的作用，如瑞典的债务执行机构、法国过度负债委员会等，有些国家或地区则是通过市场化方式解决自然人过度负债问题，由金融机构或社会组织作为负责机构，如我国台湾地区的银行业协会、美国的信贷咨询协会等。自然人债务庭外清理程序的不同发展模式是政治理念、司法模式和传统文化等多种因素作用的结果，也往往塑造了自然人债务救济制度的整体结构，以及相关行为人的角色、权利和义务。

（一）政府主导模式：自然人过度负债是社会问题

相较于美国对国家官僚机构不信任的深层文化价值观，欧洲国家倾向于

---

〔1〕　See Nick Huls, et al., *Overindebtedness of Consumers in the EC Member States：Facts and Search for Solutions*, Kluwer éditions juridiques, 1994, pp. 4-5.

〔2〕　参见《全国人民代表大会常务委员会执法检查组关于检查〈中华人民共和国企业破产法〉实施情况的报告》全国人大常委会副委员长王东明2021年8月18日在第十三届全国人民代表大会常务委员会第三十次会议上的发言。

〔3〕　参见［美］杰森·J. 吉伯恩：《个人破产法比较研究》，徐阳光、李丽丽译，法律出版社2022年版，第22页。

发挥政府部门在自然人债务庭外清理程序甚至整个自然人破产框架中的主导作用。[1]许多欧洲国家在债务人的分类筛选和处理过程中寻求行政机构的支持，从而使处境相似的自然人面临统一的待遇。与大公司不同，自然人债务人一般缺乏支持有效债务协商的资源，债权人通常既不愿意花费时间就较小还款金额谈判，也不愿意自愿免除大量无望偿还的债务；[2]对于自然人而言，程序成本也是不可忽视的现实问题，"消费者[3]破产通常是一个低成本游戏"[4]，过高的支出可能影响到程序的正常运转；而且，自然人债务人和债权人之间的对抗性较小，因此程序可以主要由行政机构管理，而不是由法院审理。

有的国家采用税收机构或债务执行机构等现有机构来管理自然人破产程序。[5]瑞典 KFM（Kronofogdemyndigheten）主导自然人债务人与债权人之间协议的达成，[6]如果债权人拒绝了 KFM 提议的付款计划，KFM 可以直接向地区法院申请确认该计划。[7]KFM 最初是税务局的附属部门，现在是隶属

---

〔1〕 参见自然人破产处理工作小组起草：《世界银行自然人破产问题处理报告》，殷慧芬、张达译，中国政法大学出版社 2016 年版，第 73 页。

〔2〕 参见［美］杰森·J. 吉伯恩：《个人破产法比较研究》，徐阳光、李丽丽译，法律出版社 2022 年版，中文版序言第 2 页。

〔3〕 西方破产法的适用主体经历了从商自然人到企业，再到消费者的发展历程，相关立法和学术研究通常将"消费者过度负债"或"消费者破产"作为单独的关注对象。但是对我国而言，破产法适用主体的演变是从企业到自然人，未来立法和研究应聚焦于自然人整体而不仅是消费者；《世界银行自然人破产问题处理报告》也指出，商业活动和非商业活动之间的界限并不总是明确的，这种模糊的界限也延伸到债务人的定义。因此本书一般统称为"自然人"，但涉及相关国家立法或引用相关文献时为准确起见有时表述为"消费者"。关于自然人破产法适用主体的发展历程，参见殷慧芬：《论自然人破产法的适用主体》，载《南大法学》2021 年第 3 期。

〔4〕 Niemi-Kiesilainen, et al., *Consumer Bankruptcy in Global Perspective*, Hard Publishing, 2003, p. 11.

〔5〕 参见自然人破产处理工作小组起草：《世界银行自然人破产问题处理报告》，殷慧芬、张达译，中国政法大学出版社 2016 年版，第 74 页。

〔6〕 See Jason Kilborn, "The Personal Side of Harmonizing European Insolvency Law", *Norton Journal of Bankruptcy Law and Practice*, Vol. 25, No. 5., 2016.

〔7〕 2007 年 1 月改革之后，法院在瑞典消费者债务调整制度中几乎不再扮演任何角色，只是负责审理债务人和债权人对 KFM 关于债务人获得救济资格的调查结果和对还款计划条款的不满提出的申诉，地区法院在 90% 至 95% 的案件中确认了 KFM 提案。参见［美］杰森·J. 吉伯恩：《个人破产法比较研究》，徐阳光、李丽丽译，法律出版社 2022 年版，第 116 页；See Jan-Ocko Heuer, "Social Inclusion and Exclusion in European Consumer Bankruptcy Systems", 载 https://www.academia.edu/3992692，最后访问日期：2024 年 8 月 27 日。

于财政部的一个独立机构，承担债务催收、扣押和执行法院命令以及债务减免和破产监督等职，[1]其经费来源是政府拨款以及开展其他业务（如商业债务收偿）所收取费用。瑞典是第一个将司法部门在自然人债务纠纷解决领域的参与度降到最低的国家，行政性的债务执行机构甚至被认为是最好的法庭外自然人债务清理机构的实践。[2]法国消费者债务清理程序是由法兰西银行过度负债委员会[3]主导，委员会为债务人提供免费的"一站式"服务，与债权人协商偿债计划，[4]从而使得法国的消费者破产也呈现去司法化特征。法兰西银行在委员会中居于核心地位，为协商提供实际场所，为申请人完成申请提供指导，而且作为金融监管机构，它在提出债务调整计划、为金融债权的减免提供合法性基础方面具有天然优势。[5]法国过度负债委员会有效地解决了消费者过度负债问题。[6]

瑞典和法国将自然人过度负债问题的解决看作社会问题，认为过度负债的自然人关系到社会的稳定和个体的健康发展。[7]债务清理是用于调节公民与福利国家之间的关系，而不是调节债务人和债权人之间的关系；将债务免除视为社会政策，是福利国家保护公民免受自然灾害、事故、疾病和经济灾难所造成风险的手段，而不是对市场风险的监管。[8]这种模式强调国家有义

---

　　[1]　See Swedish Enforcement Authority（Kronofogden），载 https://www. government. se/government-agencies/swedish-enforcement-authority-kronofogden/，最后访问日期：2024 年 9 月 5 日。

　　[2]　See Jan-Ocko Heuer，"Social Inclusion and Exclusion in European Consumer Bankruptcy Systems"，载 https://www. academia. edu/3992692，最后访问日期：2024 年 8 月 27 日。

　　[3]　该委员会是以各省省长（préfet）为委员长，税务长官为副委员长，再由法兰西银行、法国银行公会、消费者团体、社会工作组织、律师协会等各指派一名代表共 7 名委员所构成的合议体机关。

　　[4]　See Jason Kilborn，"The Personal Side of Harmonizing European Insolvency Law"，*Norton Journal of Bankruptcy Law and Practice*，Vol. 25，No. 5.，2016.

　　[5]　See Jason Kilborn，"The Personal Side of Harmonizing European Insolvency Law"，*Norton Journal of Bankruptcy Law and Practice*，Vol. 25，No. 5.，2016.

　　[6]　法国长期存在的"个人过度负债"制度明确限于解决"非商业债务"。它不适用于在《商业法典》第六卷的商业破产规定下有资格获得待遇的债务人。

　　[7]　See Johanna Niemi，"Consumer Bankruptcy in Comparison：Do We Cure a Market Failure or a Social Problem?"，*Osgoode Hall Law Journal*，Vol. 37，No. 1.，1999，p. 479.

　　[8]　See Johanna Niemi，"Consumer Bankruptcy in Comparison：Do We Cure a Market Failure or a Social Problem?"，*Osgoode Hall Law Journal*，Vol. 37，No. 1.，1999，p. 479.

务提高每个公民的生活质量，每个公民也不应给他人造成不必要的伤害，[1]因此政府主导了自然人债务清理，国家财政承担了相应费用。

（二）市场主导模式：当事人为债务责任主体

市场模式指将自然人债务清理视为一种纯法律问题或者纯经济问题，认为自然人破产是对市场固有的违约问题的回应。[2]该模式下，有的将违约风险和成本转嫁于债权人，强调债权人作为市场参与者对信贷扩张的责任，[3]而且债权人也更有能力预估和分散违约风险。[4]2005 年《美国破产法》修正案为消费者破产设置了信贷咨询前置的程序性要求，适格的信贷咨询机构由破产管理署批准确定。[5]美国信贷咨询业于 20 世纪 50 年代末和 60 年代初在商业银行的倡议下兴起。为了应对不断上升的消费者违约率和个人破产申请，这些银行出资在全美境内发起建立了"咨询"机构网络，以鼓励并促进处于财务困境的消费者重新协商，并引导他们远离正式破产和快速免责。[6]20 世纪 90 年代起，债权人缩减了对信贷咨询的资金支持，同时也减少了对谈判进程的实际支持，咨询业的资金来源主要是债务人缴纳的咨询费。[7]

德国也认为消费者过度负债是一种经济现象，但是更强调债务人对债权人的清偿责任。[8]《德国破产法》第 305 条第 1 款第 1 项要求，债务人在提出申请时呈上证明他在启动申请前的最后 6 个月内未能同他的债权人就债务

---

〔1〕 See Niemi-Kiesilainen, et al., *Consumer Bankruptcy in Global Perspective*, Hard Publishing, 2003, p. 10.

〔2〕 See Johanna Niemi, "Consumer Bankruptcy in Comparison: Do We Cure a Market Failure or a Social Problem?", *Osgoode Hall Law Journal*, Vol. 37, No. 1., 1999, p. 477.

〔3〕 美国把消费者破产看作消费信用市场风险分配的工具。See Thomas Jackson, *The Logic and Limits of Bankruptcy Law*, Harvard University Press, 1986, p. 229.

〔4〕 See Jan-Ocko Heuer, "Social Inclusion and Exclusion in European Consumer Bankruptcy Systems", 载 https://www. academia. edu/3992692, 最后访问日期：2024 年 8 月 27 日。

〔5〕 参见 [美] 杰森·J. 吉伯恩：《个人破产法比较研究》，徐阳光、李丽丽译，法律出版社 2022 年版，第 30 页。

〔6〕 参见 [美] 杰森·J. 吉伯恩：《个人破产法比较研究》，徐阳光、李丽丽译，法律出版社 2022 年版，第 24 页。

〔7〕 参见 [美] 杰森·J. 吉伯恩：《个人破产法比较研究》，徐阳光、李丽丽译，法律出版社 2022 年版，第 30 页。

〔8〕 See Jan-Ocko Heuer, "Hurdles to Debt Relief for 'No Income No Assets' Debtors in Germany: A Case Study of Failed Consumer Bankruptcy Law Reforms", *International Insolvency Review*, Vol. 29, 2020, pp. 544.

清理达成合意的文件。该证明文件应由"适格人员或机构"出具，实务中以国家财政支持的公立或公益性质的消费者协商机构为主，主要包括消费者中心、债务人咨询处、社保局等，此外，律师、公证人、经济师、税务咨询师、法院执行官和调解人也符合条件，与教会、工会有联系的私营组织传统上也发挥了重要作用。[1]德国债务庭外清理程序的社会基础是推定债务人在处理金钱和信贷方面有缺陷，而非经济形势变化或商业债权人与负债者之间的结构性不平衡，因此消费债务人进入破产程序前必须首先由专业人士[2]或债务咨询机构对消费者开展个性化社会心理辅导。[3]

（三）"执行机构主导＋多路径化解"是我国的应然选择

庭外债务清理程序固然能使法院减轻一定负担，但其结果亦必然使其他公共机构或私立部门的负担加重，而且负责机构需是具备调查能力且能为债务人及债权人接纳而促成和解的主体，财政负担问题亦应能适当解决，因此负责机构是自然人债务庭外清理制度化的关键和难题，只有确保该负责机构的主体适当性，才能真正有效减轻法院负担，相关主体所出具不能达成和解的证明对其后审理自然人破产案件的法院而言才有信赖意义。深圳个人破产审判实践倾向由破产事务管理部门担任庭外和解结构，[4]2021 年 7 月，深圳市破产事务管理署受深圳市中级人民法院委托，办理全国首宗个人破产委托和解案件。[5]许多学者也对在全国范围内建立破产事务行政机构持赞成态度，认为政府主导的法庭外债务清理程序减少了债务人对专业咨询和代理服务的需求，能够保证处理过程与结果的公平，[6]而且行政型的机构能够与政

---

〔1〕　See Jan-Ocko Heuer, "Hurdles to Debt Relief for 'No Income No Assets' Debtors in Germany: A Case Study of Failed Consumer Bankruptcy Law Reforms", *International Insolvency Review*, Vol. 29, 2020, pp. 544.

〔2〕　通常是律师。

〔3〕　See Jan-Ocko Heuer, "Hurdles to Debt Relief for 'No Income No Assets' Debtors in Germany: A Case Study ofFailed Consumer Bankruptcy Law Reforms", *International Insolvency Review*, Vol. 29, 2020, pp. 544.

〔4〕　参见曹启选等：《个人破产制度先行先试中的实践示范与体系构建》，载《人民司法》2022 年第 22 期。

〔5〕　（2021）粤 03 破 365 号（个 7）。

〔6〕　参见李曙光：《中国迫切需要建立破产管理局》，载《南方周末》2010 年 7 月 1 日，第 F31 版；张善斌、翟宇翔：《论我国个人破产庭外程序的体系构建》，载《山东大学学报（哲学社会科学版）》2023 年第 3 期。

府各部门协同，在调查债务人财产负债状况、顺畅与庭内程序衔接、监督债务清偿协议方面具有天然的优势。[1]这是否意味着另行成立破产事务管理部门的政府主导模式是我国自然人债务庭外清理的应然选择呢？

本书认为，自然人过度负债问题不只关系债权人和债务人，而且关系到更广泛的社会利益，如信贷市场的规范有序、社会的和谐稳定等，[2]政府应该在过度负债问题的解决中发挥积极的作用。但是，精简机构背景下全国范围内新建机构的成本、社会对破产的认知度和接受度不足等也是不可忽视的现实问题。与新建行政机构相比，瑞典充分利用现有执行部门作为自然人债务庭外纠纷的负责机构已经被认为是最为成功的一种形式，也许可以为我们所借鉴。我国民事强制执行工作由人民法院负责，但是执行权本身是兼有司法权属性和行政权属性的复合性权力，法院执行机构在通过执行联动和执行信息化建设确定债务人履行能力、利用公信力促进债务人和债权人达成债务清偿协议等方面具有天然的优势。执行部门是直接发现债务人无力清偿的前沿端口，可以及时展开对即将参与分配或进入终本库当事人的辅导甚至促成庭外和解。

与普通的执行和解相比，自然人债务庭外清理需要对债务人的所有债务问题作一揽子解决，这无疑增加了执行法官的压力。这一压力可以通过执行机构购买社会服务缓解，从而有效发挥司法资源财产调查和社会资源的整合优势。针对日益增加的金融纠纷，2014年原银监会开始设立银行业纠纷调解组织，建立起银行业纠纷调解机制。2019年11月，最高人民法院、中国人民银行、中国银行保险监督管理委员会印发《关于全面推进金融纠纷多元化解机制建设的意见》。截至2020年8月，人民银行各分支机构因地制宜建立金融纠纷调解组织292家。[3]银行业纠纷调解组织和金融纠纷调解组织，包括各地法院建立的金融纠纷调解中心，这些行业调解组织对化解金融债权人对减免债务的对抗情绪非常有利，而且已经有了丰富的调解经验和专业的调

〔1〕 参见张善斌、翟宇翔：《论我国个人破产庭外程序的体系构建》，载《山东大学学报（哲学社会科学版）》2023年第3期。
〔2〕 参见自然人破产处理工作小组起草：《世界银行自然人破产问题处理报告》，殷慧芬、张达译，中国政法大学出版社2016年版，第33-50页。
〔3〕 参见《央行：银行保险调解组织2020年化解金融纠纷逾10万件》，载 http://finance.ce.cn/bank12/scroll/202102/20/t20210220_36324958.shtml，最后访问日期：2024年8月31日。

解队伍，[1]可以为自然人债务庭外清理程序所用。行业调解组织作为负责机构，有利于金融机构建立统一的债务减免规则促成纠纷的解决；调解人员则可以从专业的角度严格审查调解方案，促成债务清理方案的达成。此外，各地人民调解组织、社会调解服务机构和律师调解等具有调解力量专业和数量庞大的优势，也是庭外解决债务纠纷的基础。

债务人没有进入执行程序的，当事人可以直接向行业调解组织、人民调解组织、社会调解机构等提出和解申请。但是应注意通过相关部门建立统一的调解规则、赋予债务清偿方案执行力、制定标准化的规范和行为准则[2]等措施避免德国庭外清理机构由消费者保护团体等担任负责机构所带来的和解成功率低、程序延迟等问题。

三、自然人债务庭外清理程序的困境纾解

自然人破产政策的明显趋势之一是鼓励通过非正式途径解决债务问题，避免对债务人和债权人的正式干预。[3]但是在实践中，债务人与所有的债权人达成自愿和解并非易事，即使在正式破产法颁布以前已经有协商与和解方面积极经验的国家，也只有一小部分案件是自愿解决：[4]异议债权人钳制是影响庭外协商成功的突出问题；对于陷入财务困境的债务人而言，偿债资金也是困扰债务庭外清理程序顺畅运行的一个难题；另外也存在对特殊类型的

---

〔1〕　以上海市金融消费纠纷调解中心为例，截至 2022 年 6 月，中心共有 160 余名调解员（其中 1 名外籍调解员），其中来自高校、律所、法院和监管机构的调解员占 60%，来自金融机构和支付机构的调解员占 40%。中心举办了技能培训 100 余场，金融消费教育 50 多场，涉及人员 10 000 多人次，开展国际交流近 10 场。2015 年-2022 年，收到申请 23 977 件，受理纠纷 17 688 件，达成一致 11 159 件，成功率七成，涉调纠纷金额 50 余亿元，建立调解工作站 80 多家。《以人民为中心的金融消费纠纷调解工作》，载 https://sof. sufe. edu. cn/e3/28/c7770a189224/page. htm，最后访问日期：2024 年 8 月 31 日。

〔2〕　See INSOL International, Consumer Debt Report: Report of Findings and Recommendations (2001)，载 https://paperzz. com/doc/8737881/consumer-debt-report---insol-international，最后访问日期：2024 年 8 月 27 日。

〔3〕　参见自然人破产处理工作小组起草：《世界银行自然人破产问题处理报告》，殷慧芬、张达译，中国政法大学出版社 2016 年版，第 56 页。

〔4〕　参见自然人破产处理工作小组起草：《世界银行自然人破产问题处理报告》，殷慧芬、张达译，中国政法大学出版社 2016 年版，第 59 页。

自然人是否要区别对待的问题。这些都是自然人庭外债务清理程序构建所要面临且需要解决的困境问题。

（一）一致同意原则下的异议债权人钳制问题

传统法律意义上的法庭外债务重组完全是债权人与债务人之间达成的协议，以尊重当事人意思自治为其基本原则。[1] 区别于个别执行程序可以通过正常的双边协商来解决债务人的财务困境，债务庭外清理程序需要集中解决多个案件，涉及多个债权人，[2] 也不同于法庭内程序坚持少数服从多数的表决原则，法庭外债务清理的合同性质决定了债权人一致同意是基本原则，即清理方案应当经全体债权人一致表决通过；在不考虑决策成本时，外部成本的最小化也要求全体一致同意规则的达成，[3] 因为只有全体一致同意规则才能够确保任何外部效应被集体化消除。[4] 债权人数量越多，分歧越大，越难达成协议。庭外债务清理程序取得更高成功率的关键是克服异议债权人的阻力。[5] 庭外谈判也会出现集体行动的困境，除非一个集团中人数很少，或者除非存在强制或者其他特殊手段使得个体按照他们的共同利益行事，理性的、寻求自我利益的个体不会采取行动以实现他们共同的或集团的利益。[6] 因此，许多小额债权人对参与庭外谈判表现出一种理性的冷漠，不愿意参加成本较高的谈判；庭外清理协议不能削减未参与谈判方的权利这一事实意味着债权人也会避免直接参与谈判。

自然人债务庭外清理达成协议的困难在不同债权人群体间各有不同，即使假定所有群体都由理性的个人组成；[7] 一个人所能预期的会对策略性讨价

---

〔1〕 世界银行《法庭外债务重组》第 69 条。

〔2〕 债权人通常包括担保债权人、无担保债权人，庭外债务清理程序影响的主要是无担保债权人。

〔3〕 参见〔美〕詹姆斯·M.布坎南、戈登·图洛客：《同意的计算：立宪民主的逻辑基础》，陈光金译，上海人民出版社 2017 年版，第 71 页。

〔4〕 参见〔美〕詹姆斯·M.布坎南、戈登·图洛客：《同意的计算：立宪民主的逻辑基础》，陈光金译，上海人民出版社 2017 年版，第 87 页。

〔5〕 异议债权人钳制问题是企业法庭外债务重组同样会遇到的问题。参见王卫国、郑志斌主编：《法庭外债务重组》（第 1 辑），法律出版社 2017 年版，第 161—162 页。

〔6〕 参见〔美〕曼瑟尔·奥尔森：《集体行动的逻辑》，陈郁等译，格致出版社、上海三联书店、上海人民出版社 2014 年版，第 2 页。

〔7〕 参见〔美〕詹姆斯·M.布坎南、戈登·图洛客：《同意的计算：立宪民主的逻辑基础》，陈光金译，上海人民出版社 2017 年版，第 113 页。

还价给予的投入量，在某种程度上，将视他对所在群体的同类成员讨价还价所作估计而定，[1]因此区分同质债权人和异质债权人十分重要。同质性债权人组成的投票组很少产生冲突，即使有冲突，由于债务的相似性，债权人也会谨慎地使其利益一致。[2]世界银行《法庭外重组原则》B4.1 条提出，可靠而及时的债权人内部分歧解决方案非常重要。金融监督机构应当在债权人内部分歧解决中扮演与其监管义务一致的、协调性的角色。[3]银行和其他金融机构的共同特点为债务人和金融债权人达成协议提供了基础。虽然不同的金融债权人对于风险也有不同的预期，但与其他债权人群体之间的不一致相比，金融债权人之间不一致程度相对更低。[4]因此，可以仅在清理程序中处理金融机构债权，非金融机构债权人放在谈判之外，不受庭外重组程序约束力的影响。[5]我国台湾地区"消费者债务清理条例"即规定，对于金融机构负债务者，在申请更生或清算前，应向最大债权金融机构请求协商债务清偿方案，或向其住、居所地之法院或乡、镇、市、区调节委员会申请债务清理调解。金融消费者可以就无担保债务向银行公会申请和解，与全体金融债权人达成新的偿债方案。[6]消费者负担多重债务之情形，其债权人多为金融机构，故事实上大部分消费者债务清理事件均适用协商前置主义。21 世纪初期，韩国也建立了由金融机构组建的"信用恢复委员会"主导的庭外重组程序。[7]

---

〔1〕　参见［美］詹姆斯·M. 布坎南、戈登·图洛客：《同意的计算：立宪民主的逻辑基础》，陈光金译，上海人民出版社 2017 年版，第 113 页。

〔2〕　参见［美］詹姆斯·M. 布坎南、戈登·图洛客：《同意的计算：立宪民主的逻辑基础》，陈光金译，上海人民出版社 2017 年版，第 113 页。

〔3〕　参见王卫国、郑志斌主编：《法庭外债务重组》（第 1 辑），法律出版社 2017 年版，第 67 页。

〔4〕　参见王卫国、郑志斌主编：《法庭外债务重组》（第 1 辑），法律出版社 2017 年版，第 47 页。

〔5〕　这种做法其实与我国债务人的债务结构和清偿意愿也是不谋而合。深圳个人破产实践显示：其一，债权人以金融债权人为主；其二，当债务人同时有金融机构借款与民间借贷时，债务人通常想继续偿还民间借贷而不想偿还金融机构借款。参见曹启选：《深圳个人破产立法与司法实践探索》，中国人民大学破产法实践讲座第 36 期，2022 年 6 月 11 日。

〔6〕　债务人对于金融机构负债务者，在申请更生或清算前，应向最大债权金融机构请求协商债务清偿方案，或向其住、居所地之法院或乡、镇、市、区调节委员会申请债务清理之调解。参见陈廷献：《消费者债务清理条例要义》，五南图书出版股份有限公司 2016 年版，第 296-299 页。

〔7〕　参见吴守根、陈景善：《韩国个人破产制度实施现状、争议以及面临的课题》，载《中国政法大学学报》2020 年第 2 期。

全体一致规则的决策成本太高，国际破产从业者协会报告也建议考虑某种形式的强制协议，以支持司法外债务调整程序，特别是异议债权人的受偿顺位和结果与庭内程序没有实质性区别时。[1]类似实践在企业庭外重组中已经有了很多范例，例如韩国通过法庭外重组的专门立法，实行多数决的表决机制。根据韩国《企业重组促进法案》关于共同管理程序的规定，金融债权人协议会原则上以多数决方式进行表决，只要占金融市场债权人总信贷额 3/4 以上的金融债权人同意，或者在金融债权人单独保有的信贷额占信贷额外 3/4 以上时，同时有包括该金融债权人在内的超过 2/5 的金融债权人同意即可能过协议会决议，并对持有异议的金融债权人产生约束力。[2]荷兰的法庭外重组方案如果没有得到全部债权人的同意，法院被赋予在特定情形下强制批准重组协议的权力。[3]世界银行也指出，异议债权人钳制问题可以通过当事人约定方式解决。[4]浙江省高级人民法院《浙江法院个人债务集中清理（类个人破产）工作指引（试行）》第 40 条即规定：债权人会议可以探索采用双重表决规则等方式，即首先由全体债权人一致同意通过一项表决规则，然后再根据通过的表决规则对财产分配方案等事项进行表决，以有效推进清理程序。

此外，针对金融机构债权人表决权限受限、积极性不高等现象，我国地方法院个人债务清理中的"金融机构一致行动"实践；通过债权转让将金融债权的债权人主体变更为其他非金融机构主体等，都是有益的探索。

（二）过度负债债务人的偿债资金来源问题

自然人债务人包括有清偿能力的债务人和无清偿能力的债务人。债务人的偿债能力是庭外债务清理协议达成的基础，而且自然人庭外债务清理方案

---

〔1〕 See INSOL International，"Consumer Debt Report：Reports of Findings and Recommendations.（2001）"，载 https：//paperzz. com/doc/8737881/consumer-debt-report---insol-international，最后访问日期：2024 年 8 月 27 日。

〔2〕 参见王卫国、郑志斌主编：《法庭外债务重组》（第 1 辑），法律出版社 2017 年版，第 162 页。

〔3〕 参见胡利玲：《困境企业的法庭外债务重组》，载王卫国、郑志斌主编：《法庭外债务重组（第 1 辑）》，法律出版社 2017 年版，第 144 页。文中还列举了其他解决法庭外债务重组困境的国际做法，例如，模仿正式的破产机制，采用多数决方式，约束异议债权人；通过预重整程序与破产程序衔接等。

〔4〕 参见王卫国、郑志斌主编：《法庭外债务重组》（第 1 辑），法律出版社 2017 年版，第 52 页。

的清偿期间通常时间较长，如法国的债务清偿期通常为 8 年；韩国的庭外重组程序无担保债务的偿还期原则上也为 8 年，担保债务为最长 3 年的搁置期间和最长 20 年以内的分期付款期限，[1]为期较长的偿债方案对债务人的持续履行能力提出要求。有清偿能力的债务人通常是企业家或其他商业人士（如公司董事），他们因为经营性活动产生了巨额负债，并有较多财产可供分配，如保险、收入或其他高价值资产。[2]即使没有有价值的财产，具有固定收入的债务人也可为债权人提供一定比例的清偿。[3]现有财产、经营所得、工作收入通常是债务人偿债资金来源。

另一种常见的偿债资金来源模式是第三方提供偿债资金。荷兰的市政信贷银行（Metric Credit Bank）在自然人债务人庭外清理程序中就发挥着这样的作用，[4]该银行不同于普通的商业银行，不仅是荷兰最重要的债务咨询提供者，而且与所有债权人就债务清偿达成协议，并向消费者提供社会贷款以实现债权的立即清偿。之后，市政信贷银行就成为消费者的唯一债权人，消费者只需以适度的利率向其偿还贷款。[5]荷兰模式避免了银行业协会参与庭外和解所带来的中立性问题，只是市政信贷银行这种社会银行的设置关系到一个国家的金融体系构建问题。[6]第三方代偿方式在我国个人债务清理中也有相关实践。浙江省高级人民法院《浙江法院个人债务集中清理（类个人破产）工作指引（试行）》第 53 条规定：债务人或者管理人可以引入金融机构等第三人作为投资人参加个人债务集中清理程序，采用向第三人融资的方式清偿原有债务，第三人可以要求债务人提供相应的担保。我国浙江省遂昌

---

〔1〕　参见吴守根、陈景善：《韩国个人破产制度实施现状、争议以及面临的课题》，载《中国政法大学学报》2020 年第 2 期。

〔2〕　See Jason kilborn, "The Personal Side of Harmonizing European Insolvency Law", *Norton Journal of Bankruptcy Law and Practice*, Vol. 25, No. 5. , 2016.

〔3〕　对于自然人债务人而言，大部分债务人具有相对稳定的职业。

〔4〕　市政信贷银行不是商业银行，而是市政当局成立的非营利银行，由地方市政委员会提供资金并受其控制。参见［美］杰森·J. 吉伯恩：《个人破产法比较研究》，徐阳光、李丽丽译，法律出版社 2022 年版，第 53-54 页。

〔5〕　See Nick Huls, "Towards a European Approach to Overindebtedness of Consumers", *Journal of Consumer Policy*, Vol. 16, No. 2. , 1993, pp. 215-234.

〔6〕　市政信贷银行是一类特殊的金融机构，有文献把它归类为社会银行，与普通金融机构不同的是，Green（1989）就指出社会银行不仅重视经济回报，而且优先考虑社会目标。

县人民法院的个人债务重整遂昌样式实质上就是一种引入第三方的替代性纠纷解决机制。遂昌县人民法院与稠州银行遂昌支行、遂昌农商银行签订合作协议，银行特别推出"重整贷"项目，为信用受限制的诚信债务人提供贷款从而恢复其部分履行能力。第三方[1]提供的资金用于债务人清偿债务，促使债权人在实现其利益最大化的基础上，自愿接受债务人提出的债务重整方案，从而打开债务僵局。[2]

需要说明的是，没有清偿能力的过度负债自然人并不罕见。美国相关统计数据表明，99%的自然人破产案件都是无产可破案件，没有收益用于分配。[3]近些年来，世界范围内自然人破产改革的一个重要政策问题是，许多债务人的收入很少，资产很少，无力承受破产成本，加拿大、美国、英格兰和威尔士、德国、南非等国家都面临这一问题，世界银行将此确定为政策挑战。[4]一些国家的立法趋向是承认对无收入无财产（No Income No Assets，NINA）程序的特别需求，认为自然人债务庭外清理程序适用主体的划分应基于债务人是否有清偿能力，即程序的适当性不是来自与债务类型的必要联系，而是来自整理负债和分配大量财产这一任务的复杂性。[5]为将低价值案件从法院系统中剔除，以及通过为长期债务客户提供解决方案以减轻债务咨询机构的压力，[6] 2009 年英国推行了债务舒缓令（Debt Relief Order，DRO），债务水平、资产和盈余收入符合相关标准的债务人[7]可以通过政府

---

〔1〕 浙江遂昌实践中，除银行外，企业、投资机构，甚至房产中介以及亲友等都曾为债务人提供过融资。

〔2〕 参见最高人民法院民二庭课题组等：《司法实践视野下的自然人债务庭外重整程序》，载《法律适用》2022 年第 2 期。

〔3〕 See Richard M. Hynes, "Why（Consumer）Bankruptcy?", *Alabama Law Review*, Vol. 56, No. 1., 2004, pp. 121−180.

〔4〕 See Iain Ramsay, "The New Poor Person's Bankruptcy: Comparative Perspectives", *International Insolvency Law*, Vol. 29, No. S1., 2020, S4−S24.

〔5〕 See Jan−Ocko Heuer, Social Inclusion and Exclusion in European Consumer Bankruptcy Systems, 载 https://www. academia. edu/3992692，最后访问日期：2024 年 8 月 27 日。

〔6〕 See Iain Ramsay, "The New Poor Person's Bankruptcy: Comparative Perspectives", *International Insolvency Law*, Vol. 29, No. S1., 2020, S4−S24.

〔7〕 2021 年 6 月 29 日，DRO 的货币资格限制增加。如果债务人的债务不超过 30 000 英镑，资产不超过 2000 英镑（如果拥有价值不超过 2000 镑的车辆，则可获得额外津贴），并且每月的盈余收入不超过 75 英镑，则可以获得舒缓令。

核准的中介机构向破产管理局提出 DRO 在线申请，中介机构充当核实债务人资格的筛选机构。舒缓令的发布由破产管理署负责。区别于传统的庭外程序，NINA 程序通常并不是基于债务人、债权人双方的自愿协商达成清偿协议，因为债务人没有足够的财产和收入来支撑一份可行的清偿计划；庭内破产程序的繁杂和成本问题，又将这些债务人挡在了破产程序之外。因此 NINA 程序通常借助于行政力量通过行政命令和还款计划等措施解决这些债务人的过度负债问题，为那些陷入债务困境的最脆弱的债务人提供救济。[1] NINA 程序可以说是破产的低成本替代方案。

（三）企业经营者保证责任的庭外处理问题

我国民营企业的法定代表人、股东、实际控制人、董事、监事、高级管理人员等（以下统称为"企业经营者"）为企业融资提供连带保证责任现象较为普遍。企业经营陷入困境后，这些保证人也随之背负巨额负债而无力偿还。根据最高人民法院民二庭课题组的调研结果，因为企业提供保证担保等原因而负债的自然人，其负债额远高于自然人可能的偿债能力。2017 年至 2021 年 10 月，东营两级法院共受理企业破产案件 424 件，其中，包括自然人为破产企业提供担保的 267 件，涉及 979 名自然人，担保金额 1078.89 亿元；2018 年至 2020 年三年间，吴江法院自然人与企业同为被执行人的案件数量虽仅占涉自然人被执行人案件总数的不足 20%，但却占到执行立案标的总额的近 80%。通常而言，债务额度越高，庭外和解的可能性越小，尤其是债权人人数众多、债权类型复杂的案件中，清理方案很难获得通过。[2]在我国没有自然人破产立法的背景下，司法实践中，一些案件采取以下两种方式解决了部分问题：[3]一是通过法庭外重组实现个人债务和企业债务一揽子解决。2022 年全年，浙江省法院共受理个债清理案件 835 件，其中，与企业破

---

〔1〕　See Iain Ramsay, "The New Poor Person's Bankruptcy: Comparative Perspectives", *International Insolvency Law*, Vol. 29, No. S1., 2020, S4-S24.

〔2〕　参见最高人民法院民二庭课题组等：《司法实践视野下自然人破产免责制度的构建》，载《法律适用》2022 年第 2 期。

〔3〕　参见池伟宏：《企业经营者与个人破产制度》，载《人民法院报》2016 年 11 月 16 日，第 7 版。

产案件一并受理的个债清理案件共 14 件。[1]二是符合一定条件下，通过企业的法庭内重组（重整、和解）将经营者的保证责任一并处理。[2]例如，某集团重整计划中融入了经营者保证责任处理方案。[3]

美国和大多数欧洲国家没有适用于自然人保证人的特别破产程序或规定，债务人在破产程序中获得的债务免责的效力原则上不及于保证人等第三人。[4]破产法之外，有些国家的相关法律允许保证人以胁迫、不当影响或者债务水平与债务人收入之间存在巨大差距为由撤销保证合同项下的责任，只是保证责任的撤销通常需基于保证人向法院提出的撤销申请，法院不会依职权行事；破产过程中，该问题也不被视为当然问题，例如英国、美国、奥地利、比利时等。[5]有些国家例如芬兰，债务人和保证人可以共同申请破产法下的债务清偿程序，清偿计划将涉及债务人的责任和保证人的责任。[6]韩国则在相关法律中规定，如果在企业重整程序中被批准的重整计划减轻或者免除企业债务，为这些企业债务提供担保的保证人所应补充清偿的部分也以同样的比例减轻或者免除，从而减轻作为保证人的经营者的负担。[7]

日本针对经营者保证责任问题采取的做法是独树一帜的。在日本，企业经营者为获取银行贷款以个人信用提供担保的情形也大量存在，为了解决企业经营者因保证责任陷入债务危机的问题，日本商工会议所和全国银行协会

---

〔1〕 参见《2022 年浙江法院个人债务集中清理（类个人破产）工作报告》。

〔2〕 参见最高人民法院民二庭课题组等：《企业破产程序中的经营者保证责任合并处理》，载《法律适用》2022 年第 2 期。

〔3〕 参见最高人民法院民二庭课题组等：《企业破产程序中的经营者保证责任合并处理》，载《法律适用》2022 年第 2 期。

〔4〕 See Greard Mccormark, ed., *Study on a New Approach to Business Failure and Insolvency: Comparative Legal Analysis of the Member States' Relevant Provisions and Practices*, Tender No. JUST/2014/JCOO/PR/CIVI/0075, 2016.

〔5〕 See Greard Mccormark, ed., *Study on a New Approach to Business Failure and Insolvency: Comparative Legal Analysis of the Member States' Relevant Provisions and Practices*, Tender No. JUST/2014/JCOO/PR/CIVI/0075, 2016.

〔6〕 See Greard Mccormark, ed., Directorate-General for Justice and Consumers, *Study on a New Approach to Business Failure and Insolvency: Comparative Legal Analysis of the Member States' Relevant Provisions and Practices*, Tender No. JUST/2014/JCOO/PR/CIVI/0075, 2016.

〔7〕 参见韩国《中小企业振兴相关法律》（第 74 条之 2）、《信用保证基金法》（第 30 条之 3）、《技术信用保证基金法》（第 37 条之 3）。

主导成立了经营者保证指南研究会，并公布了《经营者保证指引》。指引规定的处理保证债务的程序分为主债务与保证债务一并处理之情形（即一体型），以及仅就保证债务进行处理之情形（即单独型）。一体型是指，利用指引将主债务和保证债务一并处理的程序。与之相对，单独型的典型情况是，主债务人企业通过破产程序等法定程序处理债务时，将保证债务分离出来（但须与之密切关联），利用指引对其进行处理。[1]该指引允许经营者在保证债务整理上能够获得更多财产豁免，以鼓励企业经营者及时推动企业申请破产，使债权人获得更多清偿。该指引下的清偿计划应当规定企业经营者变卖豁免财产之外的财产（不包括收入）后一次性清偿或者5年以内分期清偿与变卖价款相当的债务的方案。[2]该指引实施以来，不依赖个人保证的融资得到了进一步发展。目前我国自然人承担连带保证责任数额高，对于企业破产程序中常见的经营者保证责任问题，庭外清理程序可考虑由相关部门制定企业经营者保证指引，在法庭外豁免企业经营者保证债务的做法。[3]

四、自然人债务庭外清理程序与庭内程序的共生

在立法现实使得自然人债务人必须经过一段时间才能得到债务免除的情况下，自然人债务庭外清理程序可以帮助债务人抵御进一步的不幸；在破产程序需对债务人的偿债能力调查，从而使得程序成本愈加昂贵的情况下，自然人债务庭外清理程序可以为那些无力承受破产成本的债务人提供救济。[4]正式破产制度的一个重要功能是鼓励非正式制度的协商和解决，即促进债权人和债务人"在破产阴影下的讨价还价"。[5]国外立法表达对预防性程序偏好

---

〔1〕 参见田头章一：《破产程序与保证——日本法的制度与经验》，张亚辉译，2022年11月5日在东亚破产与重组协会举办的第十三届东亚破产法论坛上的发言稿。

〔2〕 参见金春：《个人破产立法与企业经营者保证责任问题研究》，载《南大法学》2020年第2期。

〔3〕 参见最高人民法院民二庭课题组等：《企业破产程序中的经营者保证责任合并处理》，载《法律适用》2022年第2期。

〔4〕 See Hynes Richard M.，"Why（Consumer）Bankruptcy?"，载 https://scholarship. law. wm. edu/facpubs/966，最后访问日期：2024年8月3日。

〔5〕 参见自然人破产处理工作小组起草：《世界银行自然人破产问题处理报告》，殷慧芬、张达译，中国政法大学出版社2016年版，第56页。

的一种极其普遍的方式是，不仅支持咨询和谈判，而且要求它作为进入正式破产程序的前提条件，例如德国、奥地利径行规定调解前置。法国没有将庭外程序作为一个正式救济制度的前置程序，但是债务人也只有在相关机构判定协商程序已经或者注定要失败的情况下，才能进入正式破产程序。[1]近些年来，基于成功率低等原因，许多国家的法律不再要求庭外程序作为前置程序，而是认为应将庭外程序资源集中在显然可以自愿和解的少数案件上。[2]《世界银行自然人破产问题处理报告》指出，现有证据表明，强制性的破产前咨询在预防滥用或协助债务人避免破产方面根本上是涵盖过广的。这样的要求可能会把有限的咨询资源从最富有成效的咨询案件中转走。[3]

在我国"大众创业、万众创新"和构建"国内国际双循环"新发展格局的战略背景下，基于破产法的现代化及可持续发展，以及大量自然人债务人无财产可供执行案件的不断累积和终结本次执行程序制度效能的难以彰显，[4]自然人破产立法问题日益受到关注。在我们全力推进建立全国性自然人破产制度的同时，不可忽视的一点是，自然人破产与中国传统文化中的"父债子还"等观念及消费观、面子观、尊卑观等有一定程度的疏离。[5]作为破产程序的有益补充，自然人债务庭外清理程序既节省了大量的司法资源，也坚持了契约精神，加强了债务人应该对自己的经济生活负责的理念，使得当事人可以选择自身认为最优的方式解决纠纷。未来我国的自然人债务庭外清理程序可通过执行机构的"总对总""点对点"网络查控系统基本实现对债务人主要财产形式和相关信息的有效覆盖，在此基础上，中国人民银行主导的行业调解组织在协调、组织金融债权人建立统一的债务减免规则方面可发挥积极作用，有效提高庭外债务清理的成功率；政府相关机构应为培

---

〔1〕 参见〔美〕杰森·J. 吉伯恩：《个人破产法比较研究》，徐阳光、李丽丽译，法律出版社2022年版，第35页。

〔2〕 See Jan-Ocko Heuer, "Social Inclusion and Exclusion in European Consumer Bankruptcy Systems", 载 https://www.academia.edu/3992692, 最后访问日期：2024年8月27日。

〔3〕 参见自然人破产处理工作小组起草：《世界银行自然人破产问题处理报告》，殷慧芬、张达译，中国政法大学出版社2016年版，第82页。

〔4〕 参见谷佳杰：《终结本次执行程序废除论》，载《中国政法大学学报》2023年第2期。

〔5〕 参见郭兴利、成中英：《个人破产的文化基础探微——再访成中英教授》，载《南京林业大学学报（人文社会科学版）》2015年第2期。

训、资助和监督这些专业人员制定标准化的规范、做法和行为准则，也应特别注意专业人员的薪酬问题，以确保他们有足够的时间以适当的方式协助债务人。[1]为了促成债务清偿协议的达成，可以借助一定程度的行政或司法干预，例如区分金融机构债权人和非金融机构债权人，因为不同群体之间利益冲突的本质和程度都会存在重大差异。同时，金融机构可以为债务人提供专项贷款，促成意思自治范围内债务清偿协议的达成。深圳个人破产申请前辅导取得了有益成效，未来此项辅导也可以由人民调解组织、行业调解组织、社会调解机构等完成，这些组织可以通过各种形式向债务人普及和辅导财务预算、债务解决、个人破产申请等方面知识。

　　我国的自然人债务庭外清理程序是前置型还是选择型，应综合考虑多方面因素。第一，庭外债务清理程序是否能有效地解决债务人和债权人之间的债务问题。如果时间拖延和成功率极低是主旋律，通常会带来人们对庭外债务清理的更多质疑。庭外和解程序的成功也不应简单地以达成清偿协议来衡量，而应考察是否能以负责任、持久的方式来解决个人债务困境。和解失败，也并非就没有任何效果。调解经验已经表明，即使调解尝试失败后，向法院提交的申请已有充分准备，对双方当事人的心理仍然会造成一定的冲击，案件进入庭内程序后通常处理起来更容易。法国庭外和解的成功率高，但是有许多和解协议没有最终执行完毕的情形。[2]第二，庭外程序是否在成本、便利、效率等方面有足够的诱惑力。庭内程序与庭外程序共存的同时，也存在庭内破产程序和庭外清理程序之间的竞争关系。20世纪初期，韩国建立了由金融机构组建的"信用恢复委员会"主导的庭外重组程序。因对法定破产程序的避讳，众多债务人适用了庭外重组。与此同时，法院通过迅速地债务免责与缩短个人重整程序偿还期以尽力克服破产程序带来的负面影响，与庭外程序相比，庭内程序的相关规定甚至对债务人更有利。因此，庭外重

---

〔1〕　See INSOL International, "Consumer Debt Report: Report of Findings and Recommendations"，载 https://paperzz.com/doc/8737881/consumer-debt-report---insol-international，最后访问日期：2024 年 8 月 2 日。

〔2〕　See Jan-Ocko Heuer, "Social Inclusion and Exclusion in European Consumer Bankruptcy Systems"，载 https://www.academia.edu/3992692，最后访问日期：2024 年 8 月 27 日。

组程序也持续性地向有利于债务人的方向改善。[1]在荷兰，由于正式破产程序提供了清晰、可预见的替代方案，债权人选择计划的意愿比较低。[2]波兰庭外程序的成本高，许多债务人无力负担庭外协议程序中的费用，因此债务人倾向于进入破产程序以获得债务清偿。[3]第三，破产法律文化的普及程度。深圳个人破产审判实践采取辅导程序前置，是基于自然人债务人财产范围的难以界定，负债状况通常缺乏系统性的记录，以及债务人对破产所需材料等的不清晰等原因，而且我国自然人债务人通常不会聘请律师完成破产事务。为了保证破产程序运行的效率，对债务人进行庭前辅导是必要的，庭前辅导过程中可以直接引导债务人与债权人达成债务清偿协议。辅导程序前置在提高纠纷解决的质量和效率、节约司法资源和成本方面发挥了积极作用，但是在一定程度上限制了当事人的程序选择自由。随着破产法律文化深入人心，破产咨询资源愈加丰富、易得且成本效益明显，此时充分尊重当事人的意思自治，选择性庭外债务清理程序或者简易案件庭外清理程序前置可能是合理性趋势。

---

[1] 参见吴守根、陈景善：《韩国个人破产制度实施现状、争议以及面临的课题》，载《中国政法大学学报》2020年第2期。

[2] 参见[美]杰森·J.吉伯恩：《个人破产法比较研究》，徐阳光、李丽丽译，法律出版社2022年版，第55-56页。

[3] See Monika Masnicka, Joanna Kruczalak-Jankowska, "Evolution of Consumer Bankruptcy in Poland: A Chance for a New Life for Insolvent Debtors?", *International Insolvency Review*, Vol. 31, No. 2., 2022, pp. 217-234.

自然人破产免责制度中的利益衡平

现代破产法下，自然人债务人进入破产程序的主要动机是获得债务的免责。[1]与其说免责制度是自然人破产制度的一部分，不如说免责制度发挥着自然人破产制度的核心功能。[2]然而，债务人的债务免除以债权人的清偿利益受损为代价，因此破产免责使得自然人破产法遭遇最大的伦理挑战。[3]2021年3月1日起生效实施的全国首部自然人破产地方性法规《深圳经济特区个人破产条例》，2020年12月2日浙江省高级人民法院印发的《浙江法院个人债务集中清理（类个人破产）工作指引（试行）》，以及浙江省台州市和温州市、江苏省苏州市吴江区等地方法院先后发布的个人债务清理工作实施方案均对破产免责制度[4]有所规定，但是在破产免责考察期的长短[5]、

---

〔1〕 自然人破产制度中的免责包括清算程序下的免责和重整程序下的免责，有些国家重整程序下的免责更宽松，如美国；有些国家重整程序下的免责与清算程序下的免责范围一致，如日本。本书着重讨论清算程序下的免责，也认为重整程序下的免责范围无需作特别规定。

〔2〕 参见［日］山本和彦：《日本倒产处理法入门》，金春等译，法律出版社2016年版，第110页。

〔3〕 See Jukka Kilpi, *The Ethics of bankruptcy*, Routledge Publishing, 1998, p. 12.

〔4〕 深圳以外地方法院的个人债务清理实践实质上只是执行中的和解，而非真正意义上的破产，因此也不存在破产免责。本书为了研究的方便将个人债务清理实践中的行为考察期等视为免责考察期。

〔5〕 《深圳经济特区个人破产条例》第95条规定的免责考察期为三年。根据《浙江法院个人债务集中清理（类个人破产）工作指引（试行）》第5条第2款规定"行为考察期为裁定终结个人债务集中清理程序后的五年"。浙江省台州市中级人民法院《执行程序转个人债务清理程序审理规程（暂行）》第57条第2款确定了四至六年的行为保全期。《温州市中级人民法院关于个人债务集中清理的实施意见（试行）》第34条、《苏州市吴江区人民法院关于个人债务清理的若干规定（试行）》第41条确定了一至六年的考察期间。

破产免责的范围、[1]破产免责考察期间的激励措施[2]等方面模式各异。展望我国必将到来的全国性自然人破产立法，破产免责制度设计时如何实现债权人和债务人的利益衡平是需要考量的重点。

一、自动免责抑或许可免责：利益衡平的逻辑起点

（一）破产免责的正当性

破产免责是债务必须履行这一传统规范的例外。作为例外，它需要压倒性的理由。[3]学者们提出了许多理论，以证明破产免责的正当性，例如鼓励债务人合作论，提振企业家精神论，风险分担论，社会保险论，发展政策论，债务人救济论，社会行为宽恕论，人性弱点纠正论，等等。道义论认为，信守承诺产生的道德义务是绝对的，因此合同义务是绝对的，[4]债务人应当履行合同约定的义务。然而，即使严格解释信守承诺的义务，也会出现债务人履行不能的情形。[5]在规范的实施过程中，一个法律体系不能把无力

---

〔1〕《深圳经济特区个人破产条例》第 97 条规定下列债务不得免除，"（一）因故意或者重大过失侵犯他人身体权或者生命权产生的损害赔偿金；（二）基于法定身份关系产生的赡养费、抚养费和扶养费等；（三）基于雇佣关系产生的报酬请求权和预付金返还请求权；（四）债务人知悉而未记载于债权债务清册的债务，但债权人明知人民法院裁定宣告债务人破产的除外；（五）恶意侵权行为产生的财产损害赔偿金；（六）债务人所欠税款；（七）因违法或者犯罪行为所欠的罚金类款项；（八）法律规定不得免除的其他债务。"《苏州市吴江区人民法院关于个人债务清理的若干规定（试行）》第 40 条确定下列债务属于不免责债务，"（一）罚款、罚金；（二）债务人因故意侵权行为产生的人身损害赔偿债务；（三）税款债务；（四）债务人因履行法定抚养、扶养义务的费用；（五）因不可归责于债权人的事由导致该债权人未申报债权，债务人对该债权清偿数额未达到已申报债权受偿比例的部分。"

〔2〕《深圳经济特区个人破产条例》《温州市中级人民法院关于个人债务集中清理的实施意见（试行）》《苏州市吴江区人民法院关于个人债务清理的若干规定（试行）》等通过清偿率与免责考察期的长短挂钩来激励债务人的积极清偿。浙江省台州市中级人民法院《执行程序转个人债务清理程序审理规程（暂行）》第 57 条第 1 款通过规定债务人在行为保全期内"经营所得在扣除基本生活费用后的 60%用于清偿债务"，另外 40%由债务人留存，以激励债务人在行为保全期间努力工作。

〔3〕 See Vibhooti Malhotra, *Debator's Discharge under United States Bankruptcy Code：Mechanisms and Consequences*, Social Science Electronic Publishing, 2010, p. 7.

〔4〕 See Charles Fried, *Contract as Promise：A Theory of Contractual Obligation*, Harvard University Press, 1981, pp. 16-17.

〔5〕 See Jukka Kilpi, *The Ethics of bankruptcy*, Routledge Publishing, 1998, p. 68.

实行看成是一件无关紧要的事情。[1]一个人不能做他/她不可能做到的事，"应当"（ought）意味着"能够"（can）。[2]如果强制要求债务人继续履行不能完成的债务，这样的道德义务是荒谬的。[3]免除债务人无力实现的清偿责任，从道义上来说，不应该受到质疑。无力清偿所导致的履行不能应是重新评估合同的情形之一。[4]

此外，破产免责政策体现了一种分配正义。根据罗尔斯分配正义理论中的差别原则，社会和经济的不平等安排应适合于最少受惠者的最大利益。[5]差别原则致力于调整社会结构，每个人的福利都依赖于一个社会合作体系，只有在其中人们才有可能获得满意的生活。天分较高者、处于社会有利地位者的让利和补偿，是维系社会合作体系的前提条件。[6]罗尔斯的理论反映了一种对最小受惠者的偏爱，他使社会的所有成员都能处于一种平等的地位，享受同样的权利。[7]由于各种自然和社会因素存在差别与不平等，致使债务人陷入无力偿债的困境，破产免责通过设计某种补偿将财富从所谓的幸运债权人重新分配给不幸运的债务人，减少社会偶然因素和自然因素对债务人的影响，为债权债务关系中的最少受惠者——不幸运的债务人谋取最大限度的利益。

破产免责政策释放了个人债务人的生产力。无论是商自然人还是消费者，清偿无望的债务的长期羁绊，使得他们失去了继续努力工作的动力。有效的破产免责制度带来的好处之一，就是让绝望的债务人重新振作，投入积

---

〔1〕　参见［美］约翰·罗尔斯：《正义论》（修订版），何怀宏等译，中国社会科学出版社2009年版，第464-465页。

〔2〕　参见［美］约翰·罗尔斯：《正义论》（修订版），何怀宏等译，中国社会科学出版社2009年版，第465页。

〔3〕　See Jukka Kilpi, *The Ethics of bankruptcy*, Routledge Publishing, 1998, p. 68.

〔4〕　See Jukka Kilpi, *The Ethics of bankruptcy*, Routledge Publishing, 1998, p. 69.

〔5〕　参见何怀宏：《正义理论导引：以罗尔斯为中心》，北京师范大学出版社2015年版，第215页。

〔6〕　参见何怀宏：《正义理论导引：以罗尔斯为中心》，北京师范大学出版社2015年版，第220页。

〔7〕　参见何怀宏：《正义理论导引：以罗尔斯为中心》，北京师范大学出版社2015年版，第219页。

极的社会生活。[1]消除债权人带来的压力不仅鼓励了常规的生产收入，也增强了债务人的创造力，甚至是创业的意愿和渴望。当债务人得知他们能够享受自己创造性事业的大部分价值时，债务人就更有可能赚到超过仅维持自己生计的收入，并且将他们的收入最大化，间接地也为社会创造了最大化收益。[2]

（二）　自动免责与许可免责的立法例

自动免责的观点认为，经济活动中失败的债务人，无须经过清偿方案的履行、法院的许可而直接从债务中解脱出来，这也是免责的最有效形式。[3]美国1970年修改了之前债务人提出免责申请才能获得免责的要求，个人债务人无需主动采取任何积极行动就要可以获得免责。[4]事实证明，免责方式的这种巨大转变是自然人破产改革史上对债务人最重要的好处之一。[5]在《美国破产法》第7章程序中，除去《联邦破产程序规则》中的特定例外，破产法院将在免责异议期间或驳回申请期满之时"立即"自动地对个人债务人赋予免责。[6]美国的法院对债务人是否可以获得破产免责没有自由裁量权，因为法律已经相当明确地阐明了免责方面的规则。法院只是对涉及破产免责的争议事项作出裁定。作为一种文化，美国重视人们愿意冒着风险获得成功的意愿。[7]因此破产被视为正常的、可接受的现象，美国的破产立法也

---

〔1〕　参见自然人破产处理工作小组起草：《世界银行自然人破产问题处理报告》，殷慧芬、张达译，中国政法大学出版社2016年版，第47页。

〔2〕　参见自然人破产处理工作小组起草：《世界银行自然人破产问题处理报告》，殷慧芬、张达译，中国政法大学出版社2016年版，第47-48页。

〔3〕　参见自然人破产处理工作小组起草：《世界银行自然人破产问题处理报告》，殷慧芬、张达译，中国政法大学出版社2016年版，第141页。

〔4〕　See Charles J. Tabb, "The Top Twenty Issues in the History of Consumer Bankruptcy", *University of Lllinois Law Review*, Vol. 2007, No. 1., 2007, pp. 9-29.

〔5〕　See Charles J. Tabb, "The Top Twenty Issues in the History of Consumer Bankruptcy", *University of Lllinois Law Review*, Vol. 2007, No. 1., 2007, pp. 9-29.

〔6〕　参见［美］查尔斯・J. 泰步：《美国破产法新论》，韩长印等译，中国政法大学出版社2017年版，第1100页。

〔7〕　See Nathalie Martin, "The Role of History and Culture in Developing Bankruptcy and Insolvency Systems：The Perils of Legal Transplantation", *Boston College International and Comparative Law Review*, Vol. 28, No. 1., 2005, pp. 1-78.

体现了便利和效率的精神。自动免责就意味着要在最短的时间内清算破产财产、清偿债务，通过迅速为债务人提供新的财务起点，鼓励人们去冒险创业。[1]

　　破产免责已被证明是自然人破产史上对债务人最重要的利益改革，但是容易诱发道德风险。[2]对诚实的债务人来说，免除债务的唯一好处应是他再次被视为一个自主的人，从而可以依赖于他作为人的身份，而不是依赖债权人的任何应得利益；当债务人意图受益于债权人的应得利益时，债务人就涉嫌欺诈。[3]在几乎所有曾经存在过的制度中，都存在着债务人欺诈的个案。[4]决策者长期以来也一直担心破产成为不诚实者的避风港。[5]即便在今天，多数其他"文明"国家都未能像美国一样对债务的破产免责持如此开放的态度。大多数制度拒绝自动免责的概念。[6]许可免责制度中又有重生手段说和特典说之分。重生手段说认为破产免责赋予债务人经济上东山再起的机会。根据该观点，免责是原则上理应出现的情况，应给予免责制度更大适用空间。[7]特典说认为破产免责是对协助破产程序的诚实破产人赋予的特别恩典。根据该观点，赋予免责的应是极为特殊的案件，应严格地控制免责许可。[8]《日本破产法》第1条规定破产法的目的是"……确保债务人得到经济重生的机会"。没有免责不许可事由的，应当许可免责。即便存在免责不许可事由，但情节轻微的，法院可以依裁量权来决定是否给予破产人免责许

　　〔1〕　See Jukka Kilpi, *The Ethics of bankruptcy*, Routledge Publishing, 1998, p.130.

　　〔2〕　See Charles J. Tabb, "The Top Twenty Issues in the History of Consumer Bankruptcy", *University of Lllinois Law Review*, Vol.2007, No.1., 2007, pp.9-29.

　　〔3〕　See Jukka Kilpi, *The Ethics of bankruptcy*, Routledge Publishing, 1998, p.108.

　　〔4〕　参见自然人破产处理工作小组起草：《世界银行自然人破产问题处理报告》，殷慧芬、张达译，中国政法大学出版社2016年版，第53页。

　　〔5〕　参见自然人破产处理工作小组起草：《世界银行自然人破产问题处理报告》，殷慧芬、张达译，中国政法大学出版社2016年版，第52页。

　　〔6〕　参见自然人破产处理工作小组起草：《世界银行自然人破产问题处理报告》，殷慧芬、张达译，中国政法大学出版社2016年版，第141页。

　　〔7〕　参见［日〕山本和彦：《日本倒产处理法入门》，金春等译，法律出版社2016年版，第111页。

　　〔8〕　参见［日〕山本和彦：《日本倒产处理法入门》，金春等译，法律出版社2016年版，第111页。

可。[1] 一般来说，债务人获得免责许可的比例很高。[2] 特典说认为，轻易地赋予免责会导致债务人的信用低下和道德危机。[3] 持特典说的制度往往要求，或至少期待债务人支付一定的最低还款额作为获得免责的前提条件，如奥地利 2017 年修法前的严苛免责制度。

（三）法院许可免责模式应是我国更为可行的选择

从债务人的角度来看，最理想的情况是，在特定期间届满时自动免除债务，无需法院申请或行政程序。这为债务人和债权人带来了确定性，并降低了与行政程序和法院申请相关的成本。[4] 但是，自动免责模式将向债权人传递债务人很容易摆脱债务责任的信号，也会鼓励债务人不认真对待其财务义务，使得债务人失去在管理财产和清偿债务方面与管理人合作的动力。[5] 其他国家和地区的立法史表明，自动免责的引入将大幅增加破产案件数量。[6] 因此，许可免责模式更贴近我国国情。

从历史角度分析，许可免责模式经历了债权人同意、最低清偿比例、法院许可的演进历程。进入近现代社会以后，以救济债务人为基本功能的破产免责成为自然人破产法的核心政策目标。然而，公平清偿债权人始终是自然人破产立法追求的目标，债权人甚至很长一段时间内是破产程序的主导者，他们申请债务人破产，选任破产管理人，并决定债务人是否可以获得免责。[7] 1705 年英国安娜法开始允许商人的破产免责，此时的破产免责在于促使债务

---

〔1〕 参见［日］山本和彦：《日本倒产处理法入门》，金春等译，法律出版社 2016 年版，第 114 页。

〔2〕 See Stacey Leanne STEELE, JIN Chun, "Some Suggestionsfrom Japanfor Reforming Australia Personal Bankruptcy Law", *QUT Law Review*, Vol. 17, 2017, pp. 74–96.

〔3〕 参见［日］山本和彦：《日本倒产处理法入门》，金春等译，法律出版社 2016 年版，第 111 页。

〔4〕 See S. Chandra MOHAN, "Balancing Competing Interests in Bankruptcy: Discharge by Certificate of the Official Assignee in Singapore", *Singapore Academy of Law Journal*, Vol. 20, 2008, pp. 464–494.

〔5〕 See Aaron Kok, "Automatic Discharge: The Panacea to Our Bankruptcy Woes", *Singapore Law Review*, Vol. 24, 2004, pp. 204–212.

〔6〕 See Aaron Kok, "Automatic Discharge: The Panacea to Our Bankruptcy Woes", *Singapore Law Review*, Vol. 24, 2004, pp. 204–212.

〔7〕 See Charles J. Tabb, "The Top Twenty Issues in the History of Consumer Bankruptcy", *University of Lllinois Law Review*, Vol. 2007, No. 1., 2007, pp. 9–29.

人公示其财产，以维护破产债权人的利益。1706 年增加了债权人同意条款作为授予免责的先决条件。[1]债务免责必须获得 4/5 以上债权人的同意，这样的规定几乎限制了免责的实施。此规定直到 1842 年才废止。[2]第一部美国破产法案，即 1800 年破产法，要求 2/3 以上的债权人同意，且所持债权额占到债权总额的 2/3 以上。1841 年破产法中自愿破产的引入，是第一次影响到债权人控制权的重大事件。[3]此时债务人获得破产免责的条件有所放宽，但也需得到不少于 1/2 的债权人且代表 1/2 债权额的债权人同意，只是债权人是否同意的判断标准发生了变化，债权人没有主动提出书面异议的视为同意，无需获得债权人的肯定同意。[4]1898 年法案完全取消了债权人同意作为债务人获得免责的要求，认为债务人通过破产制度迅速有效地重新融入经济生活是至关重要的，债权人仅享有异议权。[5]

除了债权人同意外，最低清偿比例也经常是债务人获得免责的条件。债权人同意是由债权人来主观决定债务人是否已尽力清偿，最低受偿比例的要求则采用了客观计量标准。[6]美国 1867 年破产法很好地说明了这两个概念之间的紧密联系，该法案免除了在清偿足够比例债务时债权人同意的必要性。[7]1867 年破产法规定，债务人获得免责需以完成 50% 的债务清偿或者多数债权人同意为先决条件。债务人清偿 50% 债务后就无需以债权人同意作

〔1〕　See Charles J. Tabb, "The Top Twenty Issues in the History of Consumer Bankruptcy", *University of Lllinois Law Review*, Vol. 2007, No. 1., 2007, pp. 9-29.

〔2〕　See John C. McCoid, "Discharge: The Most Important Development in Bankruptcy History", *American Bankruptcy Law Journal*, Vol. 70, 1996, pp. 163-194.

〔3〕　See Tabb Charles Jordan, "The Top Twenty Issues in the History of Consumer Bankruptcy", *University of Lllinois Law Review*, Vol. 2007, No. 1., 2007, pp. 9-29.

〔4〕　See Charles J. Tabb, "The History of the Bankruptcy Laws in the United States", *American Bankruptcy Institute Law Review*, Vol. 3, No. 5., 1995, pp. 5-52.

〔5〕　See Charles J. Tabb, "The Historical Evolution of the Bankruptcy Discharge", *American Bankruptcy Law Journal*, Vol. 65, 1991, pp. 325-372.

〔6〕　See Charles J. Tabb, "The Top Twenty Issues in the History of Consumer Bankruptcy", *University of Lllinois Law Review*, Vol. 2007, No. 1., 2007, pp. 9-29.

〔7〕　See Charles J. Tabb, "The Historical Evolution of the Bankruptcy Discharge", *American Bankruptcy Law Journal*, Vol. 65, 1991, pp. 325-372.

为获得免责的条件，这是对早期债权人同意规则的改进。[1]从 1898 年起，美国的自然人获得免责不再以债权人的同意（债权人的意愿）或最低受偿比例（债务人的财产价值）作为先决条件，[2]债务人是否诚实行事才是决定其是否可以被免责的决定性因素。[3]但直到最近，少数制度仍要求，或至少期待债务人支付的某种最低还款额作为获得免责的前提条件。[4]瑞典的企业主们获得免责的条件是，他们必须证明能够在每个日历季度至少清偿 6500 瑞典克朗，他们是"认真的"（serious）企业家，没有"不负责任"（irresponsible）地开展业务。[5]奥地利自 1995 年起实施自然人破产以来的 20 年间，始终要求 7 年结束之时，债务人只有在偿还了管理费用并清偿了至少 10%的无担保债权时，方可获得免责。2017 年 11 月 1 日法律修正案生效，奥地利立法者取消了 10%的最低清偿要求，减轻了支付管理费用的负担，并将获得免责的期限从 7 年降低至 5 年。在 5 年[6]清偿计划期限结束时，无论债务人是否支付了费用并向债权人提供了最低额清偿，法院都会免除其责任。[7]

债权人同意条款，表明债权人的利益是最重要的，[8]但严重削弱了破产

---

[1] See Charles J. Tabb, "The Historical Evolution of the Bankruptcy Discharge", *American Bankruptcy Law Journal*, Vol. 65, 1991, pp. 325-372.

[2] See Charles J. Tabb, "The Historical Evolution of the Bankruptcy Discharge", *American Bankruptcy Law Journal*, Vol. 65, 1991, pp. 325-372.

[3] See Charles J. Tabb, "The Historical Evolution of the Bankruptcy Discharge", *American Bankruptcy Law Journal*, Vol. 65, 1991, pp. 325-372.

[4] 参见自然人破产处理工作小组起草：《世界银行自然人破产问题处理报告》，殷慧芬、张达译，中国政法大学出版社 2016 年版，第 142 页。

[5] See World Bank Group Insolvency and Creditor/Debtor Regimes Task Force，载 http://documents. shihang. org/curated/zh/989581537265261393/Saving-Entrepreneurs-Saving-Enterprises-Proposals-on-the-Treatment-of-MSME-Insolvency，最后访问日期：2024 年 8 月 31 日。

[6] 欧洲理事会（European Council）于 2019 年 6 月 20 日通过了《预防性重建指令》（the Preventive Restructuring Directives）（2019/1023/EU），根据该指令第 21 条，企业主的免责期间不能超过 3 年。欧盟成员国需于 2021 年 7 月 17 日之前将指令内容转换为本国法律，执行中遇到特殊困难的国家，转换期限可再延长 1 年。

[7] See Jason J. Kilborn, "The Rise and Fall of Fear and Abuse in Consumer Bankruptcy：Most Recent Comparative Evidencefrom Europe and beyond", *Tex. Law Review*, Vol. 96, 2018, pp. 1327-1352.

[8] See Charles J. Tabb, "The Historical Evolution of the Bankruptcy Discharge", *American Bankruptcy Law Journal*, Vol. 3, No. 65., 1991, pp. 325-372.

免责的有利影响。[1]债权人完全自行决定同意或拒绝免责，很难阻止债权人出于与债务人破产无关的原因而行使拒绝同意的绝对权力，立法机关旨在保护债权人真正利益的措施也被演绎成了一种压迫手段和敲诈手段。[2]法院作出许可免责裁定的依据，如拒绝免责理由和免责例外情形等应有明确的规则，最大可能地排除法官职权的自由裁量。[3]许多债务人只有很少的财产，收入也很低，因此受偿率不宜作为许可免责的条件。最低清偿比例规则必然产生不良的结果：大量"诚实而不幸"的债务人因无法向债权人作出最低清偿而被拒绝免责。[4]事实上，良好的偿付道德比债权人的清偿利益更重要。[5]

二、破产免责的范围：利益衡平的体系架构

大多数自然人破产案件都是简单的。[6]自然人破产法律制度之所以复杂，是因为人们必须以某种方式将诚实而不幸的债务人与滥用该制度的债务人区分开来。[7]正如保险制度没有因存在道德风险与逆向选择而被抛弃一样，自然人破产制度也可以设计全面而细致的规则限制道德风险，防止该项制度被滥用。[8]

（一）不是所有的债务人都可以获得免责

破产不等于免责。破产程序的本质特征是公平清偿，通过一次性考虑所有债权人的利益，保证在所有债权人之间实现可得价值的公平分配，[9]自然

---

〔1〕　See Tabb Charles Jordan, "The History of the Bankruptcy Laws in the United States", *American Bankruptcy Institute Law Review*, Vol. 3, No. 1., 1995, pp. 5–52.

〔2〕　See Edward S. Roscoe, *The Growth ofEnglish Law*, Trieste Publishing, 1991, p. 176.

〔3〕　参见自然人破产处理工作小组起草：《世界银行自然人破产问题处理报告》，殷慧芬、张达译，中国政法大学出版社2016年版，第142页。

〔4〕　参见［日］山本和彦：《日本倒产处理法入门》，金春等译，法律出版社2016年版，第142页。

〔5〕　See Jan C. Van Apeldoorn, "The Fresh Startfor Individual Debtors: Social, Moral and Practical Issues", *International Insolvency Review*, Vol. 17, 2008, pp. 57–72.

〔6〕　See Douglas G. Baird, *The Elements of Bankruptcy*, Foundation Press, 1993, p. 35.

〔7〕　See Douglas G. Baird, *The Elements of Bankruptcy*, Foundation Press, 1993, p. 35.

〔8〕　See Douglas G. Baird, *The Elements of Bankruptcy*, Foundation Press, 1993, pp. 32–34.

〔9〕　参见自然人破产处理工作小组起草：《世界银行自然人破产问题处理报告》，殷慧芬、张达译，中国政法大学出版社2016年版，第30页。

人破产程序亦是如此。虽然现代自然人破产制度的主要目的之一是重建债务人的经济能力，[1]但是只有在财务上诚实可信的债务人才有资格获得全新开始的待遇。[2]根据浙江省台州市中级人民法院发布的《个人债务清理审判报告》，2019 年以来，该法院共受理个人债务清理案件 146 件，审结 119 件。其中经管理人债务清理，认定债务人存在失信及不配合债务清理行为的共 46 件，约占总审结数的 39%。[3]为预防欺诈，债务人应在破产程序中披露其经济事务，有故意隐瞒财产、承认虚假债务、破产犯罪、销毁或伪造财务账簿、拒绝配合法院调查等不诚信行为的，都会被拒绝免责。[4]《美国破产法》第 707（a）条列举了 12 类不予免责的事由，包括只实际欺诈转让；无正当理由而未能保存簿册与记录；破产犯罪；财产损失原因不明；拒绝作证或拒不遵守法院命令；内部人员的禁止行为；连续免责的时间限制；未能完成个人财务管理课程等。《德国破产法》《日本破产法》也是以列举的方式表明破产犯罪、提供虚假财务信息等是债务人被拒绝免责的理由。《深圳经济特区个人破产条例》第 98 条以列举加兜底条款的方式规定了拒绝免责的情形。

　　大多数国家第二次破产免责申请只能在第一次申请几年之后，另有一些国家禁止二次破产。[5]因为经常性地寻求免责救济本身是一种不当行为。一个债务人寻求在几年内免责两次，至少在经济上是过于疏忽的。[6]美国禁止获得免责的债务人在 8 年内再次被免责；德国规定第二次破产免责的获得要间隔 10 年。浙江省台州市发布的个人债务清理典型案例中，债务人洪某短

---

　　[1]　参见自然人破产处理工作小组起草：《世界银行自然人破产问题处理报告》，殷慧芬、张达译，中国政法大学出版社 2016 年版，第 140 页。

　　[2]　参见［美］查尔斯·J. 泰步：《美国破产法新论》，韩长印等译，中国政法大学出版社 2017 年版，第 1036 页。

　　[3]　参见浙江省台州市中级人民法院：《台州法院个人债务清理审判报告暨典型案例》，载 ht-tp://www.zjtz.gov.cn/art/2021/4/1/art_1229423986_59040086.html，最后访问日期：2023 年 4 月 17 日。

　　[4]　See Charles J. Tabb, "The Top Twenty Issues in the History of Consumer Bankruptcy", *University of Illinois Law Review*, Vol. 2007, No. 1., 2007, pp. 9-29.

　　[5]　参见自然人破产处理工作小组起草：《世界银行自然人破产问题处理报告》，殷慧芬、张达译，中国政法大学出版社 2016 年版，第 143 页。

　　[6]　See Jonathon S. Byington, "The Fresh Start Canon", *Florida Law Review*, Vol. 69, 2017, pp. 115-150.

期内申请个人债务清理两次，均因不诚信行为被法院裁定终结债务清理程序，[1]也证明了法律作出相应规定的必要性。

（二）　不是所有的债务都可以获得免责

债务人获得了对其所负债务的概括免责，也不意味着其可以全面地享有财务上的全新开始。破产救济的重点主要集中在市场交易产生的债务，[2]非市场背景下产生的债务在许多制度中被排除在概括免责的范围之外，其所对应的债权人在破产程序终结后可以继续向债务人主张债权。[3]最重要和最常见的免责例外，适用于对孩子的抚养费，以及对配偶的扶养义务。这类债务的债务人不能有效地转移损失，而且剥夺孩子和配偶要求扶养的请求权，会危及他们的基本福利。[4]另一种相当普遍的免责例外是作为犯罪后果的罚金和其他义务。破产救济旨在为"诚实而不幸"的债务人提供救济，这里的债务人应是超出其控制的、不稳定的经济和社会条件的受害者。与罚金相关的刑罚债务被普遍认为不属于这一范式。[5]有少数的制度也排除了与民事侵权相关的人身伤害或财产损害所产生的赔偿债务。被排除的侵权债务往往是基于一定程度的有罪行为，如醉酒或罔顾他人福利而产生。[6]税收和其他政府优惠政策在许多国家属于不可免责的债务。这与家庭抚养债务不可免责一样：税收和政府债务是公民支持社会的基本义务的一部分。[7]最近几年，一

---

〔1〕　参见浙江省台州市中级人民法院：《台州法院个人债务清理审判报告暨典型案例》，载 http://www.zjtz.gov.cn/art/2021/4/1/art_1229423986_59040086.html，最后访问日期：2023 年 4 月 17 日。

〔2〕　参见自然人破产处理工作小组起草：《世界银行自然人破产问题处理报告》，殷慧芬、张达译，中国政法大学出版社 2016 年版，第 146 页。

〔3〕　参见［美］查尔斯·J. 泰步：《美国破产法新论》，韩长印等译，中国政法大学出版社 2017 年版，第 1061 页。

〔4〕　参见自然人破产处理工作小组起草：《世界银行自然人破产问题处理报告》，殷慧芬、张达译，中国政法大学出版社 2016 年版，第 145 页。

〔5〕　参见自然人破产处理工作小组起草：《世界银行自然人破产问题处理报告》，殷慧芬、张达译，中国政法大学出版社 2016 年版，第 146 页。

〔6〕　参见自然人破产处理工作小组起草：《世界银行自然人破产问题处理报告》，殷慧芬、张达译，中国政法大学出版社 2016 年版，第 146 页。

〔7〕　参见自然人破产处理工作小组起草：《世界银行自然人破产问题处理报告》，殷慧芬、张达译，中国政法大学出版社 2016 年版，第 147 页。

些国家，如法国，基于一些原因废除了税收及其他政府债务的特殊优先权和免责例外：一是税收经常是导致债务人破产的最大额债务，尤其是在小企业主破产的案件里；二是即使税收不可以免责，也可以优先于其他债权受偿。[1]不可免责的债务类型宜多还是宜少，并没有一个确定的答案。德国不可免责的债务类型只有4项，而《美国破产法》中不可免责的债务有20余项之多。免责例外的背后，是各国立法者不同的政策性考量。不可免责的债务类型选择需要与破产制度本身的严格与宽松平衡。美国20余项不可免责的债务背后是及时的当然免责，而德国的免责期间要更长。[2]破产免责条件和破产免责期限已经严格的国家，破产免责的例外情形不宜过多，否则破产制度实现债务人复原目标的效果就越差。[3]如果债务人因为要继续履行破产中的不可免责债务而反复陷入过度负债，这就有悖于破产法的立法目标。

免责的例外情况应仔细限制和具体确定。[4]我国制度建立初期破产免责的条件和破产免责的期限应该严格，不可免责的债务类型不宜过多，可将罚款、罚金、税收这些性质上不宜被免责的公法债务，赡养费、抚养费、扶养费类具有鲜明的人身权利属性的债务，恶意侵权之债尤其是故意侵犯他人生命权或身体权的人身损害赔偿之债等列为不可免责之债。我国内地的学生贷款主要由国家助学贷款承担，以鼓励贫困生接受高等教育，能够成功申请贷款的同学比例少之又少，不同于英美国家助学贷款比较普遍的社会事实。"诚实而不幸"的债务人所欠学生贷款不宜作为不可免责之债。[5]

（三）免责的效力并非一成不变

为了避免免责的滥用，已经生效的破产免责裁定可以被撤销。各国关于

---

〔1〕 参见自然人破产处理工作小组起草：《世界银行自然人破产问题处理报告》，殷慧芬、张达译，中国政法大学出版社2016年版，第147页。

〔2〕 根据欧洲理事会《预防性重建指令》要求，德国免责考察期由6年缩短至3年。

〔3〕 参见自然人破产处理工作小组起草：《世界银行自然人破产问题处理报告》，殷慧芬、张达译，中国政法大学出版社2016年版，第145页。

〔4〕 See Jason J. Kilborn, "The Rise and Fall of Fear and Abuse in Consumer Bankruptcy: Most Recent Comparative Evidence from Europe and beyond", *Tex. Law Review*, Vol. 96, 2018, pp. 1327-1352.

〔5〕 参见金春：《个人破产立法与企业经营者保证责任研究》，载《南大法学》2020年第2期。

破产免责被撤销的条件与申请免责的条件相比要更为严格，撤销的申请也必须是在法律规定的一定期间（如一年）内提出，以维护民事法律关系的稳定性。撤销免责的条件通常是事后发现债务人获得免责时有故意欺诈行为或其他破产犯罪行为。有欺诈行为的，撤销的申请由债权人或有利害关系的第三人在法律规定的期间内提出。日本法律甚至规定法院可在债务人有破产犯罪行为时依职权撤销免责。法院作出撤销破产免责的裁定后，债务人须继续清偿所有尚未偿还的债务。

我国破产免责撤销条款的设计要充分尊重大众担心债务人利用破产免责逃债的心理，撤销事由可与免责条件一致，免责撤销期间可适当延长至5年，甚至可以考虑免责裁定的撤销不受时间限制，如《深圳经济特区个人破产条例》第103条的规定。

三、破产免责考察期的长短：利益衡平的集中体现

（一）破产免责考察期长短的立法例

无力清偿债务的债务人进入破产程序后多长时间能够获得免责并没有标准答案。美国是通过自动免责来保护经济上无力偿债个人的生活前景的典型代表。除非有特别指定的不可撤销的债权，或者有证据证明债务人有某些被禁止的行为，债务人将大约在破产申请开始后的四个月获得免责。[1]英国1976年建立了自动免责制度，破产人自破产宣告之日起逾5年自动免责；1986年自动免责期限缩短为3年；今天的个人债务人在12个月后获得免责。[2]在加拿大，大多数第一次提出破产申请的个人债务人将在破产申请开始后9个月内自动获得免责，如果债务人的剩余收入超过了政府规定的最低限额，债务人将在21个月后获得自动免责。如果债务人是第二次破产，破产免责期限将是24个月（没有剩余收入）或者36个月（有剩余收入）。澳大利亚的债务人一般将在破产程序开始3年后自动获得免责。

---

〔1〕　参见［日］山本和彦：《日本倒产处理法入门》，金春等译，法律出版社2016年版，第111页。

〔2〕　See S. Chandra MOHAN, "Balancing Competing Interests in Bankruptcy: Discharge by Certificate of the Oficial Assignee in Singapore", *Singapore Academy of Law Journal*, Vol. 20, 2008, pp. 464-494.

多数国家（地区）根据司法自由裁量权来决定是否给予债务免除。《日本破产法》采取了许可免责制度，但债务人一般在进入破产程序后 3、4 个月左右即可获得免责。[1]《香港破产法》对以前曾被判定破产的人和未判定破产的人获得免责的条件规定有所区别：以前从未被判定破产的债务人自破产开始起计的 4 年期获得免责；[2]以前曾被判定破产的债务人自破产开始起计的 5 年期获得免责。

（二）破产免责考察期长短的重新审视

大陆法系的破产法具有债权人本位意识严重的特点，认为给予债务人破产的机会，就已经给予了债务人相当的恩惠，普遍推行破产不免责主义。[3]直到 20 世纪 80、90 年代，基于信用消费的大幅扩张和资本的自由化，无法偿还债务的债务人数量大幅增加，破产免责制度才被引入。[4]

丹麦是最早引入破产免责制度的欧洲大陆国家，但立法者明确表示担忧这一制度会破坏个人清偿道德，因此在免责救济的启动和终结方面均设定了严格的控制机制。[5]《丹麦破产法》不仅否认欺诈或机会主义情形下的免责，而且否认过度乐观的消费者善意地承担了不成比例的债务情形下的免责。[6]对于少数能够清除以上两大障碍的债务人，丹麦法律赋予了法院对债务人债务免责计划的自由裁量权。丹麦法院普遍会确定 5 年的清偿期限。[7]严格的准入条件，致使许多企业主的破产免责申请被拒绝。丹麦政府继而启

---

〔1〕 See Stacey Leanne STEELE, JIN Chun, "Some Suggestionsfrom Japanfor Reforming Australia s' Personal Bankruptcy Law", *QUT Law Review*, Vol. 17, 2017, pp. 74-96.

〔2〕 香港地区于 1998 年将破产免责期限从 8 年缩短到 4 年。

〔3〕 See Giacomo Rojas Elgueta, "The Paradoxical Bankruptcy Discharge: Rereading the Common Law-Civil Law Relationship", *Fordham Journal of Corporate & Financial Law*, Vol. 19, 2014, pp. 293-342.

〔4〕 See Iain Ramsay, *Personal Insolvency in the 21st Century: A Comparative Analysis of the US and Europe*, Hart Publishing, 2017, p. 5.

〔5〕 See Iain Ramsay, *Personal Insolvency in the 21st Century: A Comparative Analysis of the US and Europe*, Hart Publishing, 2017, p. 5.

〔6〕 See Jason J. Kilborn, "Twenty-five Years Ofconsumer Bankruptcy in Continental Europe: Internalizing Negative Externalities and Humanizing Justice in Denmark", *International Insolvency Review*, Vol. 18, 2010, pp. 155-185.

〔7〕 See Jason J. Kilborn, "Twenty-five Years of Consumer Bankruptcy in Continental Europe: Internalizing Negative Externalities and Humanizing Justice in Denmark", *International Insolvency Review*, Vol. 18, 2010, pp. 155-185.

动了破产程序的改革。2005 年改革完成之后，《丹麦破产法》放宽了企业主的准入通道，缩短了清偿期限，商人经过 3 年的债务清偿后可获得免责，消费者仍要经过 5 年的债务偿还期。[1]

1999 年之前的《德国破产法》适用于自然人，但采取不免责主义，破产程序结束后债权人有无限追偿权，可以继续主张没有实现的债权。当时破产法的重点是便利执行债权人的债权，而不是免除诚实债务人的沉重债务负担。[2]没有免责制度的破产体系下，自然人破产案件鲜有发生。[3]1999 年之后，免责制度的引入才基本改变了这一状况。[4]德国的免责模式被称为"挣得的全新开始"（earned fresh start），个人债务人必须经历 6 年的努力清偿期并表现良好才能获得免责。[5]21 世纪初期，中欧和西欧的一些欧盟新成员国通过的自然人破产法，通常借鉴德国模式。[6]

欧洲大陆国家 20 世纪 80 年代以来破产免责制度的发展体现了最初的免责理念。[7]这也是一个全新的、更深入地看待破产免责制度的机会，重新评估美国破产免责制度发展的有效性。[8]这些欧洲国家引入破产免责制度时先入为主的观点是避免欺诈和机会主义行为，因而对免责救济采取了非常严格的限制条件和要求，普遍认为至少几年的破产免责期适合制裁商业上的违约

〔1〕　See Jason J. Kilborn, "Twenty-five Years of Consumer Bankruptcy in Continental Europe: Internalizing Negative Externalities and Humanizing Justice in Denmark", *International Insolvency Review*, Vol. 18, 2010, pp. 155-185.

〔2〕　参见马丁·阿伦斯：《德国自然人破产法改革》，李步先译，载方小敏主编：《中德法学论坛》（第 13 辑），法律出版社 2016 年版，第 76-77 页。

〔3〕　参见马丁·阿伦斯：《德国自然人破产法改革》，李步先译，载方小敏主编：《中德法学论坛》（第 13 辑），法律出版社 2016 年版，第 77 页。

〔4〕　参见马丁·阿伦斯：《德国自然人破产法改革》，李步先译，载方小敏主编：《中德法学论坛》（第 13 辑），法律出版社 2016 年版，第 77 页。

〔5〕　德国的破产免责期间已缩短至 3 年。

〔6〕　See Iain Ramsay, *Personal Insolvency in the 21st Century: A Comparative Analysis of the US and Europe*, Hart Publishing, 2017, p. 5.

〔7〕　See Giacomo Rojas Elgueta, "The Paradoxical Bankruptcy Discharge: Rereading the Common Law-Civil Law Relationship", *Fordham Journal of Corporate & Financial Law*, Vol. 19, 2014, pp. 293-342.

〔8〕　See Giacomo Rojas Elgueta, "The Paradoxical Bankruptcy Discharge: Rereading the Common Law-Civil Law Relationship", *Fordham Journal of Corporate & Financial Law*, Vol. 19, 2014, pp. 293-342.

行为。[1]随着时间的推移，欧洲的自然人破产实践逐渐向美国模式转变，即采用更自由和更开放的免责救济模式。[2]过去的30年间，欧洲大陆破产免责制度的明显演进趋势是更短的免责期间（多为3年）和更低的门槛，人们对制度滥用的恐惧程度逐渐降低，使免责通道变得狭窄和繁重的裁量或法定机制逐渐减少。[3]尤其是2008年经济大衰退以来，欧盟一直奉行促进经济增长的政策。欧洲理事会于2019年6月20日通过的《预防性重建指令》（The Preventive Restructuring Directives）（2019/1023/EU）甚至明确要求成员国内企业主的免责考察期不能超过3年。

（三）我国破产免责考察期不宜过短

破产免责之所以重要，不在于一个全新概念的发明，而在于将破产从清偿债务的工具转变为让债务人从中获得普遍利益的法定和解方案。[4]纵观各国立法，自然人破产路径的选择受到政策导向、价值观念、文化偏好以及法律传统等因素的影响，[5]处理方式实难统一，但从历史的角度考察，每一个国家，无论是采取严格模式的德国，还是今天对债务人最为宽松的美国，破产立法理念都经历了从债权人导向，到债权人和债务人并重，再到债务人导向的演进趋势。一部良好的自然人破产法必须合理、有效地协调债权人、债务人的利益，对于免责考察期的设定持谨慎态度。

《深圳经济特区个人破产条例》关于3年破产免责考察期的规定，应该更多是从鼓励创新、宽容失败的角度出发。免责考察期短一些当然可能让债务人及时重生，但是也会带来债务人对合同义务的不尊重，以及金融机构的谨慎放贷等新的社会问题，这同样会从另外一方面影响到债务人的重生。社

〔1〕 See Giacomo Rojas Elgueta, "The Paradoxical Bankruptcy Discharge: Rereading the Common Law-Civil Law Relationship", *Fordham Journal of Corporate & Financial Law*, Vol. 19, 2014, pp. 293–342.

〔2〕 See Jason J. Kilborn, "The Rise and Fall of Fear and Abuse in Consumer Bankruptcy: MostRecent Comparative Evidencefrom Europe and beyond", *Tex. Law Review*, Vol. 96, 2018, pp. 1327–1352.

〔3〕 See Jason J. Kilborn, "The Rise and Fall of Fear and Abuse in Consumer Bankruptcy: MostRecent Comparative Evidencefrom Europe and beyond", *Tex. Law Review*, Vol. 96, 2018, pp. 1327–1352.

〔4〕 See John C. McCoid, "Discharge: The Most Important Development in Bankruptcy History", *American Bankruptcy Law Journal*, Vol. 70, 1996, pp. 163–194.

〔5〕 参见自然人破产处理工作小组起草:《世界银行自然人破产问题处理报告》，殷慧芬、张达译，中国政法大学出版社2016年版，第3-4页。

会大众的心理接受程度也是不容忽视的考量因素。[1]虽然今天许多国家和地区都采取了较为宽松的免责模式，近些年来欧洲法的趋势也是通过缩短免责期间等方式加强对债务人的保护，但并不意味着我们在自然人破产制度引入之初就需要与国际接轨采取较短的免责考察期。在社会大众普遍担心自然人破产制度可能成为债务人的逃债工具的背景下，我国未来的自然人破产法也许仍要完整地经历他国破产法所经历的立法理念的演变，但同时应顺应制度演进的趋势，才能最大限度地发挥其正向效果。当然，过于严厉的立法也会导致相反的效果。债务人将通过各种途径避免破产，从而降低了进入破产程序后的实际清偿债务能力。考虑到债务人的偿还债务能力和心理承受能力，多数债务人能在5年左右的时间获得免责，应该是比较合理的选择。最高人民法院民二庭课题组经过调研，认为免责期的设置应有利于杜绝个人债务人的道德风险；同时清算程序的免责考察期不应低于重整程序的清偿期间，以体现重整和解优先的目标追求。考虑到地方法院个人债务清理实践中的清偿期间多为三年或五年，也建议在自然人破产免责制度设立初期设置五年左右的免责考察期。[2]

免责考察期内债务人将受到一定的行为限制和资格限制，免责考察期满方可复权。较长的免责考察期容易出现债务人消极怠工、不努力工作的问题。除了发挥债权人和管理人的审慎监管作用之外，免责考察期间可设立激励机制，鼓励债务人积极努力地偿还债务。《深圳经济特区个人破产条例》中无担保债权人受偿达到一定比例债务人就可以提前被免除剩余债务从而解除对债务人的资格限制和行为限制的规定具有积极借鉴意义。《深圳经济特区个人破产条例》第100条规定：清偿剩余债务达三分之二以上的，考察期一年；清偿剩余债务达三分之一以上不足三分之二的，考察期二年。最高人民法院民二庭课题组调研后发现，2018、2019、2020年，吴江法院仅含自然人被执行人案件的实际执行到位率分别为18.99%、25.58%、34.36%。截至2021年5月，吴江法院审结的7件成功通过清偿计划的个人债务清理案件，

---

〔1〕　参见《深圳通过首部个人破产法规：设3年免责考察，保护企业家精神》，载 https://www.thepaper. cn/newsDetail_forward_8902438，最后访问日期：2024年8月3日。

〔2〕　参见最高人民法院民二庭课题组：《司法实践视野下自然人破产免责制度的构建》，载《法律适用》2022年第2期。

平均清偿率也仅为 56.49%，因此认为提前免责的清偿比例不宜设定过高，清偿剩余债务达到50%以上的，即可将免责考察期减少为一年。[1]基于债务人在破产免责期间受到的资格限制和行为限制，与债务人将部分收入留作自用的激励措施相比，债务人在破产免责期间有积极就业义务和无担保债权人受偿达到一定比例债务人就可以提前被免除剩余债务的规定更具有积极意义。

---

[1] 参见最高人民法院民二庭课题组：《司法实践视野下自然人破产免责制度的构建》，载《法律适用》2022 年第 2 期。

自然人破产法中的豁免财产制度

　　原则上，债务人在其提出自愿破产申请或债权人提出强制破产申请时拥有的全部财产均属于破产财产，包括有形财产和无形财产，如房子、汽车，专利、商标、版权、商誉，股票、债券等。将债务人的破产财产公平分配给债权人是破产法的立法目的之一，因此破产财产可以说是破产程序开始的基础，对整个破产程序的顺利进行具有极其重要的意义。区别于企业破产法，现代意义的自然人破产法不仅旨在实现债权人的公平清偿，也为债务人提供了全新开始的可能。为了实现这一立法目标，豁免财产制度是自然人破产法在破产免责制度之外的另一核心制度。所谓豁免财产，是同破产财产相对应的概念，仅存在于自然人破产之中，意指法律规定的、由法院酌情决定的，可由破产人自由使用和处分的、不得扣押和查封并用于分配清偿的财产。[1]对于豁免财产制度的研究不仅对我国未来的自然人破产立法具有积极意义，而且对于破产实践甚至执行实践具有指导意义。

一、豁免财产制度的正当性

(一) 保障债务人的生存权和发展权

　　豁免法并非一个新近的概念，甚至可以追溯到古罗马法，当时的债务人

---

　　〔1〕　参见汤维建：《关于建立我国的个人破产程序制度的构想（下）》，载《政法论坛》1995年第 4 期。

就被允许在某些情形下保留一些必需品以维持日常生活。[1]豁免财产制度的目的在于保证承受信用风险的自然人债务人获得生活和工作劳动的基本物质保障,允许债务人保留一定的财产,用于满足债务人及其所扶养人的基本生活、医疗、学习等需求,确保债务人在经历破产困境后,仍然能够维持最低生活标准。"从常识和公平的角度考虑,一个人的财产和收入应该被首先用于偿还他未清偿或拒绝清偿的债务,这似乎应该是一个指导性的原则。但这项原则应该有一条限制,即债务人和其家庭不应该因此而一贫如洗,只能依靠救济生活,应该留给他们足够的财产用于维持生活。"[2]即便在英国法允许对欺诈的破产债务人处以死刑的时代,法律也同样允许债务人保有必要的衣物、谋生工具以及必要的家用物品与家具。即便身负债务,债务人保留做人起码的尊严的权利也不应被剥夺。[3]破产债务人的债务总额往往要超过债务人的所有财产的价值,为了保障债务人的基本生活需要,避免债务人因为破产清算而使其生活陷入贫困,对债权人取得债务人财产的权利必须有所限制。债务人因不幸陷于不能清偿债务的窘境,固然应将其可提供的全部财产用于清偿债务,然而,维护债权人的债权不应以破产债务人的生存和发展问题受到影响为代价,债务人的基本人权应当优位于债权人的财产权。

豁免财产免除了债务人的后顾之忧的同时,激发了债务人积极工作的动力,有利于其全身心地投入劳动过程,发挥其劳动积极性。现代破产制度的功能之一是使债务人康复,能够继续参与更有价值的生产性活动,从而获得经济上的全新开始。[4]自然人债务人经济重生的保障应包含三个目标:一是债务人可以重新参与授信市场;二是债务人因财务失败导致的心理压力得以减缓,以避免衍生的社会成本;三是债务人得以增加理财能力,以适应未来

---

〔1〕 See Louis Edward Levinthal, "The Early History of Bankruptcy Law", *University of Pennsylvania Law Review*, Vol. 66, No. 3., 1918, p. 223, 238.

〔2〕 Delmar Karlen, "Exemptions from Execution By Delmar Karlen", *The Business Lawyer*, Vol. 22, No. 4., 1967, pp. 1167–1173, 载 https://www.jstor.org/stable/40684199, 最后访问日期:2024 年 9 月 6 日。

〔3〕 参见〔美〕查尔斯·J. 泰步:《美国破产法新论》,韩长印等译,中国政法大学出版社 2017 年版,第 956 页。

〔4〕 See Gary E. Sullivan, "A Fresh Start to Bankruptcy Exemptions", *Brigham Young University Law Review*, Vol. 2018, No. 2., 2018, pp. 335–398.

生活需要。[1]从个人自由之本旨出发，自然人为自身以及供养他人之需要而劳作营生的权利绝不亚于任何一项财产权，甚至更为重要。[2]在破产案件中，财产豁免与破产免责制度相互配合，目的都在于促进债务人在财务上的全新开始：免责制度使得债务人未来的劳务收入得免于成为之前债权人的追偿对象；而债务人得以保留的豁免财产则好比最低限度的"启动资本"，可确保债务人能更有效率地进行工作。允许债务人保有一定财产可能会更好地帮助其重新成为创造社会财富的一员。[3]很多时候，豁免财产不足将导致债务人在破产后又回到财务困境。[4]现代化的豁免财产制度普遍提高了豁免财产的水平和范围，[5]以助力实现债务人的全新开始。

（二）衡平债权人和债务人的利益冲突

豁免财产的理念是债务人应该有足够的财产以满足自己和家人破产后的最低生活需求，以及最低的继续业务需求。[6]然而，豁免财产制度可能会引发社会公平性的争议。因为满足债务人生存发展需要的豁免财产是以减少债权人的受偿财产为代价的，势必损害债权人的清偿利益；而且如果为债务人提供了过度的保护，可能滋生债务人的惰性，甚至导致一些不诚信的债务人利用该制度逃避债务，破坏社会的诚信体系，对社会的公平性产生负面影响。因此豁免财产制度并非无限制地保护债务人，而是基于公平原则进行考量，以确保债权人的合法权益不会因豁免财产制度而受到过度损害，实现债权人与债务人之间的利益平衡。

债权人和债务人之间利益公平的衡量标准具有历史性和差异性。从历史

---

〔1〕　参见殷慧芬：《消费信用与消费者破产制度的建立》，载《河北法学》2009 年第 11 期。

〔2〕　参见 ［美］查尔斯·J. 泰步：《美国破产法新论》，韩长印等译，中国政法大学出版社 2017 年版，第 1045 页。

〔3〕　参见 ［美］查尔斯·J. 泰步：《美国破产法新论》，韩长印等译，中国政法大学出版社 2017 年版，第 1045 页。

〔4〕　See Gary E. Sullivan, "A Fresh Start to Bankruptcy Exemptions", *Brigham Yong Univerisity Law Review*, Vol. 2018, No. 2. , 2018, pp. 335–398.

〔5〕　参见自然人破产处理工作小组起草：《世界银行自然人破产问题处理报告》，殷慧芬、张达译，中国政法大学出版社 2016 年版，第 93 页。

〔6〕　参见自然人破产处理工作小组起草：《世界银行自然人破产问题处理报告》，殷慧芬、张达译，中国政法大学出版社 2016 年版，第 92 页。

上看，大多数制度将自由财产范围设置在很低的水平，债务人可以保留的物品的总价值限额较低，其运作的文化环境是债权人怀疑破产债务人的诚意。[1]随着豁免财产对债务人经济康复、社会稳定和经济健康发展的积极意义为民众逐渐认知，各立法例愈来愈重视债务人的经济复原，关于豁免财产范围的规定呈现从严格到宽松的发展趋势，债务人可保留的豁免财产限额越来越高。不同国家对公平的理解也呈现差异。《德国破产法》《日本破产法》等关于豁免财产范围的表述通常采用"必需"以及"不可缺少"等用语；美国允许各州不采用联邦破产法中的豁免财产规则，改采州豁免法的规定，甚至根据社会经济的发展和变化，定期评估和调整豁免财产制度的相关规定，确保其适应社会的需要，并通过具体的额度限制明确豁免财产的范围。即使在同一个国家，基于地区发展差异，全国统一适用的额度限制也可能会造成部分地区债务人生活有富余，部分地区的债务人却难以维持基本生活。由于豁免财产的范围和数量可能因地区、行业、案件性质等因素而有所不同，这可能导致在不同个体、不同地区、不同行业之间存在不公平的现象。[2]美国在细致划分豁免财产的类型及其细目的同时，以通用豁免额度满足债务人个体的差异化需求。[3]

（三）具有积极广泛的社会效应

允许自然人债务人留存足够财产以继续其日常生活，符合债务人及其被扶养人的最佳利益，同时也符合社会的整体利益。[4]豁免财产制度的社会意义突破了债权债务关系的范畴，甚至影响着社会整体利益追求。首先，豁免制度在最大限度地减少社会贫困和帮助家庭单位保持完整方面起到了积极的促进作用。豁免财产制度通过使债权人让渡部分权利以保障债务人的生存和发展权，保障了债务人及其家庭成员的生存和尊严不受威胁、侵犯，保护债务人的家庭成员免受贫困所导致的不利后果，从而避免把维持债务人及其家

---

〔1〕 参见自然人破产处理工作小组起草：《世界银行自然人破产问题处理报告》，殷慧芬、张达译，中国政法大学出版社 2016 年版，第 101 页。

〔2〕 参见何欢：《债务清理上破产法与执行法的关系》，载《法学研究》2022 年第 3 期。

〔3〕 参见何欢：《债务清理上破产法与执行法的关系》，载《法学研究》2022 年第 3 期。

〔4〕 参见［美］查尔斯·J. 泰步：《美国破产法新论》，韩长印等译，中国政法大学出版社 2017 年版，第 956 页。

庭成员最低生活保障的责任转嫁于社会，有助于缓解社会保障制度的压力，最大限度地减少自然人破产制度的负外部性，减少社会压力。其次，自然人破产法通过豁免财产制度为债务人提供基本的物质保证，从而为收入受到严重冲击的债务人提供了一定程度的消费保险，因为与财产完全被执行相比，债务人的消费不必下降太多。[1]格兰特（Grant）使用消费者支出调查的数据验证了"如果一个州有更高的豁免水平，那么该州年度的家庭消费方差将更小"的假设，即较高的豁免水平为债务人提供了额外的消费保险。[2]同样，通过为自然人债务人提供必要的豁免财产，激励债务人重新投入社会生产，激发他们创造社会财富的积极性。当然，豁免财产为债务人提供保险的同时，也增加了信贷成本，贷款人可能会通过限制信贷来应对更宽松的豁免。破产豁免额度较高，个人信贷利率通常也更高，债务人被拒绝信贷的频率更高。[3]而且，由于豁免财产制度可能导致债权人无法获得全额清偿，这将降低债权人的投资积极性，进一步影响经济效率。

二、豁免财产范围的确定

（一）豁免财产不同于执行法下不受强制执行的财产

破产法下的豁免财产与民事诉讼中的不受执行财产都是为了满足债务人的生存发展需求。大陆法系国家往往在破产法中没有关于豁免财产的规定，而是在破产案件中援用民事诉讼法或者民事执行法中关于不受执行财产的相似规定。这些国家认为破产程序具备概括执行的功能，因此在执行程序中不得扣押的财产，在破产中即属于豁免财产，二者是相同的。德国、法国、日本作为大陆法系国家一般都是在破产法中规定引用民事执行法或者民事诉讼

---

〔1〕　See Charles Grant, "Evidence on the insurance effect of bankruptcy exemptions", *Journal of Banking & Finance*, Vol. 34, No. 9. , 2010, pp. 2247-2254.

〔2〕　See Michelle J. White, "Economic of Corporate and Personal Bankruptcy Law", NBER Working Paper, No. 11536. , 载 https://econweb. ucsd. edu/~miwhite/White_ Oxford_ Aug_ 2014. pdf, 最后访问日期：2024 年 9 月 6 日。

〔3〕　See Michelle J. White, "Economic of Corporate and Personal Bankruptcy Law", NBER Working Paper, No. 11536. , 载 https://econweb. ucsd. edu/~miwhite/White_ Oxford_ Aug_ 2014. pdf, 最后访问日期：2024 年 9 月 6 日。

法中有关不受执行财产的规定。例如，《日本破产法》第 6 条规定不得扣押的财产不属于破产财产，而不得扣押的财产主要体现在《日本民事执行法》第 131 条的"禁止扣押的动产"和第 152 条规定的"禁止扣押的债权"。《日本民事执行法》第 131 条"禁止扣押的动产"规定了不得扣押的动产范围，主要是指债务人的生活必需品，农业、渔业、技术人员等的经营或职业必需品，宗教物品、家庭文册、精神或荣誉物品、教育学习用物品、知识产权用物品、身体缺陷用品、建筑或工作安全用品等。《日本民事执行法》第 152 条规定了"禁止扣押的债权"，含与薪水、报酬、退休养老保险金等有关的债权，以及为维持生计而接受的给付等债权。德国的做法与日本类似，德国自然人破产中的可豁免财产即是《德国民事诉讼法》中"不可扣押的标的物"。在破产法上仅对豁免财产作概括规定，具体根据《德国民事诉讼法》第 811 条和第 850 条规定确定。其中，《德国民事诉讼法》第 811 条详细列举了不得扣押的有体物，包括：供债务人个人使用的或维持家庭生活所用之物，但以债务人维持其适当的、中等的生活和家庭生活所必要为限；有限的小动物与家畜；劳动者继续从事其生产经营活动的必要设备；从事礼拜等宗教活动所用的书籍；一定额度的现金等。第 850c 条则规定了对劳动收入的特殊保护，包括不得扣押的劳动收入种类、金额范围、计算方式及变通程序等内容，并依据债务人抚养或扶助对象的数量分别规定了不得强制执行的最低收入限额。此外，因身体或健康受侵害而得到的定期金等不得扣押（第 850b 条），若有关收入来自加班补助，只能扣押其中 50%；对劳动者的出差补偿、危险工作补偿、污染补偿等不得扣押；教育基金、奖学金与类似的收入不得扣押（第 850a 条）。[1]

有的国家，如美国，在各州不受执行的财产之外另有破产豁免财产的规定。美国非破产豁免财产规定由三部分组成。第一部分由破产法以外的联邦豁免财产立法组成，规定的这些豁免财产范围包括：外国服务、退休、残疾金、社会保险金、战争危险的伤害或死亡赔偿金，渔民、海员、水手等工资，铁路退休法案年金和养老金，退伍军人补助津贴等；第二部分是指适用的州法关于豁免财产的规定，各州为债务人提供的豁免财产差别很大；第三

---

〔1〕 参见胡利玲：《论个人破产中豁免财产的构成与限制》，载《东方论坛》2020 年第 3 期。

部分是债务人作为共同共有财产人对财产享有权益时适用的法律，州法对这种权益作了单独的规定，要求夫妻双方共同债务的债权人共同参与财团财产的分配，而不适用于只有一方配偶的债权人参加的破产案件。[1]1978 年美国制定破产法典时，对于是否应该在全国范围内规定统一的自然人债务人豁免财产的范围众说纷纭，莫衷一是。联邦破产委员会提议制定统一的豁免财产标准，一些国会议员则认为，各州应该根据本州的实际情况制定本州适用的法律。争论的最终结果是两种意见的妥协，即一方面破产法典规定统一的联邦豁免财产范围，另一方面各州可以规定其公民必须适用本州关于豁免财产的规定，如果债务人所在的州未排除适用联邦法，则允许债务人在联邦豁免法和本州的豁免法之间作出选择。这里所指的联邦豁免法实际上是指联邦破产法中的豁免规定，即《美国破产法》第 522 条 d 款中对豁免财产的范围所作的规定。破产法规定各州有权决定本州公民适用何种豁免法。对大多数债务人来说，是选择州豁免法还是联邦豁免法已经由各州法律作出了明确规定。美国至少已经有 34 个州规定不适用联邦破产法关于豁免财产的规定，即在破产前 180 天内居住在这些州的债务人在破产程序中不能适用联邦法的豁免规定，必须适用州法及联邦非破产方面关于豁免财产的规定。[2]如果债务人所在的州没有排除适用联邦法，就允许债务人在联邦法和州法之间自由选择。

　　另一种观点认为，尽管破产法下的豁免财产与民事诉讼中的不受执行财产立法理念相通，在内容上也具有相似性，但并不能简单等同。有立法例认为破产程序中的豁免财产不同于民事诉讼中的不受执行财产。二者的目标有一致之处，破产法外规定不受执行的财产也体现了以人为本以及国家尊重和保障人权的精神。然而，与强制执行中为债务人保留不受执行的财产相比，自然人破产法对债务人的保障不仅仅是保障最低的生活，而且是帮助债务人实现经济重生，保障其正常生存及生活的权利。自然人破产制度为债务

---

　　[1]　参见殷慧芬：《美国破产法上的豁免财产制度》，载《湖南省政法管理干部学院学报》2002年第 S2 期。
　　[2]　参见［美］查尔斯·J. 泰步：《美国破产法新论》，韩长印等译，中国政法大学出版社2017 年版，第 1031 页。

人准备好败者复活的制度框架，[1]"移除那些恐怖而令人绝望的负担，解脱债务人身上的债务枷锁，使得他们抱着全新的希望与充足的能量重返生活正轨"，[2]因此破产法下豁免财产的范围相较于执行程序下不受执行的财产范围更宽松。

本书认为，相较于民事强制程序以实现债权人的清偿利益为目标，破产程序在实现债权人的公平受偿目标之外，还要兼顾对债务人的救济。破产法的卓越目标就是为债务人提供经济上的全新开始，只有债务人被许可保留其部分原有财产时，这种全新开始才具有较强的实际意义。[3]而且，强制执行适用的情形通常是债务人有能力清偿却拒绝清偿；破产通常适用的情形是债务人已经陷入无力清偿债务的境地，[4]因此豁免财产范围应宽于民事诉讼中的不受执行财产。

（二）豁免财产范围界定的类型

关于豁免财产的构成，有三种类型的界定方法。第一种方法是规定豁免财产的价值上限，债务人可以寻求从破产财产中获得价值达到规定上限的一系列的资产作为豁免财产，这在历史上曾是一种流行做法；第二种方法是设定债务人可以寻求豁免的特定资产的类别和价值；第三种方法是采用一种更普遍的基于特定标准的方法（standards-based approach），从破产财产中免除大部分财产，管理人有权反对某项有价值的家居用品或家庭财产的豁免，从而使该资产作为破产财产用于清偿。[5]

第一，一定价值范围内的财产豁免。在这种方法下，债务人所有的一定价值范围内的家庭生活必需的物品均构成豁免财产。关于个人所保留的生活

---

〔1〕 参见［日］山本和彦：《日本倒产处理法入门》，金春等译，法律出版社 2016 年版，第 3 页。

〔2〕 参见［美］查尔斯·J. 泰步：《美国破产法新论》，韩长印等译，中国政法大学出版社 2017 年版，第 1045 页。

〔3〕 参见［美］大卫·G·爱泼斯坦等：《美国破产法》，韩长印等译，中国政法大学出版社 2003 年版，第 590 页。

〔4〕 参见汤维建、胡守鑫：《个人破产制度构建的难点与对策研究》，法律出版社 2022 年版，第 179 页。

〔5〕 参见自然人破产处理工作小组起草：《世界银行自然人破产问题处理报告》，殷慧芬、张达译，中国政法大学出版社 2016 年版，第 94 页。

必需品问题，债务人的家居物品的价值通常微不足道，大多数国家的豁免财产范围在日常必需品之外，还包括一定数量的专业书籍、设备或交易的工具。《深圳经济特区个人破产条例》采用了这种立法例，并在第 36 条规定，为保障债务人及其所扶养人的基本生活及权利，豁免财产范围如下：（1）债务人及其所扶养人生活、学习、医疗的必需品和合理费用；（2）因债务人职业发展需要必须保留的物品和合理费用；（3）对债务人有特殊纪念意义的物品；（4）没有现金价值的人身保险；（5）勋章或者其他表彰荣誉的物品；（6）专属于债务人的人身损害赔偿金、社会保险金以及最低生活保障金；（7）根据法律规定或者基于公序良俗不应当用于清偿债务的其他财产。前款规定的财产，价值较大、不用于清偿债务明显违反公平原则的，不认定为豁免财产。除第五项、第六项规定的财产外，豁免财产累计总价值不得超过二十万元。

第二，依据财产类型分类的财产豁免。多数国家既列出家居用品豁免的总价值，也列出任何单个物品豁免的金额限制。随着社会越来越重视债务人的全新开始，这些资产的限额也越来越高。美国各州关于可以豁免的财产类型规定虽然差别很大，但除了房产，一般的豁免规定都包括以下类型的财产：家用设备、衣物、对债务人或其家庭具有感情因素的物品、家用汽车、债务人工作用工具和其他物品等。债务人的人寿保险对债务人的扶养人来说非常重要，通常也属于豁免财产的范围。自 2022 年 4 月 1 日起，《美国破产法》规定价值不超过 4450 美元的机动车辆，单价不超过 700 美元且总价值不超过 14 875 美元的动物、粮食、衣物、电器、书籍、家具、日常物品、乐器等，以及不超过 1875 美元的首饰，保健辅助设备，非法死亡赔偿金，不超过 27 900 美元的人身伤害费（不包括损害赔偿金），损失的预期收入，赡养费、抚养费等，所有这些动产都可成为债务人全新开始的基础。如果债务人无法用尽某些类别财产的豁免限额，债务人可以申请将未使用的额度转入其他财产。

第三，管理人收回超额价值财产型豁免。基于大多数债务人只有有限的个人财产，在这种方式下，债务人在破产申请时的所有财产都是可以豁免的，管理人只需对债务人价值超额的特定财产进行干预。对于显著超过债务人及其所扶养家属生活所必需的生活用品，管理人可予以清偿债权，这样既可保护被执行人及其所扶养家属的生存权,又能最大限度地实现债权人的债权。在具体实施过程中,应当从严掌握可以变通的财产范围,注意执行的实际效果。当然,这里有一些需要相关人员根据实际情况去把握的概念,如"必需的""显著的"等,应当结合实际情况作出与时代和社会背景相适应的阐释。

(三) 未来收入在豁免财产中的定位

有关债务人进入破产程序之后取得的财产即"未来收入"的归属争议是豁免财产制度中最为复杂、对自然人破产制度运行的影响最为深远的一项内容。反映在立法上表现为破产财团固定主义与破产财团膨胀主义之争。[1]破产申请受理后至破产程序终结前这段时间内,破产债务人也会获得一定的财产,就该财产是否应列入破产财产的范围,在立法上有固定主义和膨胀主义两种不同的观点。固定主义与膨胀主义两大主义的主要区别在于是否将破产程序开始后至程序终结前债务人取得的财产作为破产财产用于清偿债权人之用。[2]所谓固定主义是"以破产程序的开始为基点固定债务人的负债范围,即仅承认程序开始前已存在原因事实的债权为破产债权"[3],所以"新得财产属于豁免财产是破产法采用破产财团固定主义的体现"[4]。膨胀主义是指破产财团的内容不以破产程序开始时属于债务人的财产为限,还包括债务人在破产程序中直至破产程序结束之前所获得的"新得"财产。两种原则的立法依据不同,各有利弊。就固定主义而言,符合破产债权与责任财产相对应的利益均衡原则;并且,能够有效地激励债务人积极偿还债务,真正实现通过破产程序与破产宣告之前的债务一刀两断,重获新生。就膨胀主义而言,债务人源源不断的新收入使责任财产总额增加,有利于债权人获得更大比例的清偿,减少其损失。所以通常认为,固定主义更倾向于保护债务人的

---

〔1〕 参见陈本寒、罗琳:《个人破产制度中豁免财产范围规则的本土化构建》,载《湖北大学学报 (哲学社会科学版)》2021 年第 1 期。

〔2〕 参见胡利玲:《论个人破产中豁免财产的构成与限制》,载《东方论坛——青岛大学学报 (社会科学版)》2020 年第 3 期。

〔3〕 [日] 山本和彦:《日本倒产处理法入门》,金春等译,法律出版社 2016 年版,第 60 页。

〔4〕 [日] 山本和彦:《日本倒产处理法入门》,金春等译,法律出版社 2016 年版,第 108 页。

利益，而膨胀主义更倾向于保护债权人的利益。[1]

　　破产法上的固定主义与膨胀主义是用于限定破产财产范围的立法原则。在美国法上，与破产财产对应的概念被表述为破产财团。《美国破产法》对于破产财团的范畴给出了相当宽泛的定义，即"破产案件启动之时属于债务人的所有普通法或衡平法上的财产利益"[2]。破产财团在债务人提出破产申请时自动形成，原则上是由破产案件最初启动之时债务人的所有财产利益组成。[3]《美国破产法》原则上采用固定主义，但是破产申请之后的某些特定利益也可以作为破产财团财产，即第 541 条 a 款中所列举的：（1）管理人追回的财产；（2）为破产实体的利益予以维持的财产；（3）债务人因继承、离婚或人寿保险而在破产申请后 180 日内取得的"意外之财"；（4）破产财产的孳息；（5）破产财团取得的财产。[4]根据《美国破产法》规定，财团财产产生的收入、产品、孳息、租金或盈利，以及在案件开始之后，财团财产获得的任何财产权益都属于财团财产，但自然人债务人在案件开始之前提供服务的应得收入不属于财团财产。除此之外，债务人在提出破产申请后获得的与申请前财产无关的所有收入和财产属于债务人的新财产，是债务人全新开始的基础，不属于财团财产的范围。当债务人从事的是提供个人服务的行业（如医生、律师等）时，情况有些特殊。这时，债务人的收入不能全部归入新财产。其中一部分收入是债务人提供的个人服务所得，应由债务人支配，不属于财团财产；其余的收入应归属财团财产，因为债务人服务收入的取得还依赖了属于财团财产的资本、设备等。[5]另外，《美国破产法》规定清算申请提出后债务人取得的以下三种财产，均属于破产财产的范围：第一种例外是清算申请提出后 180 天内债务人所继承的财产。第二种例外是清算

---

　　〔1〕 参见 [日] 山本和彦：《日本倒产处理法入门》，金春等译，法律出版社 2016 年版，第 60 页。

　　〔2〕 [美] 查尔斯·J. 泰步：《美国破产法新论》，韩长印等译，中国政法大学出版社 2017 年版，第 436 页。

　　〔3〕 参见 [美] 查尔斯·J. 泰步：《美国破产法新论》，韩长印等译，中国政法大学出版社 2017 年版，第 433 页。

　　〔4〕 参见《美国破产法典（中英文对照本）》，申林平译，法律出版社 2021 年版，第 305 页。

　　〔5〕 See Brian A. Blum, *Bankruptcy and Debtor/Creditor*: *Examples and Explanations*, Aspen Law & Business, 1993, p. 284.

申请提出后 180 天内债务人取得的离婚财产分配或类似收益，即债务人根据与其配偶达成的财产分割协议或临时的、最终的离婚判决而取得的收益属于破产财产。但是，其中债务人或其子女在维持生活合理需要的范围内，接受的赡养费、扶养费等财产分配应属于豁免财产。第三种例外是清算申请提出后 180 天内债务人获得的人寿保险赔偿或类似收益。

自然人破产法下，只有认识破产财产，清楚债权人的受偿范围，才能明确如何使诚实而不幸的个人债务人摆脱债务困境重获生机。某种程度上而言，破产财产是自然人破产法的核心制度构成。欧洲许多国家采用膨胀主义立法原则，如德国、英国等。《德国破产法》采用膨胀主义，第 35 条第 1 款规定，"破产财产的概念涵盖在程序启动时属于债务人的所有资产以及在程序期间获得的所有资产"。英国的规定更为复杂一些，根据 1986 年《英国破产法》第 283 条规定，"（1）除以下规定外，就本组任何部分而言，破产人的财产包括：（a）在破产开始时属于破产人或归属破产人的所有财产，以及（b）因本部分以下任何规定而包含在该财产中或被视为属于前款范围内的任何财产。"[1] 英国表面上采取的是固定主义立法原则，但第 436条中对财产的规定涵盖了"目前或未来，或者既定的或或然的义务及每一种类的权益"[2]，这是一种实质上的膨胀主义规定。

未来收入可以分为非劳动收入和劳动收入。非劳动收入主要包括债务人通过继承获得的财产或者通过购买彩票获得的奖金收入，此类收入债务人没有付出对价，通常不被认为处于豁免财产的范围之内，而是归入破产财产向债权人清偿。劳动收入对于绝大多数债务人来说是不可或缺的生活基础，面对可能几乎一文不名的债务人，执行其未来的工资收入可能是债权人受偿的唯一选择，但是也需要为债务人保留必要的生活费用。通过对其他法律的观察，我们可以发现破产财团两大主义中的弊端逐渐被实践中的折中主义做法

---

〔1〕 原文："（1）Subject as follows, a bankrupt's estate for the purposes of any of this Group of Parts comprises- (a) all property belonging to or vested in the bankrupt at the commencement of the bankruptcy, and (b) any property which by virtue of any of the following provisions of this Part is comprised in that estate or is treated as falling within the preceding paragraph."

〔2〕 《英国破产法》，丁昌业译，法律出版社 2003 年版，第 334 页。

所消解。[1]作为适用膨胀主义的代表，德国为了平衡其弊端，规定了例外情形，例如《德国民事诉讼法》第 850 条规定了对劳动所得的扣押保护。[2]这种保护不仅及于债务人自身，还考虑了债务人所扶养的对象。采用固定主义的日本也有例外情形的规定，例如《日本破产法》第 34 条规定，若债权发生原因是在破产程序开始前就存在的，该债权不属于豁免财产；[3]《日本民事执行法》第 152 条规定，债务人劳动收入的 3/4 当为债务人必要生活费用保留，1/4 可被扣押执行，允许划入破产财团向债权人分配。[4]也就是说，两种主义在全世界实施的经验并非非此即彼的排斥状态。这些措施一方面能够为债务人留存一定的财产用以生存以及维持经济生活，进而获得更多的收入来清偿债务；另一方面又能限制债务人恶意逃避债务，造成债权人的损失。通过规制，实现了对债务人与债权人的平衡保护，避免造成偏向于其中一方的结果。这些做法为我国破产财产采用哪种立法原则和哪些规制措施提供了参考。

就固定主义与膨胀主义的适用而言，《深圳经济特区个人破产条例》沿用了《企业破产法》的规定，[5]认为破产财产的内容应当按照膨胀主义的概念来界定，例如在适用《深圳经济特区个人破产条例》的呼某个人破产清算案中，其财产包括每月劳务收入 5000 元。[6]究其原因，申请破产的自然

---

〔1〕　参见陈本寒、罗琳：《个人破产制度中豁免财产范围规则的本土化构建》，载《湖北大学学报（哲学社会科学版）》2021 年第 1 期。

〔2〕　《德国民事诉讼法》第 850 条第 7 款不得扣押要件的变更："决定劳动所得的不得扣押部分的要件有所改变时，执行法院应依债务人或债权人的申请，对扣押裁定作相应的变更。债务人对之有法定扶养义务的第三人也有权提出申请。第三方债务人对于他在未收到变更裁定的送达时，按照原来的扣押裁定的内容所作出的给付不负责任"。

〔3〕　《日本破产法》第 34 条第 2 款："破产人基于破产程序开始之前的原因而获得的期待性财产请求权，属于破产财团"。

〔4〕　《日本民事执行法》第 152 条第 1 款："对于下列债权，相当于在其支付期里的 3/4 部分（其金额超过考虑到标准家庭所必需的生活费用而为政令规定的金额时，则相当于政令规定的部分）不予扣押：（1）债务人从国家及地方公共团体以外的人领到的维持生活的定期给付债权；（2）薪金、工资、薪俸、退休金和奖金以及有这些性质的给付债权"。

〔5〕　《深圳经济特区个人破产条例》第 32 条："人民法院裁定受理破产申请时属于债务人的财产和依照本条例裁定免除未清偿债务之前债务人所取得的财产，为债务人财产"。第 84 条第 3 款："债务人被宣告破产后，债务人财产为破产财产"。

〔6〕　参见（2021）粤 03 破 417 号（个 11）之一民事裁定书。

人往往已经"无产可破",若寥寥无几的财产用以清偿债务,对债权人来说极不公平,对于经济社会稳定将会产生不利影响。采膨胀主义不仅能保障债权人获得更高比率的债务清偿,而且债务人只要尽力清偿就可以获得重生,对于市场经济的发展将发挥稳定器作用。自然人债务人的未来收入除了用于清偿债权外,也要保留债务人必要的生活费用。呼某破产清算案件中债务人的豁免财产包含的必要生活费用是"每月收入扣除应缴纳的社会保险费后保留的必要生活支出,包括老人赡养费 487.50 元、女儿抚养费每月 1100 元以及呼某本人每月的生活支出 2200 元"。其中,呼某每月个人生活支出额度按深圳市最低工资标准计算,其女儿抚养费亦按该标准计算,由呼某与其前夫共同承担。

三、豁免财产的类型和额度

（一）豁免财产范围的具体类型

豁免财产的相关界定通常有种类化的倾向。债务人获得的豁免财产是以牺牲债权人利益为代价的,因此豁免财产的数额不宜超过必要的限度。联合国国际贸易法委员会颁布的《贸易法委员会破产法立法指南》中明确要求把豁免财产的范围限制在债务人可以"积极生活"的最低限度之内。此外,《贸易法委员会破产法立法指南》对各国的豁免财产立法也提出要求:"如果破产法将债务人的某些财产排除在破产财产范围之外,那么对于这些排除的财产需要进行详细的界定,规定不得模糊。"[1]豁免财产范围的具体类型通常包括:

1. 生活必需品。生活必需品是指在日常生活中必不可少,用于满足人们基本生活需求的商品和服务。"生活必需品"与"生活消费品"是不同的概念,生活消费并不局限于吃、穿、住、行,还包括消费者的文化消费、精神消费,诸如唱歌、旅游,甚至购买钻石珠宝等。随着经济的发展,生活消费品的概念逐年升级,汽车、教育、商品房等都已由原来的非生活消费品变为

---

[1] 参见联合国国际贸易法委员会:《贸易法委员会破产法立法指南》,载 https://uncitral.un.org/zh/texts/insolvency/legislativeguides/insolvency_law,最后访问日期:2024 年 7 月 20 日。

生活消费品。生活必需品是人们生存的必要条件，依据必要性原则从符合一般家庭实际情况的标准判断。当然，"生活必需品"的判断并非绝对，因为法律没有明确规定"生活必需品"包括的内容和范围等。随着时代的进步和发展，用于生活方面的必需品越来越广泛，不只局限于通常意义上的衣、食、住、行、用等方面。例如手机已成为当下现代人的生活必需品，一定价值的手机应该是可以被豁免的生活必需品。与之相对应，汽车虽然在《美国破产法》中被列为生活必需的交通工具，但在我国当前的经济发展条件下，大众观念中汽车仍被视为奢侈品，如果列为豁免财产会招致债权人的反对。此外，债务人未成年子女的受教育权是一项基本人权，必须对此加以必要的保护和尊重。

2. 必要的生活费用。豁免财产还包括必要的生活费用。在执行过程中，法院会根据实际情况来合理确定保留的生活费用数额。《最高人民法院关于人民法院民事执行中查封、扣押、冻结财产的规定》第 3 条规定，民事执行程序中生活必需费用依照当地最低生活保障水平确定。低保标准由各地按照当地居民生活必需费用综合确定，并根据当地经济社会发展水平和物价变动情况适时调整。为做好破产程序与执行程序的有效衔接，豁免财产中生活必需费用的保障水平也可参照当地的最低生活保障标准。保障时间上，大多数法律通常为债务人提供 1-3 个月的保障，然而有学者认为应当将居民消费水平作为可扣押范围的参考标准，[1]因为我国当前的居民人均消费支出往往是最低生活保障水平的数倍。以深圳为例，2023 年，深圳居民人均生活消费支出 49 013 元，[2]月均 4084.4 元，而 2023 年深圳市居民最低生活保障标准为1413 元，[3]前者是后者的 2.89 倍。《深圳经济特区个人破产条例》第一例破产清算案件债务人豁免财产中的必要生活费用是"每月收入扣除应缴纳的

---

〔1〕　参见陈本寒、罗琳：《个人破产制度中豁免财产范围规则的本土化构建》，载《湖北大学学报（哲学社会科学版）》2021 年第 1 期。

〔2〕　深圳市统计局、国家统计局深圳调查队：《深圳市 2023 年国民经济和社会发展统计公报》，载 https://tjj. sz. gov. cn/zwgk/zfxxgk/tjsj/tjgb/content/post _ 11264245. html，最后访问日期：2024 年 9 月 1 日。

〔3〕　参见《深圳市民政局 深圳市财政局关于发布 2023 年最低生活保障标准的通知》，载 https：//www. sz. gov. cn/cn/xxgk/zfxxgj/zcfg/content/post_10645830. html，最后访问日期：2024 年 8 月 7日。

社会保险费后保留的必要生活支出，包括老人赡养费 487.50 元、女儿抚养费每月 1100 元以及呼某本人每月的生活支出 2200 元"。其中，呼某每月个人生活支出额度按深圳市最低工资标准[1]计算。本书认为，为债务人及其家属保留过高的收入必将损害债权人的清偿利益。未来我国自然人破产豁免制度的相关规定可考虑将债务人的部分未来收入作为债务人及其扶养人的必要生活费用的来源，目前各级人民法院出台的有关文件中并没有对其豁免范围作出特别的规定，有些采用"维持不高于本地最低工资标准所对应的生活水平而必需的费用"的标准，例如温州市中级人民法院印发的《关于个人债务集中清理掉实施意见（试行）》中的相关规定。有些认为最低工资标准是债务人付出劳动后可得到的最低收入保障，比较而言，最低生活保障水平是更合适的选择。例如台州市中级人民法院印发的《执行程序转个人债务集中清理程序审理规程（暂行）》规定"对于'债务人及其所扶养家属所必需的生活费用'，当地有最低生活保障标准的，必需的生活费用按该标准确定"。考虑到豁免财产制度的立法目的和原则，豁免财产的范围要保障债务人的生存权和发展权，对于就业的债务人可以考虑每月按照最低工资标准保留必要的生活费用，因为"最低工资"标准就是为了"保障劳动者个人及其家庭成员的基本生活"；对于未就业的债务人可根据债务人的家庭人口、生活需求等因素，结合当地的最低生活保障费用标准，综合判断并确定应保留的生活费数额。

3. 职业工具。豁免财产法只适用于自然人债务人，并且主要对债务人用于个人生活目的的财产而非用于商业目的的财产提供保护。[2]但是破产程序的立法目标之一是保障债务人发展权、促进债务人经济重生，因此应当保留必要的职业用品和生产工具，以突出为债务人提供全新开始的机会与企业家精神的激励。[3]《澳大利亚（个人）破产法》对职业工具类财产的表述更加突出其适用属性，强调了此类财产与以劳动赚取收入间的稳定联系，而不是

---

〔1〕 从 2022 年 1 月 1 日起，深圳市月最低工资标准调整到 2360 元/月。

〔2〕 参见［美］大卫·G·爱泼斯坦等：《美国破产法》，韩长印等译，中国政法大学出版社 2004 年版，第 590 页。

〔3〕 参见金春、冷帅达：《以开设品酒培训课程创收的破产人收藏的酒能否作为"经营工具"，成为豁免财产》，载刘崇理主编：《域外个人破产典型案例深度解析与实务指引》，法律出版社 2024 年版，第 28 页。

仅依靠财产的自有属性取得收入。比如，对于一个法律从业者而言，尽管有不利用法律工具书进行价值直接产出的可能，但法律工具书与其赚取收入的关系是稳定且明确的，而如破产人依靠商业资产收取租金，该商业资产则不属于经营工具类财产或劳动所需财产豁免的范畴。[1]职业工具有个体差异，需由法院斟酌债务人的身份、地位、职业、生活状况、可预见收入、可预期必要基本生活支出等情形，裁量是否确属维持债务人的合理基本生活所必需的职业工具。我国强制执行实践中已有案例为被执行人保留了拖拉机等基本职业用品和生产工具，相关案例中被执行人名下有两辆农用拖拉机，属家庭职业工具，无处置价值。[2]也有法院为了满足被执行人家庭的生存需求，以执行和解的形式为被执行人保留了作为家庭经济唯一来源的渔船，因为案涉船只系家庭唯一生产工具，一旦拍卖会让整个家庭陷入无法正常生活的窘境，此外被执行人本人是残疾人，无其他生活技能，全靠捕鱼为生。[3]是否将具有巨大经济价值的债务人职业必需工具确定为豁免财产，如专业运动员维持运动水平的体育器械和训练器械等，需考虑到债务人所从事的特定行业或通过召开债权人参与的听证会最大限度体现公正，作为豁免财产的职业必要工具范围不宜超过行业的平均水平。

4. 具有纪念性和荣誉专属性的财产。豁免财产制度还体现了对社会公序良俗的尊重。如果一项财产对债务人具有重要的情感价值，而清算只能实现相对较少的金额，通常允许其作为豁免财产。这体现了法律对债务人精神层面的关怀，以及对社会公序良俗的尊重和维护。将这些财产纳入破产财产范围进行变卖分配，实际上是对社会财富的浪费与损害。[4]具有纪念性和荣誉专属性的财产的情感价值通常远超其金钱价值，例如家庭照片或结婚戒指、祭祀及宗教用品、勋章或其他表彰荣誉物品等。这些财产的重要性不是在于它们的货币价值，也并非债务人的实际生存所必需，而是因为这些财产有特

---

〔1〕 参见金春、冷帅达：《以开设品酒培训课程创收的破产人收藏的酒能否作为"经营工具"，成为豁免财产》，载刘崇理主编：《域外个人破产典型案例深度解析与实务指引》，法律出版社 2024 年版，第 31 页。

〔2〕 参见（2022）湘 0802 执 956 号。

〔3〕 参见（2022）辽 0224 执异 10 号。

〔4〕 参见王欣新：《用市场经济的理念评价和指引个人破产法立法》，载《法律适用》2019 年第 11 期。

殊纪念意义或涉及生活的文化、宗教和道德方面，即使是深陷财务困境的债务人也仍应保留。

5. 具有人身专属性的财产。专属于债务人的人身损害赔偿金、社会保险金以及最低生活保障金这些财产是与生命健康直接相关的财产，具有人身专属性，对于保护个人权利具有重要意义，应当属于豁免财产。

（二）豁免财产的额度限制

债务人豁免财产的获得以债权人的清偿利益受损为代价，因此豁免财产范围应该是有限的。对不同类别的豁免财产如何施加额度限制，有不同的观点。有学者认为，对于任何一类豁免财产以及豁免财产的整体价值，均应当设置相应的额度上限，从而避免债务人不正当利用豁免财产实施有损债权人权益的行为。[1]也有观点认为，仅需对于职业工具以及与债务人有特定人身关系的财产设置额度上限即可。[2]另有观点认为，在豁免财产上设置"一刀切"的具体额度上限与我国区域发展不平衡的国情不符，因此以"必要""必需"等词汇进行限制更为合理，且这种弹性规定可以赋予各地方法院予以调整的空间。[3]

《美国破产法》对豁免财产范围的限制均包括如下4种不同方式：（1）额度限制（这些额度将根据消费物价指数，每3年调整一次）；（2）财产类型的限制；（3）财产用途的限制；（4）债务人对财产的需求的限制。[4]此外，"通用"财产豁免规则允许债务人豁免不超过规定额度的任何财产。[5]美国是采用为特定种类财产设定不同价值上限之立法例的典型国家。美国州法财产豁免规则与《美国破产法》第 522 条 d 款 1-12 项对大部分豁免财产作出

---

〔1〕 参见徐阳光、韩玥：《个人破产的三重控制机制：基于个人债务集中清理实践的分析》，载《法律适用》2022 年第 6 期。

〔2〕 参见王欣新：《用市场经济的理念评价和指引个人破产法立法》，载《法律适用》2019 年第 11 期。

〔3〕 参见罗琳：《论个人破产制度中自由财产处分"自由"的限制》，载《湖北社会科学》2020 年第 11 期。

〔4〕 参见 ［美］查尔斯·J. 泰步：《美国破产法新论》，韩长印等译，中国政法大学出版社 2017 年版，第 969 页。

〔5〕 参见 ［美］查尔斯·J. 泰步：《美国破产法新论》，韩长印等译，中国政法大学出版社 2017 年版，第 971 页。

了明确的最大额度的限制。这种得以豁免的额度针对的是债务人权益，即扣除有效优先权及其他负担权益之后，债务人在财产上的净权益。债务人并不是取得对财产本身的豁免，而仅仅是获得特定金额的豁免，即将债务人可以主张豁免的财产界定为债务人在法律所规定种类的财产上（不超过特定金额）的权益，而非这种财产本身。对豁免财产总体价值的规定能够实现对债务人拥有豁免财产总额的把控，对各项具体财产的价值规定上限能够避免债务人不正当利用豁免财产总额实施损害债权人利益的行为。

《德国破产法》《日本破产法》等关于豁免财产范围的表述通常采用"必需"以及"不可缺少"等用语。《德国民事诉讼法》第 811 条第 1 款规定，"供债务人个人使用或维持家庭生活所用之物"不可予以扣押，"但以债务人维持其适当的、中等的生活和家庭生活所必要的为限"。《日本民事执行法》第 131 条规定，"债务人保留一个月内生活所必需的食物以及燃料"。但是二者的规定中对于何为"必要""适当"的具体含义并不确定，须在破产程序中依靠管理人或法官的判断。此种方法整体来看较为灵活，相较于不考虑债务人的经济状况、负债情况而为所有债务人划定统一的价值标准，这种"因人而异"的做法更能体现实质平等的要求。但是该方法弹性较大，金额标准模糊且没有一个明确的参考，要实现在实践中的有效运行对管理人与法官的公正程度、专业性以及价值判断能力提出了更高的要求。

我国社会存在地区间发展不平衡不充分的特点，地方人民法院初探的规范对于整体上财产的豁免规定了"价值较大，不用于清偿债务明显违反公平原则的，不认定为豁免财产"。例如，《台州市中级人民法院执行程序转个人债务清理程序审理规程（暂行）》第 54 条规定，债务人及其所抚养家属生活所必需的衣服、家具、餐具及其家庭生活必需品，总价不超过 2 万元，但具有较大经济价值的除外，对生活必需品设置了额度限制。《深圳经济特区个人破产条例》第 36 条对豁免财产以类型化方式作出了规定，并设定了价值上限，为保障债务人及其所扶养人的基本生活及权利，豁免财产范围如下：（1）债务人及其所扶养人生活、学习、医疗的必需品和合理费用；（2）因债务人职业发展需要必须保留的物品和合理费用；（3）对债务人有特殊纪念意义的物品；（4）没有现金价值的人身保险；（5）勋章或者其他表彰荣誉的物品；（6）专属于债务人的人身损害赔偿金、社会保险金以及最低生活保障金；（7）根据法律规定或者基于公序良俗不应当用于清偿债务的其他财产。前款规定的财产，价值较大、不用于清偿债务明显违反公平原则的，不认定为豁免财产。除第五项、第六项规定的财产外，豁免财产累计总价值不得超过二十万元。第一项、第二项的具体分项和各分项具体价值上限标准由市中级人民法院另行制定。我国各地区发展水平差异较大，豁免财产的整体额度可以由各省、市、自治区来限制。豁免财产额度不宜过于宽松，否则自然人破产制度就演变为债务人逃避债务的温床；额度也不宜过于严格，过于严格的限制是对债务人的生存权与发展权的忽视，可能会导致债务人在这种豁免方式下无法在较短时间内实现经济重生，甚至因破产一蹶不振，继而可能导致为债务人提供基本保障的责任部分转嫁到社会，使得破产债务人成为社会的负担。

（三）债务人的住房是否为豁免财产

在债务人的所有财产中，房产通常都是债务人最宝贵的资产，也可以说是债务人在心理上最重要的资产。世界范围内对住房是否可作为豁免财产的处理相当不一致。[1]

1. 关于住房豁免的立法例

关于住房豁免，《美国破产法》的规定独具特色。美国宅基地豁免最初出现于 1839 年的德克萨斯州，旨在应对美国 1837 年的金融萧条。[2]宅基地豁免至少在鼓励人们向无人居住的州迁移方面发挥了重要的作用。[3]在美国，促进向西扩张的需求早已成为历史。然而，保护家庭的完整性，防止债务人给社会带来负担，并在公民中灌输独立和稳定的感觉，是今天和一百多年前一样值得提倡的政策。许多州效仿德克萨斯州的做法，创建了慷慨的家庭住房豁免。这些州主要位于西部，位于东部的州通常规定的豁免财产范围较为狭窄。美国破产法中的豁免财产规定体现了对房屋所有权豁免的积极态

〔1〕参见自然人破产处理工作小组起草：《世界银行自然人破产问题处理报告》，殷慧芬、张达译，中国政法大学出版社 2016 年版，第 220-227 页，第 319-349 页。
〔2〕See Richard E. Mendales, "Rethinking Exemptions in Bankruptcy", *Boston College Law Review*, Vol. 40, No. 4., 1999, p. 851.
〔3〕See Richard E. Mendales, "Rethinking Exemptions in Bankruptcy", *Boston College Law Review*, Vol. 40, No. 4., 1999, p. 851.

度，认为允许经济困难的债务人有居住房屋，是维持家庭生活的重要政府和社会政策。《美国破产法》第 522 条 d 款规定债务人不超过 15 000 美元（2022 年 4 月 1 日之后调整为 27 900 美元）的用于居住的动产或不动产或者用于安葬债务人或其被扶养人的墓地可作为豁免财产。各州关于豁免财产的规定差别很大，一些州仅仅允许债务人保留必要的生活必需品，而另一些州则允许债务人保留价值很高的不动产。德克萨斯和明尼苏达州是美国各州中豁免财产规定最宽松的，居住在德克萨斯州的债务人在申请破产后可以保留家中所有财产，宾夕法尼亚州和新泽西州不提供任何额度的房产豁免。大多数州关于债务人的豁免规定与《美国破产法》中的豁免规定大致相当。[1]但是，许多破产的债务人并不拥有房屋。针对这一情形，美国的豁免财产制度通过通用豁免条款作了一定程度的补偿。首先，通过在房主和非房主债务人之间建立公平的竞争环境，通用豁免条款隐含地承认，未来的住房总成本可能比这些成本的形式（例如，租金与抵押贷款支付）更具有确定性。其次，通用豁免条款将在很大程度上消除对非房主的歧视。最后，也许是最重要的，通用豁免条款将释放出大量的豁免金，以最佳方式分配到每个债务人手中。一个债务人可能喜欢保留更多的机动车津贴，而另一个债务人则可能使用这些豁免的美元来保留更多的交易工具。[2]

英国没有直接将房产列入豁免财产，但是对于破产债务人的唯一或主要居所，管理人占有、出售该房产必须向法院提出申请。在评估是否向法院申请出售令时，管理人须考虑破产人在家庭住宅上的权益。管理人处理破产人住宅的时间限制为自破产令发布之日起 3 年。如果管理人 3 年内没有这样做，财产将重新归于破产人。3 年内提出申请被驳回的，财产也归于债务人。[3]有些国家采用另一种形式的变通规定，即债务人及其家属有权在指定时间内（如 6 个月）继续在家中居住，而且可以申请延期。由此，虽然债务人的住宅不能被豁免，但能够保证破产案件的启动不会导致债务人被立即驱逐出家

---

〔1〕《美国破产法》规定统一的联邦豁免财产范围，各州也可以规定其公民必须适用本州关于豁免财产的规定，如果债务人所在的州未排除适用联邦法，则允许债务人在联邦豁免法和本州的豁免法之间作出选择。

〔2〕 See Gary E. Sullivan, "A Fresh Start to Bankruptcy Exemptions", *Brigham Young University Law Review*, Vol. 2018, No. 2. , 2018, pp. 335-398.

〔3〕 参见 1986 年《英国破产法》283（A）。

门。[1]

俄罗斯联邦破产法典规定债务人的住房为豁免财产，公民能够在破产时保留唯一的住房，而且唯一住房豁免没有价值或面积上限。虽然最高法院认为这种规模或价值不受限制的豁免是不符合宪法的，因为它过于宽泛，侵害了债权人的财产权，但立法机构始终忽视了这些挑战。[2]

2. 我国民事执行中关于债务人唯一住房的实践

2004 年《最高人民法院关于人民法院民事执行中查封、扣押、冻结财产的规定》第 6 条规定："对被执行人及其所扶养家属生活所必需的居住房屋，人民法院可以查封，但不得拍卖、变卖或者抵债。"第 7 条规定："对于超过被执行人及其所扶养家属生活所必需的房屋和生活用品，人民法院根据申请执行人的申请，在保障被执行人及其所扶养家属最低生活标准所必需的居住房屋和普通生活必需品后，可予以执行。"两项规定为保障被执行人及其所扶养家属在民事强制执行程序中所享有的基本生存权提供了法律依据，但是也在一定程度上影响到了住房抵押贷款债权人权利的实现。2005 年，最高人民法院颁布《最高人民法院关于人民法院执行设定抵押的房屋的规定》，该规定对设定了抵押权的唯一住房作出了可以依法拍卖、变卖或者抵债的规制，同时明确限定了唯一住房的执行豁免额度，即由执行申请人向被执行人支付一定年限并符合当地标准的租金或提供一套符合廉租住房保障标准面积的居住房屋。根据该规定，人民法院对已经依法设定抵押的被执行人及其所扶养家属居住的房屋，在裁定拍卖、变卖或者抵债后，应当给予被执行人六个月的宽限期。在此期限内，被执行人应当主动腾空房屋，人民法院不得强制被执行人及其所扶养家属迁出该房屋。上述宽限期届满后，被执行人仍未迁出的，人民法院可以作出强制迁出裁定，并按照《民事诉讼法》的规定执行。强制迁出时，被执行人无法自行解决居住问题的，经人民法院审查属实，可以由申请执行人为被执行人及其所扶养家属提供临时住房。此外，被执行人如属于低保对象且无法自行解决居住问题的，人民法院不应强制迁出。

---

[1] 参见自然人破产处理工作小组起草：《世界银行自然人破产问题处理报告》，殷慧芬、张达译，中国政法大学出版社 2016 年版，第 101 页。

[2] 《俄罗斯新法规值得中国借鉴：宣布个人破产后可保留唯一的抵押住房》，载 https://zhuanlan.zhihu.com/p/646804308，最后访问日期：2024 年 12 月 2 日。

　　然而，"唯一住房"无法执行的问题在现实中大量出现，成为困扰司法实践的一个大难题。法院不处置"唯一住房"，虽然保障了被执行人及其所扶养家属的生存权，但牺牲了债权人的利益。有鉴于此，2015 年 5 月 5 日施行的《最高人民法院关于人民法院办理执行异议和复议案件若干问题的规定》（以下简称《执行异议和复议规定》）第 20 条规定：金钱债权执行中，符合下列情形之一，被执行人以执行标的系本人及所扶养家属维持生活必需的居住房屋为由提出异议的，人民法院不予支持：（1）对被执行人有扶养义务的人名下有其他能够维持生活必需的居住房屋的；（2）执行依据生效后，被执行人为逃避债务转让其名下其他房屋的；（3）申请执行人按照当地廉租住房保障面积标准为被执行人及所扶养家属提供居住房屋，或者同意参照当地房屋租赁市场平均租金标准从该房屋的变价款中扣除五至八年租金的。执行依据确定被执行人交付居住的房屋，自执行通知送达之日起，已经给予三个月的宽限期，被执行人以该房屋系本人及所扶养家属维持生活的必需品为由提出异议的，人民法院不予支持。《执行异议和复议规定》第 20 条在总结之前经验的基础上，对"唯一住房"问题作出了规定，其基本思路是：第一，人民法院保障的是被执行人的居住权，而非房屋所有权；第二，这种居住权应当是被执行人及其抚养的家属生活所必需；第三，保障是有期限的，债权人对债务人生存权的保障是应急性，所谓救急不救穷，债务人最终还是应当向当地政府申请住房保障，不能让本应由政府承担的社会保障义务全部转嫁给债权人承担；第四，被执行人不能利用法律对其生存权的保障来逃避执行。[1]

　　2017 年 2 月 28 日，最高人民法院公布了《最高人民法院关于依法妥善审理涉及夫妻债务案件有关问题的通知》，该通知第 6 条规定："保护被执行夫妻双方基本生存权益不受影响。要树立生存权益高于债权的理念。对夫妻共同债务的执行涉及夫妻双方的工资、住房等财产权益，甚至可能损害其基本生存权益的，应当保留夫妻双方及其所扶养家属的生活必需费用。执行夫妻名下住房时，应保障生活所必需的居住房屋，一般不得拍卖、变卖或抵债

---

　　〔1〕　参见江必新、刘贵祥主编：《最高人民法院关于人民法院办理执行异议和复议问题规定理解与适用》，人民法院出版社 2015 年版，第 250 页。

被执行人及其所扶养家属生活所必需的居住房屋。"最高人民法院在该司法解释里强调了"要树立生存权益高于债权的理念",并提出"执行夫妻名下住房时,应保障生活所必需的居住房屋,一般不得拍卖、变卖或抵债被执行人及其所扶养家属生活所必需的居住房屋。"2020年修正后的《最高人民法院关于人民法院民事执行中查封、扣押、冻结财产的规定》第4条也规定:"对被执行人及其所扶养家属生活所必需的居住房屋,人民法院可以查封,但不得拍卖、变卖或者抵债。"第5条规定:"对于超过被执行人及其所扶养家属生活所必需的房屋和生活用品,人民法院根据申请执行人的申请,在保障被执行人及其所扶养家属最低生活标准所必需的居住房屋和普通生活必需品后,可予以执行。"该规定要求执行中保障被执行人及其所扶养家属生活所必需的居住房屋,但是实践中如能保障被执行人必需的居住房屋,为平衡申请执行人的债权利益,应当允许拍卖或变卖被执行人的房屋清偿债务,以保障债权人的利益。

一系列司法解释的推进,显示出我国法律在"唯一住房"执行问题方面对债权人财产权和债务人居住权利益平衡与矛盾化解的积极参与。然而,当下"唯一住房"执行问题处理模式的本质是将保障被执行人居住权的义务转嫁由执行申请人承担。

3. 我国自然人破产立法关于债务人住房是否可豁免的选择

根据相关法律规定,我国法律保障的是被执行人的居住权,而非房屋所有权。因此,法院对于被执行人的唯一居住房屋,可以查封并拍卖,但在拍卖前,应制定好保障被执行人及其所扶养家属最低生活标准所必需居住房屋的安置方案。有研究基于我国执行实践中被执行人唯一住房处置效果不理想,一些老旧住房在实践中难以变现,部分农村房屋受住房的位置、产权属性等多重因素影响,作为抵押物的住房处置存在一定难度,提出将一定面积内的住房确定为豁免财产,为债务人保留的一处住房应当仅有基本起居功能,面积及价格要有一定限制,如果住房面积符合基本需求但价格较高者,应当以相同面积置换至价格较低地段的住房。[1]从司法实务的角度,这一观

---

[1] 参见最高人民法院民二庭课题组:《自然人破产程序中的住房抵押贷款债权处理规则研究》,载《法律适用》2022年第2期。

点具有一定的必要性，因为被执行人唯一住房的执行问题确实是困扰实务的一大难题，然而，直接规定一定价值范围内的住房为豁免财产，必将受到债权人尤其是金融机构的强烈反对。即使在美国，也不是所有的州豁免法都把房产作为可豁免的对象。[1]反对观点认为，房产作为豁免财产将阻止本来可以自由流动的债务人通过流动而寻找更好的就业机会，也没有经验证据表明，房产作为豁免财产将进一步提高债务人全新开始的可能。[2]由于房屋价值的周期性，市场行情下降事实上可能会导致债务人的财务困境，因为对债务人而言这意味着潜在的现金支出。即使房屋豁免有重要的社会和政府政策利益，拥有一套房产也并不是建立财富或建立金融安全的万能药。相反，美国的经验表明，当房屋价值提高时，许多房主将他们的房屋视为自动取款机（以房屋净值信贷和再融资的形式），而当房屋价值下降时，则会出现出售房产的热潮。[3]

债务人的生存权包括居住权，然而，保护债务人的居住权，并不意味着债务人必须有自己的房产，究竟多大面积的房屋为必需的居住房屋也难以界定。此外，从我国目前绝大多数人只拥有一套住房的实际情况来看，要为债务人保留住房，就必须解决房屋的分割、置换问题，即将一套住房中超出"被执行人及其所扶养家属最低生活标准所必需的居住房屋"范围之外的面积分割出来进行拍卖、变卖、抵债，或者将被执行人面积较大的房产置换成面积较小的房产。这样做的复杂程度和繁琐程度可想而知。而且，一定价值内的住房豁免对于维持社区关系和社会稳定具有积极意义，但是也可能成为阻碍人口自由流动的壁垒。因此住房不作为豁免财产应该更符合我国的现实。《深圳经济特区个人破产条例》规定豁免财产累计总价值不得超过二十万元，结合深圳近些年的商品房价格，住房通常被排除在豁免财产之外。我国全国性立法也不需要特别将住房规定为豁免财产。住房豁免问题与社会保障息息相关，无论是民事执行立法还是自然人破产立法都不能完全解决唯一

---

〔1〕　See Frank R., Kennedy, "Limitation of Exemptions in Bankruptcy", *Iowa Law Review*, Vol. 45, No. 3., 1960, pp. 445-487.

〔2〕　See Gary E. Sullivan, "A Fresh Start to Bankruptcy Exemptions", *Brigham Young University Law Review*, Vol. 2018, No. 2., 2018, pp. 335-398.

〔3〕　See Gary E. Sullivan, "A Fresh Start to Bankruptcy Exemptions", *Brigham Young University Law Review*, Vol. 2018, No. 2., 2018, pp. 335-398.

住房的执行问题。对于债务人居住权的保障，应落实到如何加快完善配套的住房保障制度。

如果住房被规定在豁免财产之外，农民破产过程中就会涉及农村宅基地房屋的处置问题。农村宅基地房屋问题是具有中国特色的一个问题。宅基地使用权是集体经济组织成员享有的权利，具有较强的身份属性和福利属性。根据《土地管理法》的有关规定，村民对宅基地只享有使用权。宅基地使用权转让须在征得宅基地所有权人同意的前提下，在村集体经济组织内部进行，且受让人须为符合宅基地申请条件的农村村民。各省（自治区、直辖市）对宅基地转让做出其他条件要求的，须同时满足规定要求。宅基地使用权流转的限制性规定同样适用于破产程序中的农村宅基地房屋处分。根据现行法律规定，将宅基地上的房屋出卖给本村以外的成员不受法律的认可与保护，增加了农村宅基地房屋处置的难度，影响了债权人受偿。借鉴执行实践，对于面积较大、价值较高的农村宅基地房屋可以考虑以大换小的宅基地置换方式，由债务人申请一处面积较小的住宅建设用地，重新兴建住宅，[1]这样既遵循了农村"一户一宅"的规定，保障了被执行人的生存权和基本生活需要，又有力维护了债权人的合法债权。近些年来，农村宅基地闲置和买卖问题日益突出。为激活农村闲置资源，提高土地利用率，国家开始试点宅基地交易改革。在试点地区，允许依法取得的宅基地向县域内符合条件的农村集体经济组织成员家庭转让。这标志着宅基地跨村、跨镇买卖的试点正式启动。探索如何提高农村宅基地房屋的流通性，将"一户一宅"强制规定与债权保护二者的矛盾有机结合是解决问题的关键。

四、豁免财产变动的效力

（一）豁免财产规划的效力

对于债务人而言，在破产之前尽可能把自己的财产转变为可以豁免的财产，肯定是普遍想法，如果法律不禁止这样做，也肯定是债务人的必然做法。法律允许债务人的这种财产转换行为，势必损害债权人的利益，但是换

---

〔1〕 参见（2006）同执行字第876号。

一个角度思考，如果法律禁止这样做，将致使豁免财产的立法目的落空。[1]
如何在保护债权人得以公平清偿与允许债务人保留部分豁免财产之间作出平
衡是法律要面对的难题。

　　美国国会在通过《现行破产法》时，对此作出了特别说明，"根据法
律，允许债务人在提出破产申请前将不可豁免的财产转换为可以豁免的财
产，这种做法并不构成对债权人的欺诈，因为债务人有权利用法律提供的保
护以尽可能地扩大其豁免财产的范围"[2]。因此，在美国，债务人破产前
夕将不可豁免的财产转换为可以豁免的财产，该转换行为本身并不构成欺
诈，债务人不会因此而丧失可能获得的豁免财产。一位著名的破产评论人士
这样解释道："不允许债务人将财产转换为豁免财产将是非常残酷的，尤其
是在豁免财产规定非常严格的情形下。"[3]美国联邦豁免财产和多数州的豁
免财产规定了"通用"豁免，有些州虽然没有"通用"豁免，但是在其住
宅豁免中有"溢出"条款，允许没有住宅的债务人将一些住宅豁免用于其他
目的。相关案件所依据的普遍原则是，债务人在破产前夕将非豁免财产转换
为豁免财产本身并不是欺诈性的。

　　然而，豁免财产的政策目标的实现必须与滥用法律的可能性相平衡。即
使在美国这样一个对债务人非常宽松的国家，如果财产转换行为是为了"故
意隐匿财产、欺诈债权人"，债务人将被拒绝豁免财产，甚至被拒绝免责，
但是必须有"欺诈的明显证据"（extrinsic evidence of fraud）证明债务人的欺
诈意图。例如：转让财产的行为发生在破产前夕，债务人借钱购置豁免财
产，家庭成员之间的转让，采取措施向债权人隐瞒转移行为或就转让行为向
债权人作虚假表示，尽快以低价出售不可豁免的财产以便在债权人发现之前
完成转移财产行为等，这些都足以证明债务人的欺诈意图。如果缺少"欺诈
的明显证据"，只是存在债务人将豁免财产之外的财产转换为豁免财产的事
实，即使当时债务人处于无力偿债的境地，也不能作为有欺诈债权人意图的

---

　　[1]　See Mark A. Andersen, "Exemption Laws in Kansas: Recent Amendments and Bankruptcy Estate
Planning", *University of Kansas Law Review*, Vol. 38, No. 1., 1989, pp. 143–168.

　　[2]　United States Code Congressional and Administrative News, 1978, p. 5862, See Arnold B. Cohen,
Bankruptcy Article 9 and Creditors' Remedies: Problems, Cases, Materials, the Michie Company, 1993, p. 543.

　　[3]　3 Collier on Bankruptcy §522.08 [4], at 40 (15th ed. 1984).

证明。当然，法院对于大规模的财产转换行为不太关心是否有明显的欺诈证据。在一个案例中，因为物理学家将价值 700 000 美元的不可豁免的财产转换为可以完全豁免的保险和养老金保单。虽然没有"欺诈的明显证据"，但法院认为因为债务人的转换行为数额过于巨大，已经超出了破产法的"全新开始"政策所能容许的范围。在另一案件中，债务人将不可豁免的财产转换为可以完全豁免的房产、乐器和养老金，法院认为并不构成欺诈，因为立法明确表明房产豁免没有数额限制，债务人的转换行为是符合法律规定的。从以上这些案例可以看出，转换行为发生当时的情形和转换行为的数额大小往往会影响法院认定债务人的转换行为是否构成破产法所指的"欺诈"。[1]

本书认为，豁免法是指将债务人的生存成本从社会转移到其债权人。如此的政策目的应允许债务人改善他的豁免资产或在破产前夕购买新的豁免财产，如果债务人只是有意识地努力使法律规定的豁免财产利益最大化，行为和结果虽然是出于个人目的，这至少会部分缓解债务人对政府救助的需求。单纯的破产前转换财产行为不构成欺诈，但如果债务人在转换财产时确实有欺诈债权人的意图，法院仍应拒绝其获得免责。美国豁免制度对免除债权人约束的每类财产附加了固定的美元限制，有学者提出这种立法模式可以更适应个体的差异，然而，每类财产单独确定限额的方式并不一定适合每个个体，因此《美国破产法》又另行规定了通用制度。我国自然人破产立法中对于债务人可能存在的财产转换行为可以通过设置豁免财产额度上限的做法来实现，例如《深圳经济特区个人破产条例》中规定豁免财产价值的上限不能超过 20 万。20 万的范围之内即使债务人有豁免财产规划的行为，也应该是在被允许的合理范围之内。

（二）债务人放弃豁免财产的效力

债务人财产处置问题至关重要，直接关系到破产案件的办理质效，这一点在我国企业破产实践中已经显现。2020 年 5 月至 2021 年 6 月，北京破产法庭有财产可供分配的案件中，从破产财产处置（以第一次债权人会议召开

---

[1] See Brian A. Blum, *Bankruptcy and Debtor/Creditor*: *Examples and Explanations*, Aspen Law & Business, 1999, p. 511.

时间为起算点）至分配结束（以程序终结时间为准），平均用时约占整个破产程序时间的 70%，最长的占 93%。[1]最高人民法院印发的《全国法院破产审判工作会议纪要》第 26 条明确：“破产财产处置应当以价值最大化为原则，兼顾处置效率”。管理人作为破产财团的代表，在破产程序中应尽力保障破产财产的价值最大化，进而最大限度实现债权人的受偿。但是，有些财产不仅对债权人毫无价值，对于债务人的运营也无所裨益，管理人如继续管理该财产非但无法实现债权人利益的最大化，反而可能影响案件的效率。《美国破产法》第 554 条 a 款规定，“经通知和听证后，管理人可以放弃破产财产中对其造成负担的财产或者对破产财团无重要价值和利益的财产”。根据美国联邦第一巡回上诉法院 1995 年审理的杰弗里诉德斯蒙德案（Jeffrey v. Desmond），放弃一项财产须符合以下条件：一是该财产应在财产清单中正式列明，且相关信息充分；二是对某项财产的放弃应以通知和听证作为前置程序；三是该财产对破产财团造成负担或没有经济价值。[2]

我国《企业破产法》第 25 条规定了管理人的职责，其中包括“管理和处分债务人的财产”，但并未对破产管理人在何种情形下可以放弃某项财产作出明确规定。司法实践中，管理人采取经全体债权人一致同意或债权人会议表决方式放弃无法处置的破产财产。例如，深圳市嘉禾泰盛实业有限公司破产清算案中，因嘉禾泰盛实业公司名下的知识产权存在无法评估价值的情形，全体债权人一致同意管理人放弃处置上述财产。深圳市鸿福利实业有限公司破产清算案管理人发现公司名下仅有银行存款 388.82 元，因处置银行存款成本过高，全体债权人一致同意管理人放弃处置存款。温州天彩印刷有限公司破产清算案管理人查明公司名下仅有一辆价值低、无法接管且存在 8 处违章未处理的小型轿车，经债权人会议表决，债权人同意放弃对该车辆的处置。结合《企业破产法》实践，未来我国破产立法可进一步通过明晰的法律规范确立针对无法处置财产的放弃规则，包括明确可放弃的财产类型、必要的程序设计等，这既符合司法实践的需求，也可以提高财产处置的效

---

〔1〕 参见王玲芳、孙立尧：《破产程序中债务人财产处置面临的困境及应对建议》，载《人民法院报》2021 年 10 月 14 日，第 7 版。

〔2〕 See Jeffrey v. Desmond, 70 F. 3d 183, 186（1st Cir. 1995）.

率。[1]

《美国破产法》中豁免财产没有放在自然人破产章下，关于豁免财产的规定不仅适用清算程序，也适用其他类型的再建型程序。既然豁免财产属于债务人所有，而放弃豁免财产也只是财产处分的一种方式，那么破产债务人是否可以放弃豁免财产呢？如果说清算型程序是强制性的程序，豁免财产的规定是为了保证债务人的生存发展权，属于强制性规定，那么再建型程序中，债务人和债权人是否可以达成一份债务人放弃豁免财产的清偿协议呢？

首先要明确的是，豁免财产不仅关乎债务人的切身利益，还涉及所扶养人的基本权益。如果在所扶养人没有劳动能力的情况下，任由债务人放弃豁免财产，就会使所扶养人失去继续生活的基本物质条件，最终甚至还要依靠社会保障制度的救济，加重公共财政负担。有学者提出债务人是豁免财产的所有人，可以自由决定是否放弃豁免财产。[2]这种观点表面上看起来对债权人有利，但实际上没有考虑到债务人放弃豁免财产带来的消极问题，如债务人随意放弃豁免财产可能会导致所扶养的家庭成员的生存权受到侵害，加重家庭的经济压力和困境，[3]进而影响到整个社会的稳定。豁免财产允许放弃也可能会被恶意利用。强势债权人可能通过资金实力、政治关系或采用威胁、施压的方式来迫使债务人放弃豁免财产。有学者提出折中观点，豁免财产可以被债务人放弃，但需要在保障债务人的生存权与发展权的前提下进行。[4]赋予债务人对豁免财产完整的处分权可能带来一些潜在难题，应当允许所扶养人对此提出异议。确保债务人的豁免财产处置权不损害被扶养人的生存权和社会整体利益。

美国和日本对于豁免财产能否用于清偿的问题存在不同的观点和做法。其中，美国在该问题上倾向于不允许豁免财产进入破产财团用于分配清偿。这一倾向反映了对豁免制度初衷的尊重和维护。1898 年《美国破产法》允

---

[1] 参见殷慧芬、彭小珊：《破产财产放弃的认定标准》，载刘崇理主编：《域外个人破产典型案例：深度解析与实务指引》，法律出版社 2024 年版，第 218—224 页。

[2] 参见李永军：《破产法——理论与规范研究》，中国政法大学出版社 2013 年版，第 238 页。

[3] 参见［美］查尔斯·J. 泰步：《美国破产法新论》，韩长印等译，中国政法大学出版社 2017 年版，第 1021 页。

[4] 参见徐阳光、陈科林：《论个人破产立法中的自由财产制度》，载《东方论坛——青岛大学学报（社会科学版）》2020 年第 3 期。

许债务人主动放弃豁免财产，这种放弃行为虽然有助于债权人获得更多清偿，但可能并非债务人本人真实的意思表示，明显损害了其他债权人与债务人及其家庭成员的正当利益，更不利于保障整个社会的公众利益。[1]这种情形下，具有议价能力的债权人有机会利用自己的强势地位强制破产人放弃豁免财产。这将破坏豁免财产制度的原有功能，还可能损害债务人及其亲属的合法权益，甚至对社会公共利益造成不良影响。美国立法者在司法实践中意识到了绝对的放弃权可能带来的危害。基于此，美国国会于1978年对这一问题在破产法中做出了修改，对债务人放弃豁免财产的行为作出了一定程度的限制。根据修改后的《美国破产法》，债务人放弃豁免财产的行为并不具备法律效力，即便是在合同或协议中有关放弃豁免财产的条款也同样无效。为了强化豁免财产制度立法功能的实现，《美国破产法》第522条赋予债务人所抚养或赡养的家人代为主张放弃豁免财产的权利。[2]总之，美国虽然对放弃豁免财产行为加以限制，但同时作出谨慎的例外规定，以确保破产人的议价能力得以保护，本质上对债务人放弃豁免财产的行为持否定态度。相比之下，2006年日本最高法院通过判例规制了这一问题，原则上同意豁免财产能够用以任意清偿破产债权的观点，但将是否存在强迫性的意思表示作为判断债务人能否使用豁免财产来对债权人进行任意清偿的唯一标准。[3]然而，这种做法赋予法院较大的自由裁量权，容易出现同案不同判的现象；也会对债权人产生不当激励。

　　自然人债务人在破产过程中放弃豁免财产的行为，通常是基于自愿或协议达成。然而，若该行为对其所扶养家庭成员的基本生存条件和合法权益造成危害，或者债务人是被迫作出这样的意思表示，应当允许当事人或者利害关系人提出异议，并由法院审查异议理由是否成立。

---

　　〔1〕　参见［美］查尔斯·J. 泰步：《美国破产法新论》，韩长印等译，中国政法大学出版社2017年版，第1021页。

　　〔2〕　参见［美］查尔斯·J. 泰步：《美国破产法新论》，韩长印等译，中国政法大学出版社2017年版，第1021页。

　　〔3〕　参见罗琳：《论个人破产制度中自由财产处分"自由"的限制》，载《湖北社会科学》2020年第11期。

（三） 别除权与豁免财产

别除权是指债权人就属于破产财产的特定财产，不依破产程序而优先受偿的权利。担保为债权人提供了强有力的保护，债务人没有清偿债务时，债权人可以占有担保物实现其债权。担保债权人原则上受到破产程序的保护，政策制定者普遍担心，对担保债权人权利的任何可能的破坏都会对信贷市场产生广泛而深刻的不利影响。[1]豁免财产与担保财产之间存在较为复杂的关系。豁免财产反映的是债务人对财产的一种所有关系，而担保财产反映的是债权人对财产的一种他物权关系，两者又可能指向同一物，因此两者之间的冲突是难免的。以债务人的住房为例，绝大部分住房购买者都通过按揭贷款购房，在住房按揭贷款普遍存在的社会中，这样高价值的借贷活动往往是国家金融市场的核心组成部分和健康经济体系的基础，显著弱化债权人实现住房抵押贷款债权的可能性将对整个国家经济金融稳定和健康发展产生破坏性影响，[2]所以破产法中专门规定了别除权以实现对担保权的保护。另外，一些立法例规定，一定限额内的住宅是豁免财产的重要组成部分，这是债务人全新开始的基础，是人权保障的需要。但同时，债务人在住房上通常没有留下多少净权益，当债权人行使别除权实现债权与债务人对住房的居住需求相冲突时，即债权人的财产权和债务人的人权相冲突时毫无疑问应当保护后者。《美国破产法》有关于撤销担保权益的规定。美国法律体系中的担保权可以具体分为意定担保权、法定担保权、司法担保权三类。[3]根据《美国破产法》第 522 条（f）款的规定，司法担保与任意财产上的非占有的、非价款担保权益是可被撤销的。这两种担保如果设立在豁免财产上，同时损害了豁免财产，并且债务人对该财产享有财产利益，就可以适用第 522 条（f）款被撤销，撤销影响到豁免财产的部分。如果债务人在财产上的净值超过了豁免财产，担保权益对财产的非豁免部分仍是有效的。1986 年《英国破产

---

〔1〕 参见自然人破产处理工作小组起草：《世界银行自然人破产问题处理报告》，殷慧芬、张达译，中国政法大学出版社 2016 年版，第 130 页。

〔2〕 参见自然人破产处理工作小组起草：《世界银行自然人破产问题处理报告》，殷慧芬、张达译，中国政法大学出版社 2016 年版，第 130 页。

〔3〕 See Brian A. Blum, *Bankruptcy and Debtor/Creditor*, Aspen Publishing, 2010, p. 317.

法》规定，对于债务人的唯一住宅财产应当采取财产押记令。[1]根据押记令的规定，出售住宅所得价款被分为两部分：一部分价款是与国家经济适用房标准持平的金额，这部分款项由债务人获得，以保障债务人的基本居住权益，维持债务人及其家庭成员的基本生活，另一部分的价款用于清偿担保权人的债务。[2]根据我国《深圳经济特区个人破产条例》的相关规定和地方法院个人债务清理的实践，可以看出国内对于豁免财产范围的限制比较严格，这种限制主要是为了最大限度地保护债权人的利益。我国自然人破产制度的推进不可能一蹴而就，唯有在利益冲突中不断探索平衡之法，结合现有基础逐渐铺垫，方能在未来真正得到切实解决住房抵押贷款债权问题的答案。本书认为，为了保护债务人的基本权益，应当赋予管理人对在豁免财产范围内的担保权益的撤销权。

（四）破产抵销权与豁免财产

破产抵销权是指破产债权人在法院裁定启动破产程序时，对债务人负有债务的，无论给付种类是否相同，得不依破产程序以其对债务人的债权抵销其对债务人所负债务的权利。在自然人破产情形下，破产债权人能否对属于破产债务人个人的豁免财产的债权为抵销，学说上认识不一。大致有三种学说：一是积极说。该说认为，各国关于破产制度的立法并未禁止破产债权与破产债务人的自由抵销从而获得清偿。豁免财产不属于破产财产，破产债务人可自由处分，故无论由破产债权人主张抵销还是破产债务人主张抵销均无不可。二是消极说。该说强调债务人的豁免财产为专属债务人的权利或不得扣押的财产，此类财产或权利为破产债务人及其家属生活所必需，故不允许对之强制执行。如允许对属于豁免财产的债权为抵销，不仅与立法精神相悖，而且也违背公序良俗，故不得抵销。三是折中说。该说认为，当破产债权人主张抵销时，应不允许抵销，但破产债务人出于自己的本意主张抵销时，当无不许抵销的理由。因为豁免财产系属于债务人的财产，得自由处

---

〔1〕　See Insolvency Act 1986, sec. 283(A)(3)(d).
〔2〕　参见徐阳光、陈科林：《论个人破产立法中的自由财产制度》，载《东方论坛——青岛大学学报（社会科学版）》2020年第3期。

分。[1]本书赞成折中说。根据我国《企业破产法》的相关规定，在破产程序中，由于债务人的财产由管理人管控，除个别情况外，债务人无权再对其财产实施处分，不能主动行使破产抵销权。一般而言，破产抵销权只能由债权人提出，管理人不能主动抵销债务人与债权人的互负债务，除非抵销使债务人财产受益。豁免财产是法律规定的用于保障债务人生存权和发展权、专属于债务人的财产。债权人主张对属于债务人豁免财产的债权为抵销，应当是不允许的。但是，与用于清偿债权人的责任财产不同，豁免财产由债务人自行支配，债务人如果基于自愿放弃豁免财产主张抵销，应当是允许的。当然，与前文提到的放弃豁免财产的效力相同，若该行为对其所扶养家庭成员的基本生存条件和合法权益造成危害，应当允许当事人提出异议。

---

[1] 参见李永军：《破产法律制度》，中国法制出版社 2000 年版，第 297-298 页。

自然人破产法中的破产债权

破产债权是破产法律制度的一个核心范畴，系于法院裁定开始破产程序之前成立且只有通过破产程序才能从破产财产中获得公平清偿的对债务人的债权。破产债权也是债权人在破产程序中享有的最重要、最普遍的权利，经过债权人申报债权并得到核查确认后，破产债权从破产财产中得到清偿。自然人破产程序的有效进行，应当保证债权人对程序的适当参与，因为破产程序的立法目标之一就是使破产债权人最大限度得到公平合理的受偿。

一、破产债权的界定

（一）破产债权的确认

破产债权与一般债权并没有本质区别，都是当事人一方要求他方作出特定给付的权利，但与一般债权在债权特征、债权的范围、债权的实现方式、实现结果等方面均存在着差异。一般债权的债权人须依破产程序经过申报和确认，才能将一般债权转化为以参加破产分配为唯一目的的破产债权。在破产财产既定的前提下，如何认定破产债权，是任何一个破产程序中都非常重要的问题。破产债权具有下列性质：[1]破产债权为对破产财产上的请求权，非财产上的请求权，例如作为或不作为的债权，不得认定为破产债权；破产债权是能够强制执行的请求权；破产债权通常是破产程序开始前成立的债权，债权必须在程序启动时已经成立，但不必在程序启动时满足债权的所有

---

[1] 参见李永军：《破产法律制度》，中国法制出版社 2000 年版，第 173-175 页。

条件，程序启动时存在产生破产债权的法律基础即可；[1]破产债权须依破产程序申报并确认，也必须依破产程序才能行使权利。

在自然人破产制度中，确定"债权"发生的时间关系到债务人能否获得破产免责以及"重新开始"的机会，债务人对破产债权人之外的债权人所负的债务将无法获得免责，相应债权人的追偿行为也不会被冻结，而且债权人在破产程序结束之后依然可以针对全部债权人执行其全部债权。[2]从1898年《破产法案》到1978年《破产改革法案》，《美国破产法》的数次修改使得可以获得免责的债务范围不断扩大，其中1938年《钱德勒法案》[3]将或有债务列为可以被证明的债务，使得或有债权也成了可以被免责的对象。[4]可以看出，"债权"的内涵处于不断发展的过程中，定义的完善有效地避免了列举式的立法模式无法及时有效地涵盖现实中最新的债务形式这一弊端。目前我国《深圳经济特区个人破产条例》并未对相关术语的内涵作出定义，但是第34条、第58条规定债务人财产申报时需要对已设立担保物权等权利负担作出说明，以及债权人可申报附条件、附期限的债权和诉讼、仲裁未决的债权，这些债权也属于或有债权。我国可以借鉴美国立法经验，[5]对"债权""债务"等涉及自然人破产的关键术语内涵作出定义，这样法院可以从定义出发对没有明确规定的债权情形作出恰当的裁判。

---

〔1〕 参见［德］乌尔里希·福尔斯特：《德国破产法》，张宇晖译，中国法制出版社2020年版，第39页。

〔2〕 参见［美］查尔斯·J. 泰步：《美国破产法新论》，韩长印等译，中国政法大学出版社2017年版，第702页。

〔3〕 Bankruptcy Act of 1938 § 63a（8）.

〔4〕 In re Manville Forest Products Corp., 209 F. 3d 125（2d Cir. 2000）. 该案法院指出，1898年《破产法案》规定，只有可被证明的债权才能得到免除。

〔5〕 《美国破产法典》第101（12）条将"债务"（debt）定义为"对债权的义务"（liability on a claim），第101（5）条"债权"（claim）的定义为"请求支付的权利，无论该权利是否被判决、已清算的还是未清算的、确定的还是或有的、到期的还是未到期的、争议的或是无争议的、法定的或是衡平的、有担保或无担保的"。美国第七巡回法院根据定义采取了"行为检测"（conduct test）方法判断债权产生的时间。［In re Schlundt, 14-20454-beh（Bankr. E. D. Wis. Aug. 19, 2021）.］"行为检测"是指债权的产生时间由引起债权的行为的日期决定，裁判法院指出，合同之债引起债权的行为通常是合同的签署。第七巡回法院认为申请破产前持续保证可能产生的任何未来义务属于破产免责令中"债务"的涵盖范围，可以被免除。

　　（二）破产债权的特点

　　破产债权的范围以法院裁定破产程序前成立者为限。故凡在开始破产程序前已有成立原因事实者，包括附条件或期限的债权，及将来行使的请求权，均可成为破产债权，例如承租人的押金返还请求权，在出租人开始破产程序前，也属破产债权。自然人破产情形下，破产债权数量相对较少。2022年全年，浙江全省法院共受理个债清理案件 835 件，审结 688 件。在债权人数层面，全省个债清理案件涉案债权人共计 5240 人，其中涉及金融债权人共 1788 人，平均每个案件涉及债权人 6-7 人。[1]不仅债权人人数有限，债权规模通常也是有限的。深圳个人破产审判实践相关统计表明，截至 2022 年 2月 28 日，深圳中院收到个人破产申请 1031 件，其中申请人申报的债务规模，债务人负债中位数为 91.31 万元。[2]较少的债权人人数和较小的债权规模决定了自然人破产案情相对简单。

　　自然人破产案件中的破产债权多是债务人因经营、消费借贷、自用住宅借款、信用卡等对于金融机构而负债务。银行提供贷款，通常要求债务人必须提供抵押物或保证人、连带保证人共同担保债务的履行，因此担保债权居多；信用卡债务为无担保债务，如果债务人违约，发卡机构没有任何特定抵押物的追索权。由于自然人的交往能力与公司等相比有一定局限性，与其发生债权债务关系的人，除了银行等信贷机构以外，通常就是其周边的人，包括一般性的朋友、生意中接触的人以及内部人。所谓内部人，是指与债务人有特殊亲密关系的人，如债务人的配偶、亲属，债务人独资企业的高级职员，债务人的常年律师，以及同一合伙中的合伙人等，如果债务人在破产前与内部人发生债权债务关系，就会引发内部人债权问题。也就是说，因为内部人与债务人有特殊亲密的关系，这些人有可能与债务人串通起来，通过提供过度的不必要的甚至虚假的服务来转移债务人的财产。因此，对内部人员所持有的债权如何处置的问题，是值得予以关注和研究的。《深圳经济特区个人破产条例》第 89 条规定，"破产财产在优先清偿破产费用和共益债务

〔1〕　参见《2022 年浙江法院个人债务集中清理（类个人破产）工作报告》。
〔2〕　参见曹启选等：《个人破产制度先行先试中的实践示范与体系构建》，载《人民司法》2022年第 22 期。

后，其他债务依照下列顺序清偿：（一）债务人欠付的赡养费、抚养费、扶养费和专属于人身赔偿部分的损害赔偿金；（二）债务人所欠雇用人员的工资和医疗、伤残补助、抚恤等费用，应当缴入雇用人员个人账户的基本养老保险、基本医疗保险等社会保险费用，以及依法应当支付给雇用人员的补偿金；（三）债务人所欠税款；（四）普通破产债权，其中债务人的配偶以及前配偶、共同生活的近亲属以及成年子女不得在其他普通破产债权人未受完全清偿前，以普通债权人身份获得清偿；（五）因违法或者犯罪行为所欠的罚金类款项。破产财产不足以清偿同一顺序债权的，按照比例分配。"其中"债务人的配偶以及前配偶、共同生活的近亲属以及成年子女"的债权劣后于其他普通破产债权人。《浙江法院个人债务集中清理（类个人破产）工作指引（试行）》第49条也有类似规定。

（三）人身侵权之债的判断

人身侵权之债在企业破产，包括个人独资企业、合伙企业的破产案件中比较常见，当然也会在一些自然人破产的案件中出现。一般意义上的人身侵权之债作为破产债权参与到破产分配程序中是没有问题的。然而有些人身侵权行为所导致的损害有一个逐渐明显化的过程。破产债权必须是基于破产受理前原因的债权。关于受理前原因的意义，出现过部分具备说和全部具备说的对立，现在基本为前者所统一。该学说主张，债权发生原因没有在受理前全部具备之必要，只要主要原因具备就可以。具体地说，履行期未到的债权、有期限的债权，或保证人的求偿权等将来的请求权等，都只要在宣告前有债权发生的原因就可以成为破产债权。而基于侵权行为损害赔偿债权的情形，则存在严重的问题。原则上应比较作为发生原因的侵权行为的时间和破产受理的时间，从而决定能否作为破产债权。由此损害额未确定的和损害没有明显化的债权全部都可以成为破产债权。这样一方面会不必要地增加管理人的负担，另一方面又会引起不得不要求尚未明显化的债权人申报债权的问题。但是，如果不把受理后明显化的损害作为破产债权对待，虽然会留有对豁免财产行使权利的余地，但在实际上，就会封闭救济该种债权人之路。[1]

---

[1] 参见［日］伊藤真：《破产法》，刘荣军、鲍荣振译，中国社会科学出版社1995年版，第98页。

　　因此，法律需要在个别债权人的受偿利益和全体债权人之间的公平清偿利益之间取得均衡。司法实践中，破产债权虽然可以是或然的，但在涉及或然债务时，需要区别真正的或然债务和那些可能性过于遥远的主张。比如，美国有很多人因接触石棉制品使健康受到严重影响，因而产生了大量的官司和潜在的官司。其中有一部分人已经发现病症，而另一部分人则尚未发现病症，但认为病症迟早会出现。对于前一部分人，他们可能属于或然债权人，因为他们有可能会在诉讼中胜诉，但也有可能由于种种原因败诉。对于后一部分人，他们的主张也不是完全没有理由，因为根据有关的证据，他们有极大的可能性将来会出现病症，但美国绝大多数法院认为，这种主张的或然性太强，因此已不属于破产法所说的债权。[1]

　　一般说来，作为破产债权的人身侵权之债应是破产进行过程中损害额已确定的或损害已经明显化的债权。当然，那些新产生的债权人的利益也可以得到保障，因为与企业破产不同的是，自然人的主体资格在破产案件终结之后会继续存续。

二、破产债权的查定

（一）破产债权的申报

　　债权申报是破产程序中的一项重要制度，是债权人参加破产程序并行使权利的前提。正如有的学者所指出的，未申报债权的债权人，即使是实质上的破产债权人，也不被视为程序上的破产债权人。[2]债权申报为债权人平等参加破产程序提供了机会，法院受理破产申请，虽然可以根据债务人提交的债权债务清册，对债权人的情况进行初步了解，但由于所有的债权人不可能完全记载于债权债务清册中，故法院不能仅仅凭借债权债务清册来确定债权人并启动破产程序。为了给所有债权人一个平等受偿的机会，保障其公平利益，有必要让所有债权人都有参加破产程序的机会，所以应设立债权申报这一制度。在企业破产案件中，债权人往往可以获得清偿，因此公司的重组

---

　　〔1〕　参见潘琪：《美国破产法》，法律出版社1998年版，第109页。
　　〔2〕　参见［日］石川明：《日本破产法》，何勤华、周桂秋译，中国法制出版社2000年版，第115页。

方案和债务的清偿方案，必须经过债权人会议（有时是债权人委员会，特别是在大型案件中）的投票，表决规则往往是复杂的，债权人会议一般表决规则取决于债权人的数目和未偿还债务的额度。如我国《企业破产法》规定，"债权人会议的决议，由出席会议的有表决权的债权人过半数通过，并且其所代表的债权额占无财产担保债权总额的二分之一以上"。

自然人破产案件中，破产债权的申报程序与《企业破产法》并无不同。我国《企业破产法》第 58 条规定："依照本法第五十七条规定编制的债权表，应当提交第一次债权人会议核查。债务人、债权人对债权表记载的债权无异议的，由人民法院裁定确认。债务人、债权人对债权表记载的债权有异议的，可以向受理破产申请的人民法院提起诉讼。"债权人应于法院所定申报债权的期间内申报债权种类、数额或其顺位。债权人对于债务人的特定财产有优先权、质权、抵押权、留置权或其他担保物权者，仍应依规定申报债权。债权人所申报债权的种类、数额或顺位，影响其他债权人及债务人的权益的，应允许债务人、其他债权人或其他利害关系人提出异议。利害关系人提出异议后，法院就受异议债权作实体审查，并以裁定确定。

为保护劳动者的利益，许多国家的破产法规定债务人拖欠的职工工资和社会保险费用等与劳动者切身利益相关的劳动债权，列入无须申报即可参与分配的破产债权，以免劳动者未依法律规定申报债权而失去了受偿的机会。我国企业法在借鉴其他国家和地区的相关做法的情况下，也对劳动债权的申报作了不必申报的特殊规定。《深圳经济特区个人破产条例》第 60 条规定，"债务人依法应当承担的赡养费、抚养费、扶养费无需申报，由管理人根据债务人提供的信息调查核实后，予以公示。债务人所欠雇用人员的工资和医疗、伤残补助、抚恤费用，包括应当缴入雇用人员个人账户的基本养老保险、基本医疗保险等社会保险费用，以及依法应当支付给雇用人员的补偿金等无需申报，由管理人调查核实后予以公示。前款雇用人员对公示内容有异议的，可以要求管理人更正；管理人不予更正的，雇用人员可以向人民法院提起诉讼。"考虑到个体工商户等商自然人实践中存在账簿不健全等情形，利害关系人认为有必要申报的也应可以申报。抚养费、扶养费、赡养费请求权是特定亲属之间根据法律的明确规定而存在的经济上相互供养、生活上相互辅助照顾的权利义务关系。债务人提交破产申请或进入破产程序后需提交关于抚养费、扶养费、赡养费请求权的材料，管理人可依据相关材料列出债权并予以公示，利害关系人认为有必要申报的也可以自行申报。

自然人破产案件中尤为重要的一个问题是严格执行债权申报的最后期限，尤其是涉及债务清偿方案时。决定债权申报期限的长短主要受制于两方面相互矛盾的价值选择：债权的保护程度和案件处理的效率。债权的申报期限较长，有利于保护债权人的利益，但有可能使破产程序拖延，影响办案的效率。债权申报期限较短，虽提高了办案效率，但又有可能使债权人在较短的时期无法申报债权而丧失其应得的破产利益。自然人破产案件债权债务关系相对简单，债权人数量相对少，因此确定了相较于企业破产法更短的债权申报期限。《深圳经济特区个人破产条例》第 49 条规定，"人民法院裁定受理破产申请时，应当确定债权人申报债权的期限。债权申报期限自发布受理破产申请公告之日起计算，最短不得少于三十日，最长不得超过六十日。管理人应当通知已知债权人申报债权。"与《企业破产法》"最短不得少于三十日，最长不得超过三个月"的债权申报期限相比更短。

债权人在申报债权的过程中，因为主客观的原因可能未能在法定或规定的期限内申报债权，包括因自己的原因和因不可归责于自己的原因未在规定期限内申报债权的两种情形。对逾期申报的债权的法律后果，各国破产法的规定并不相同，有些制度甚至简单拒绝分配给任何债权申报超过期限的债权人，有些制度规定只有在债权人未及时申报债权是因债务人有过错时，才能修改确认后的清偿方案。[1]例如，日本法规定只有当债权人因不可归责于自己的原因未及时申报债权人才允许补充申报债权。第三种模式规定只要是逾期申报债权，不管什么原因，债权人均可补充申报债权。我国《企业破产法》第 92 条规定："经人民法院裁定批准的重整计划，对债务人和全体债权人均有约束力。债权人未依照本法规定申报债权的，在重整计划执行期间不得行使权利；在重整计划执行完毕后，可以按照重整计划规定的同类债权的清偿条件行使权利。……"尽管债权人可以补充申报债权，但债权人补充申报的债权与按期申报的债权仍在权利上存在较大的差别。首先，补充申报债

---

〔1〕　参见自然人破产处理工作小组起草：《世界银行自然人破产问题处理报告》，殷慧芬、张达译，中国政法大学出版社 2016 年版，第 91 页。

权必须在破产财产最后分配前提出，如破产程序已经终结，则债权人丧失了补充申报债权的权利。其次补充申报的债权所得的清偿以申报后的破产财产为限参与分配，对补充申报前已分配的财产则无补充分配之权。最后，为补充申报债权的调查、确认而支出的费用由补充申报人承担。《企业破产法》关于未申报债权可以在重整计划执行完毕后按照重整计划规定的同类债权的清偿条件行使权利的规定，增加了债务人恢复经营能力的难度，甚至还可能因为补充申报债权人行使权利而导致债务人被迫再度破产。对于逾期申报的债权，可以区分因为债权人自身原因逾期申报和不可归责于债权人导致的逾期申报而差别对待。因为债权人自身原因逾期申报的不得再行使权利，不可归责于自身原因逾期申报的债权人可予以清偿。

（二）债权人对破产事项的知悉

破产程序开始后，债权人必须通过向法院或者法律规定的机构申报债权，才有资格参加到破产程序中来，在债权人会议上表达自己的意愿，维护自己的利益。如果债权人未在债权申报期限内申报债权，就不能参加破产程序，其债权或者在破产程序终结后被豁免掉，或者作为劣后债权后于普通债权受偿。这里关键的问题是，债权人如何知道破产程序已经开始而不错过债权申报？

在债务人提出破产申请的前提下，能否收到程序启动通知，以及是否有机会对推定符合条件质疑，直接关系到债权人和其他利益方的利益。然而，什么时候应当通知债权人——究竟是在提出申请时还是在程序启动时？为了能够就是否继续向债务人提供货物和服务做出明达的决定，以避免债务进一步累积，得到申请通知关系到债权人的切身利益。除了应在什么时候发出通知之外，破产法还需论及提供通知的方式，以及通知中应包括的内容，以确保其有效性。关于提供通知的方式，关键的考虑是采用利益方一般可能注意的形式送达通知或发布通告。举例来说，虽然可以向已知的债权人个别发出通知，但为了通知身份不详的债权人，立法一般还做出了广泛的规定。例如，要求在正式的官方出版物上或广泛发行的报纸上公布这一通知。这种报纸可以是区域性的、全国性的或地方性的，具体取决于个案的情况，以及最具成本效应的方法。[1]

这一问题在自然人破产的情形时尤其重要。大的公司或企业破产时，通常会引起人们的普遍关注，而在自然人破产来说，除非极少数的名人外，普通自然人的破产往往会非常低调地进行，而且由于自然人破产数量往往十分庞大，媒体社会通常不会予以太多的关注。债权人知道自己的债务人破产的机会就会很少，或者说只能通过法定渠道了解破产及债权申报的相关事项。[2]从《深圳经济特区个人破产条例》的实践来看，法院受理债务人破产的相关信息在全国企业破产重整案件信息网、深圳个人破产案件信息网、深圳市破产事务管理署公众号等平台公布。但是，在自然人破产情形下，由于数量庞大，通常也不会引起人们注意。因此，以公告的方式通知债权人常常是不可靠的，其程序意义大于实际意义。[3]据此，《深圳经济特区个人破产条例》规定，债务人提出破产申请的，应当向人民法院提交债权债务清册；人民法院根据该名册通知债权人申报债权、参加债权人会议；债务人知悉而未记载于债权债务清册的债务不得免除，但债权人明知人民法院裁定宣告债务人破产的除外，[4]使得债务人能够如实申报所有债权人名单。

（三）债权人会议并非必设机关

破产管理人在法院的领导下，对破产财产的适时变价和及时分配，负具体责任。但是，破产程序以债务人不能清偿债务为出发点，以债权人的公平受偿为宗旨，债权人的本位利益要求广泛吸收全体债权人参加破产程序，适时消除债权人相互间的利益冲突，加速破产程序的进行，从根本上维护债权人的自身利益。为了使债权人能够履行具体职责，破产程序直接通过债权人会议等形式，为债权人提供关于债务人业务和财务事项的相关、现时和准确

---

〔1〕　参见联合国国际贸易法委员会：《破产法立法指南》，纽约 2006 年，第 55-56 页，载 https://uncitral.un.org/sites/uncitral.un.org/files/media-documents/uncitral/zh/05-80721_ebook.pdf，最后访问日期，2024 年 9 月 9 日。

〔2〕　参见文秀峰：《个人破产法律制度研究》，中国人民公安大学出版社 2006 年版，第 106-107 页。

〔3〕　参见文秀峰：《个人破产法律制度研究》，中国人民公安大学出版社 2006 年版，第 106-107 页。

〔4〕　参见《深圳经济特区个人破产条例》第 8 条、第 97 条。

的情况，并就影响债权人利益和可能须由其决定或提出意见的问题向债权人提供通知。债权人会议是代表全体债权人的共同意志，并恰当满足各债权人独立利益要求的组织形式。[1]破产程序从实质上而言，是对以债权人会议为代表的全体债权人公平清偿的程序。债权人会议与债务人作为破产法律关系的两方主体，一直在进行着力量的博弈。[2]

我国《企业破产法》中债权人会议是必设机关。人民法院应当自裁定受理破产申请之日起二十五日内通知债权人第一次债权人会议召开的时间和地点，并予以公告。债权人会议核查债权；监督管理人；决定继续或者停止债务人的营业；通过重整计划；通过和解协议；通过破产财产的管理方案；通过破产财产的变价方案；通过破产财产的分配方案；人民法院认为应当由债权人会议行使的其他职权。自然人破产案件中的债权人会议上，管理人需要让债务人明确几点：第一，债务人意识到破产对个人信用历史的潜在影响；第二，债务人寻求其他破产解决途径的能力；第三，获得免责的效力。

在破产法允许债权人在程序中发挥积极作用的情况下，需要考虑的一个重要问题是如何克服债权人的冷漠和鼓励债权人参与破产程序。[3]绝大多数自然人破产案件中，债权人的积极参与是罕见的。即使在破产法规定要求积极参与的情况下，债权人也一般认为，这种参与不会带来什么收获，尤其是在债权人所得到的回报不可能很大并且参与案件可能事实上要求进一步耗费时间和金钱的情况下。由于在自然人破产程序中，可能出现债权人人数少或债权简单的情形，此时召集债权人会议，耗费人力、物力。某些债权人出席债权人会议是为了获得担保物，或尝试寻求将来和解成功，然而，大多数债权人之所以参加债权人会议，只是因为他们被要求参加。立法者最近几年在许多领域得出的结论是邀请债权人参与大多数自然人破产案件的微不足道收益远远抵销通过这种参与而造成的显著管理成本和延误，如此，自然人破产

---

〔1〕 参见齐树洁主编：《民事程序法》，厦门大学出版社 2008 年版，第 344 页。

〔2〕 参见王卫国等编著：《破产法　原理·规则·案例》，清华大学出版社 2006 年版，第 40 页。

〔3〕 参见联合国国际贸易法委员会：《破产法立法指南》，纽约 2006 年，第 172 页，载 https://uncitral. un. org/sites/uncitral. un. org/files/media-documents/uncitral/zh/19-11272_zh. pdf，最后访问日期：2024 年 9 月 13 日。

立法的一个显著发展趋势是排除债权人申报和确认债权，废弃债权人会议以及其他债权人参与案件的形式，除非管理人认为有足够的财产为债权人提供清偿利益。[1]为避免召集非必要的债权人会议，法院应对召集债权人会议有裁量权。此外，深圳个人破产和解第一案中，债务人张某为公司经营性贷款承担连带保证责任而负债，截至债权申报期限届满之日，债权人平安银行申报了债权。在管理人的协助下，债务人与债权人达成和解方案：张某履行5.2万元款项的支付义务后，剩余未清偿债务予以免除。[2]该案中，只有一个债权人申报债权，这种情形在债权债务关系较为简单的自然人破产案件中应并非个例。虽然说破产程序的目的之一是为了公平清偿债权，债权人的多数似乎应是其必要特征，但是现代自然人破产程序的另一目标是为了通过破产免责制度为债务人提供重新开始的机会。如果只有一个债权人的债务人不能进入破产程序，此类债务人就失去了通过破产程序获得相应救济的可能性。因此，多数债权人应不作为破产程序启动的必要条件。债权人会议并非自然人破产程序中的必设机关，亦非常设机关，而是应特定事项需求，于法院认为必要时召集的临时机关，于债权人会议期日终了时即行解散。

三、破产债权的受偿

破产债权确定后，破产债权人可以根据破产债权行使破产法规定的权利，如表决权、异议权以及破产财产分配权。其中最重要的，也是破产程序设立的目的，就是破产债权的清偿。无论是企业破产程序还是自然人破产程序，无论是破产清算程序还是破产预防程序，破产债权的受偿都是程序的核心内容。

（一）破产债权的受偿顺位

由于各国经济基础不同、立法者的观念差异，以致出现破产债权的清偿顺位不同。不管怎样规定，各国破产债权的清偿都遵循的共同原则为法

---

〔1〕　参见自然人破产处理工作小组起草：《世界银行自然人破产问题处理报告》，殷慧芬、张达译，中国政法大学出版社2016年版，第90页。

〔2〕　深圳市中级人民法院（2022）粤03破申112号（个免1）《民事裁定书》。

定清偿原则和平等清偿原则。所谓法定清偿原则，是指清偿债权必须按法定的债权清偿顺序进行，除非债权人自愿放弃清偿。所谓平等清偿原则，是指同一顺位的债权获得的清偿额是平等的，即按照债权额比例清偿。[1]破产债权是从破产财团接受公平满足的权利，所以应按债权额的比例平等地进行处理。由于考虑到各自的权利在实体法上的性质，各国法律一般设置了优先的破产债权和劣后的破产债权两个概念。劣后破产债权受偿顺位在普通破产债权之后，而且劣后破产债权人在债权人会议上的表决权也被否定。

国外破产立法和法学理论中有除斥债权或劣后债权制度，也即这些债权虽然符合一般债权的构成要件，但因债务人处于破产状态这一特定事实，法律例外规定，这些债权不得参加破产程序获得分配，或者仅能后于一般破产债权获得分配的债权，前者被称为"除斥债权"，后者被称为"劣后债权"。我国《企业破产法》并未对此作出规定。《企业破产法》第 113 条规定，破产财产在优先清偿破产费用和共益债务后，依照下列顺序清偿：（1）破产人所欠工资和医疗、伤残补助、抚恤费用，所欠的应当划入职工个人账户的基本养老保险、基本医疗保险费用，以及法律、行政法规规定应当支付给职工的补偿金；（2）破产人欠缴的除前项规定以外的社会保险费用和破产人所欠税款；（3）普通破产债权。根据该条规定，排列于"普通破产债权"之前的所有债权均属于破产一般优先权的范畴。与企业破产法相比，自然人破产法中有些特别债权需要考虑，如债务人需要支付的抚育费、赡养费等，这些债权在性质上都是家庭成员间经济支持义务的体现，旨在确保相关权利人的基本生活需要得到满足，应处于优先受偿的顺位。《德国破产法》中职工工资、社会保险、税收等并非优先权，主要原因在于《德国社会保险法》对此提供了保护措施。[2]

对于罚款、罚金等这些债权是应作为除斥债权还是劣后债权对待，立法上尚未明文规定，2018 年《全国法院破产审判工作会议纪要》提到，"对于法律没有明确规定清偿顺序的债权，人民法院可以按照人身损害赔偿债权优

---

〔1〕 参见付翠英编著：《破产法比较研究》，中国人民公安大学出版社 2004 年版，第 362 页。

〔2〕 参见［德］乌尔里希·福尔斯特：《德国破产法》，张宇晖译，中国法制出版社 2020 年版，译者说明。

先于财产性债权、私法债权优先于公法债权、补偿性债权优先于惩罚性债权的原则合理确定清偿顺序。因债务人侵权行为造成的人身损害赔偿，可以参照企业破产法第一百一十三条第一款第一项规定的顺序清偿，但其中涉及的惩罚性赔偿除外。破产财产依照企业破产法第一百一十三条规定的顺序清偿后仍有剩余的，可依次用于清偿破产受理前产生的民事惩罚性赔偿金、行政罚款、刑事罚金等惩罚性债权"。有理由认为，我国未来立法不妨确立劣后债权制度，以为债权人提供更加充分的保障。

（二）人身侵权之债的受偿顺位

依据破产债权的顺位，人身侵权行为损害赔偿之债属于一般的普通债权，破产财产在优先分配劳动债权和税收债权等优先性债权之后，再在所有的普通债权之间按比例分配。从社会角度看，与其他性质的普通债权相比，人身侵权之债作为一种非合意之债需要加以保护。但我国目前破产法并不认可这样的修改，只在 2018 年《全国法院破产审判工作会议纪要》中明确"因债务人侵权行为造成的人身损害赔偿，可以参照企业破产法第一百一十三条第一款第一项规定的顺序清偿"。有的国外立法规定，故意的侵权行为之债不得在自然人破产程序终结之时获得免责，如《日本民事再生法》。除此之外，对于不同类型侵权之债是否可以在破产程序中获得不同的对待，以及能否赋予特定的侵权之债以优先权地位问题，存在较大的争议。因此，尚不能从正面让这些债权优于一般的破产债权。如果破产管理人执意要这样来处理，必须得到全体债权人的同意。

我国债权受偿顺位遵循"担保物权绝对优先"与"普通债权平等受偿"两大规则。但当债务人丧失清偿能力，尤其是在发生大规模人身损害而遭遇破产的情况下，恪守这两项规则不仅会使人身侵权受害人得不到必要的救济，而且无益于实现侵权责任法遏制侵权行为之基本功能，形成法理上的严重不公和逻辑上的严重欠缺。基于侵权之债与合同之债在救济环节上的差异，侵权之债原则上应该优先于普通合同债权；考虑到不可能、也没必要彻底动摇担保物权的优先受偿地位，以及人身侵权尤其是物质性人格权侵权之债相对于财产侵权之债应该具有的优位性，在侵权债务人破产时先行有限度地确立人身侵权之债的优先地位，不失为一种切实可行的备选方案。[1]《美国破产法》就有相关规定，醉酒或吸毒后驾车的非法行为导致人身伤害或死亡所产生的债权请求，属于优先受偿的债权。这一优先权是《美国破产法》2005 年修改后新增加的规定。作为"车轮上的国家"，美国交通事故十分频繁，特别是醉酒或吸毒后驾车而导致的交通事故，通常会造成重大的人身伤害甚至死亡。如果不对这些事故的受害者进行特别保护，赋予其享有优先权的债权请求，那么在破产程序结束、债务人一文不名时，比债务人更悲惨的就只能是受害者了。因此，可以说，这一优先权体现了保护恶性交通事故受害者的政策取向。

（三）劳动债权的受偿顺位

自然人债务人进入破产程序前，往往与雇主缔结有劳动合同。劳动合同在理论上被称为双方履行的双务契约。破产对劳动关系有很大的影响：雇主如企业破产时，如何处理劳动合同、工资债权等在程序上处于什么地位，一直以来是讨论的对象；相反地，对劳动者的破产一直讨论很少。随着自然人破产制度的全面建立，有必要在这里分别就劳动者和雇主的破产，对以劳动合同为中心及其相关问题进行讨论。

1. 劳动者破产

劳动者被进入破产程序对其劳动关系产生影响的内在原因是，从时间维度看，劳动者所做出的经济行为对其后续的社会关系的影响具有连续性与路径依赖性。所谓的破产人获得"重新开始"并不能理解为完全意义上的重新开始，其生存的社会关系多多少少发生了变化。劳动者破产之后，其最重要的一个社会关系就是劳动关系，破产程序对其劳动关系的影响越小，意味着对破产个体产生的微观影响越小，越有利于破产者的自然恢复过程。

一般说来，劳动者破产并不影响劳动者与雇主之间的劳动合同，但是劳动者在进入破产程序后的劳动收入能否作为破产财产则要视各国破产法的不同规定而定。正常人对通过工作而获得工资具有完全的所有权。劳动者进入破产程序对其以后的工资所有权之间的关系有何影响，这取决于依据法律规

---

[1] 参见韩长印、韩永强：《债权受偿顺位省思——基于破产法的考量》，载《中国社会科学》2010 年第 4 期。

定该劳动者破产后的结果。第一种情形，破产程序对劳动关系没有产生影响。破产程序不再追究该劳动者清偿债权，所得工资全部成为其可以自行支配的财产，该劳动者因此通过自然人破产程序获得了新生，而且他在进入破产程序后的劳动关系也不发生任何变化。《美国破产法》第 7 章清算程序下即是如此。《美国破产法》第 541 条 a 项规定破产财产的范围限于破产案件启动之时债务人所有的财产。第 7 章破产财产固定主义的立法模式决定了债务人在破产案件启动之后获得的工资无需用于清偿债权人。第二种情形，相关法律对劳动者的未来收入提出支付要求，即破产程序启动后劳动者不再对其劳动工资具有完全意义上的所有权。例如，从中拿出一部分比例的工资用于支付未清偿的债权。虽然破产程序对劳动者在工作中如何工作不能进行干预，但是却有可能要求雇主直接将破产劳动者的工资支付给破产者以外的第三人。类似这样的规定，改变了破产劳动者工资支付形式，或者支付期限之类，也就是改变了劳动者与其雇主之间的劳动关系。对于《美国破产法》第 11 章、第 12 章、第 13 章下的个人债务人而言，案件未决期间债务人的收入属于破产财产的范围，[1]应根据清偿计划用于清偿债权人。第三种情形，破产程序影响劳动关系的实际内容，例如，债务人的任职资格受到一定限制，不能出任公职人员、会计师、律师、管理人、清算人、公司董事等职务。劳动者不能再从事某些行业或者岗位的工作，这是对破产劳动者劳动关系产生了实质的影响。

2. 雇主破产

雇主破产也是自然人破产法下可能会遇到的问题。根据《中华人民共和国劳动法》第 2 条第 1 款的规定，"中华人民共和国境内的企业、个体经济组织和与之形成劳动关系的劳动者"都适用该法。个体工商户作为个体经济组织的一种，与员工之间的关系受劳动法的调整，因此构成劳动关系。雇主如个体工商户破产时，涉及雇主与员工之间劳动关系的处理。

雇主进入破产程序后如果劳动合同尚未到期，那么作为待履行合同它既可以被承认，也可以被拒绝。相对于雇主而言，雇员是处于劣势地位的社会

---

〔1〕　参见［美］查尔斯·J. 泰步：《美国破产法新论》，韩长印等译，中国政法大学出版社2017 年版，第 449-450 页。

群体，工资通常是雇员的主要生活来源，劳动合同的拒绝履行将直接影响雇员的经济安全和生活质量，长期来看，这可能导致社会不稳定，增加社会救助的压力，所以劳动合同问题应当慎重处理，国家一般给予雇员强有力的保护和支持，以防止其遭受不公平的待遇。对于劳动合同的拒绝履行不能简单适用商业判断标准，而是需要遵循更为严格的法律原则和条件。但是，雇主进入破产程序是一种特殊且复杂的法律状态，破产程序的主要目的是通过法律手段公平、有序地处理其债务问题，破产政策许可破产债务人在重整时拒绝一些可能带来沉重负担的合同。例如根据《中华人民共和国劳动合同法》第 41 条规定，依照企业破产法规定进行重整的，用人单位提前三十日向工会或者全体职工说明情况，听取工会或者职工的意见后，裁减人员方案经向劳动行政部门报告，可以裁减人员。

解除劳动合同首先需要解决的问题是，何人对雇佣合同拥有解除权。根据许多国家破产法的规定，破产管理人和雇员均拥有契约解除权，例如，根据《德国破产法》第 113 条规定，在雇主破产的情况下，破产管理人及另一方得不顾自己已约定的合同期限或者排除合同解除权的约定而宣布解除合同。根据《日本民法典》第 631 条的规定，劳动者及破产管理人均有权解除劳动契约关系，但劳动者有契约解除权，却无契约继续履行选择权。而破产管理人则不同，他具有契约解除权及契约继续履行选择权。《美国破产法》第 1113 条认为，第 11 章的管理人可以承认或者拒绝劳动合同，但是在拒绝之前必须经过协商调解程序，由管理人和雇员代表会晤，并且诚意地进行商谈，以谋求对劳动合同做出双方都满意的修改。根据我国《企业破产法》的规定，管理人对待履行合同包括劳动合同享有解除权及继续履行选择权，并没有对劳动合同的解除作出特别规定。

在雇主破产之前，债权人与雇主之间的关系与雇主与其雇佣劳动者之间的关系基本上是相互独立的两种关系。前者的确立是基于以下这个预期，即债权人预期雇主在未来一段时间内可以维持正常经营，将自己的资金借给雇主能够获取期望的回报。但是，这仅仅是预期中的，如果雇主经营不善，或者因别的原因不得不破产，那么也就意味着其不能按期支付借款的行为导致雇主与雇佣劳动者之间的劳动关系不能顺利履行，例如需要终止或者变更工资支付的实质性内容。在这种情况下，雇主破产就导致了原来劳动关系的不能维持。由于破产的责任人一般不在雇佣的劳动者，因此，破产人有义务按照劳动关系约定支付给雇佣劳动者截止到破产前的工资。应该尽可能地保护雇佣劳动者的权益不因经营陷入混乱而受到损害。破产程序启动前的工资请求权属于破产债权。对于破产启动前工资债权的法律地位，在许多国家，过去的做法与今天的做法有较大的不同，例如在日本，虽然破产法仍然将工资债权作为优先债权来对待，但学理上的反对声颇高。1999 年生效的《德国破产法》将工资债权的优先地位取消，通过"破产补偿金"得以补偿，而将其视为一般债权。[1]《美国破产法》第 507 条 a 款 4 项规定未支付的工资和其他劳务报酬有优先受偿权，体现了对债务人的雇员的工资和其他劳务报酬包括休假工资、解雇费、病假工资等债权有限的优先保护。但是，对于给予优先权的这类债权请求无论是在期限上，还是数额上都被削减了。每一个债权请求的数额被限制在 10 000 美元，并且要求这些劳务报酬应当是雇员在破产申请日或债务人停止营业之日（两者之中的先者）前 180 日内所挣得的；如果雇员的债权请求超过了这个限度，那么超过的部分就变成了一般无担保债权。[2]《美国破产法》第 507 条 a 款 4 项的目的在于通过给予债务人的雇员破产申请前的挣钱机会，使他们的生存权不被剥夺，并且在债务人处于财政危机时雇员可以放心地工作。当然对这一优先权在数额上的限制表明此规定对于高工资的雇员或者工资已经被拖欠较长时间的雇员是考虑较少的。根据我国《企业破产法》的现行规定，工资债权在破产财产分配中处于第一受偿顺位，如果管理人选择继续履行合同，破产案件受理后的工资债权应为共益债权。

---

〔1〕　参见李永军：《破产法律制度》，中国法制出版社 2000 年版，第 115-116 页。

〔2〕　破产法的这项规定对于绝大多数普通的雇员来说应该说数额基本上足够，因为在美国通常是两星期发一次工资，而将工资拖欠三个月的情况是极少见的。而且，雇员可能等不到三个月就已经辞职。参见潘琪：《美国破产法》，法律出版社 1998 年版，第 137 页。

自然人破产程序中管理人的履职困境及其纾解

自 2006 年《企业破产法》引入市场化和专业化的管理人制度以来，管理人在企业破产实践中发挥着愈来愈重要的作用。企业破产实践中出现的诸如管理人的分级管理、选任、报酬、监督等问题已经引起了学界和实务界的广泛关注和研讨。与此同时，浙江、江苏等地此起彼伏的个人债务清理实践和《深圳经济特区个人破产条例》实施后的审判实践充分表明，[1] 自然人破产程序的公正、顺利运行，同样离不开独立、中立又专业的管理人的规范高效履职。然而，管理人在自然人破产程序中的履职困境有其特别之处。2020 年 5 月公布的《中共中央、国务院关于新时代加快完善社会主义市场经济体制的意见》明确提出"推动个人破产立法"，自然人破产制度在全国的建立势在必行，由此，自然人破产程序中管理人制度的特殊性研究愈发必要。

一、自然人破产程序中管理人应是必设机构为宜

作为集合性的清偿程序，破产制度从创立之初就对管理人有了需求。但从古罗马至今，可被任命为管理人的主体类型因不同的历史时期和不同国家而异。在古罗马的某个时期，管理人只能由债权人担任；但在今天的许多国

---

〔1〕 深圳自然人破产审判实践、浙江等地的个人债务清理实践均表明，管理人在自然人破产程序中发挥着重要作用，尤其是通过财产调查、行为监督等可以消除人们对债务人利用破产程序逃债的担忧。参见景晓晶：《深圳反个人破产欺诈的实践》，载《人民法院报》2021 年 10 月 20 日，第 2 版；王雄飞：《稳妥推进个人债务集中清理工作切实防范逃废债》，载《人民法院报》2021 年 10 月 21 日，第 2 版。

家，债权人是不可能成为管理人的。在美国，管理人一般是律师，而在英联邦和前英联邦国家，被任命的管理人通常是会计师。当今破产管理人的称谓在各个国家也不尽相同，[1]但却具有一个基本共性，即从其产生时起，便被赋予了独立的法律地位，使之能够中立而超然地行使法律所规定的职责，不仅对当事人而且对法院也保持相当的独立性。

在英国、澳大利亚等国家，自然人破产案件的管理由公共或私营部门的破产托管人承担。[2]在美国，自然人适用的无论是第 13 章个人债务整理程序还是第 7 章清算程序，托管人均属必设机构。第 7 章清算程序中，债权人在第一次债权人会议时选任托管人，在此之前或未能选出的情形下，则由联邦托管人所选任的临时托管人享有财团财产的管理处分权；第 13 章程序也选任托管人，其不仅参与清偿计划草案的提出及认可，债务人基于清偿计划对于债权人的清偿，也通过托管人实施。[3]日本的自然人破产程序[4]，除非系同时废止[5]情形，否则应选任破产管理人。《日本破产法》修订前[6]的消费者破产实务中，作出"同时废止"裁定的案件居多。旧法实施的最后阶段，小额管理程序的应用越来越广。小额管理程序以较为低廉的报酬选任破产管理人，尽可能地在实现程序简化的同时推进破产程序，从而以较低预缴费用，使选任管理人可行。[7]日本民事再生程序最大的特征是采取债务人自行管理模式，原则上不选任破产管理人。由于所适用案件较为简易（无担保债权额不超过日币五千万元），个人再生程序甚至不设通常再生程序的监

---

〔1〕 大陆法系国家一般称之为破产管理人，英美法系国家称之为破产托管人。

〔2〕 参见徐阳光：《英国个人破产与债务清理制度》，法律出版社 2020 年版，第 63-67 页；[澳] Rosalin Mason：《澳大利亚个人破产制度与未来改革方向：应对债务人的不幸与不端行为》，金春、张效锁译，载《民事程序法研究》2019 年第 2 期。

〔3〕 参见许士宦：《债务清理法之基本构造》，元照出版公司 2008 年版，第 485 页。

〔4〕 "破产"一词在日本仅仅意味着破产清算。参见 [日] 山本和彦：《日本倒产处理法入门》，金春等译，法律出版社 2016 年版。

〔5〕 日本法上的"同时废止"，指无资产或资产较少的案件，破产宣告同时终止破产程序，不实施破产程序，但进行和审理免责程序。因无须选任破产管理人，降低了管理人报酬的支出，有利于债务人经济迅速复苏。参见 [日] 山本和彦：《日本倒产处理法入门》，金春等译，法律出版社 2016 年版，第 107 页。

〔6〕 现行《日本破产法》于 2004 年颁布。

〔7〕 参见 [日] 山本和彦：《日本倒产处理法入门》，金春等译，法律出版社 2016 年版，第 107 页。

督委员及调查委员，以减少其高额报酬带来的债务人负担。[1]

由上述立法例可知，程序中是否设管理人视该程序是重建或清算型、案件的繁杂或简易性、法院职务内容的多寡、债务人的负担减轻及债权人的利益保护等诸多因素，而为立法政策上考量。[2]

针对我国自然人破产程序中管理人是否应是必设机构这一问题，有观点认为，"在现有财产查控手段下，债务人经过执行程序的财产查控未发现可供执行财产，且不具有撤销行为之嫌疑和不诚信事由的，应分流为无管理人案件。对于不符合这些要件的消费者、个体工商户应适用小额管理程序；因现在或曾经为企业法人的法定代表人、董事、控股股东等对企业债务承担保证责任的企业经营者，应当选任管理人，以小额管理或普通案件处理"[3]。这一观点有一定的道理，尤其是对于"执转破"的案件而言，当前执行查控系统基本能够查明债务人名下的不动产、证券、银行存款、车辆、工商登记信息、互联网银行等信息。然而，单靠建立查控系统追查债务人财产，并不能完全防范逃避执行行为的发生，在实务中仍然存在债务人通过虚构交易、现金搬移、借用他人帐户或信用卡等方式，转移或藏匿财产的现象。此外，除了财产调查之外，管理人还承担着在免责考察期内或重整计划、和解计划执行期间对债务人的监督职责，这些职责的履行是自然人破产程序顺利运行的重要保证。与企业相比，自然人债务人通常缺乏对破产制度的了解，缺乏起草相关文件所需的技能，也无力委托律师，如果没有破产管理人的帮助，将降低程序的可用性。

因此，本书认为，适应我国自然人破产立法的现实需求，从防范债务人逃债行为、规范破产制度有效运行的角度考量，管理人应是必设机构为宜。

二、自然人破产程序中管理人的履职困境及原因分析

企业破产程序中，管理人履行查清债务人陷入破产的原因、调查债务人

---

[1] 参见［日］山本和彦：《日本倒产处理法入门》，金春等译，法律出版社 2016 年版，第 166 页。

[2] 参见许士宦：《债务清理法之基本构造》，元照出版公司 2008 年版，第 485-486 页。

[3] 参见金春：《个人破产立法与企业经营者保证责任问题研究》，载《南大法学》2020 年第 2 期。

的财产状况、起草重整计划、拟定财产变价和分配方案等职责，既要维护债务人和债权人双方的利益，又要减轻法院的负担，以确保破产案件的顺利进行。与企业破产案件相比，自然人破产案件具有数量多但规模小[1]的特点，管理人对职责重但收益低的自然人破产案件通常缺乏履职意愿。

（一）管理人的职责繁杂

无论是清算程序还是重整程序，管理人的重要职责之一都是调查核实债务人的财产，因为债务人财产的多少直接关系到众多债权人的清偿利益。自然人社会关系的复杂性和财产处分的任意性，决定了确定自然人财产范围的困难。尤其是在自然人破产制度引入之初，社会更为关注债务人是否会利用破产程序逃债的问题，除了从制度设计上要求债务人一并申报家庭财产，包括其配偶、未成年子女以及其他共同生活的近亲属名下的财产，法院通过执行查控平台尽力发现债务人的财产外，管理人的财产调查职责显得尤为重要。管理人要向公安、民政、村（居）委会、工作单位、人民银行、金融机构、信息查询平台、不动产登记、车辆管理、知识产权、公积金、社会保障、市场监督管理、税务、法院执行等部门和机构调取债务人必要信息资料，[2]以核实相关材料的真实性。

破产管理人有义务调查债务人的财务状况，甚至行使撤销权撤销债务人在破产案件受理前法定期间内所为的欺诈行为或损害公平清偿的行为，并在恰当情况下对债务人的免责问题提出异议。[3]对于债务人与他人共有的财产，管理人应当基于遗产继承、婚姻等民事法律关系在债务人与共有人之间进行分割。自然人破产法下债务人财产范围的确定还需考虑到豁免财产的问题，债务人的居住房屋保留与否、家庭生活必需的物品、必要的生活费用（包括日常生活所需、未成年子女教育所需、疾病所需等）以及破产前的转换财产行为的效力等均由管理人根据个案的具体情况依法核实后报法院最终确定。债务人对管理人的调查负有协助义务，有拒绝解释、虚假陈述的，属

---

〔1〕　参见《深圳个人破产条例实施首月 8 名债务人申请获受理》，载《深圳特区报》2021 年 4 月 13 日，第 A02 版。

〔2〕　参见《浙江法院个人债务集中清理（类个人破产）工作指引（试行）》第 29 条。

〔3〕　参见［美］查尔斯·J. 泰步：《美国破产法新论》，韩长印等译，中国政法大学出版社 2017 年版，第 93 页。

于不予免责事由。[1]管理人还承担着向债务人提供债务咨询或建议的职责，以帮助自然人及其家人从严重的过度负债中恢复。

另外，自然人破产案件中，债务人甚至其家庭成员将直接面对管理人的调查和全体债权人的质询，对于债务人来说，承受着较大的心理压力，容易产生抵触情绪，同时增加了管理人履职的难度。企业破产中也涉及具体的自然人，比如法定代表人、董事、监事、高管、股东等，但管理人与债务人之间有一定经济规模和组织形态的企业的隔离，消除了两者之间的直接对立。

（二）管理人履职周期长

我国未来的自然人破产清算程序也许应设置较长的免责考察期。[2]在很多时候，免责考察期内债务人将继续获得财产，例如工资收入、继承遗产、赠与所得、投资利润或财产孳息等。债务人的收入超额部分用以清偿债权人，以及积极寻找工作等义务，一方面可以提高债权人的受偿率，另一方面强迫债务人经历"良好行为期"，将起到强化债务人的财务责任感的作用。[3]较长的免责考察期不可避免地会带来债务人的监督难题。免责考察期内，债务人应当定期向管理人申报个人收入、支出和财产状况等信息，并由管理人通报全体债权人。[4]管理人确定债务人的收入超过了法定的数额时，将要求债务人从其收入中强制履行部分债务，从而使得债权人不仅可以从有限的破产财产中受偿，而且可以从债务人未来一段期限内的收入中受偿。

债务重整程序中，管理人应当向债务人提出建议，协助债务人与债权人达成债务清偿协议；如果债务人经营着业务，管理人还要负责对债务人经营

---

〔1〕参见［日］山本和彦：《日本倒产处理法入门》，金春等译，法律出版社2016年版，第113页。

〔2〕参见殷慧芬：《论自然人破产免责制度中的利益衡平》，载《西南政法大学学报》2021年第4期。

〔3〕See Jason J. Kilborn, "The Innovative German Approach to Consumer Debt Relief: Revolutionary Changes in German Law, and Surprising Lessons for the United States", *Northwestern Journal of International Law & Business*, Vol. 24, No. 2. , 2004, p. 257.

〔4〕《深圳经济特区个人破产条例》第99条："在考察期内，债务人应当每月在破产事务管理部门的破产信息系统登记申报个人收入、支出和财产状况等信息。管理人负责监督债务人考察期内的相关行为，审核债务人提交的年度个人收入、支出和财产报告，按照破产财产分配方案对债务人年度新增或者新发现的破产财产进行接管分配。破产事务管理部门应当对债务人的收入、支出、财产等的变动情况以及管理人履行职责行为进行检查监督，并依法予以公开。"

状况和继续经营的可行性，以及与案件或制定方案有关的任何其他事项进行调查，并尽快向法院提交调查报告。此外，重整计划通过，法院裁定终结重整程序后，在长达3～5年的重整计划执行期间，管理人通常还要负责重整计划执行期间的监督。我国深圳个人破产重整第一案中，重整计划的执行是由债务人自行完成对债权人的清偿，管理人负责监督，并定期向破产事务管理署和法院汇报。《美国破产法》第13章程序中，托管人的基本职责则是担任债务人的"清偿代理人"，负责从债务人那里收取清偿款项，然后将这些款项依照方案分配给债权人。

（三）管理人的报酬缺乏保障

自然人可用于清偿债务的财产一般数额较少。大量自然人债务人在豁免财产以外没有其他财产，这类案件往往被称为"无财产案件"。管理人办理自然人破产案件，尤其是无财产案件的收入缺乏保障。2015年《俄罗斯破产法》生效后，管理人对受理低价值的自然人破产案件缺乏履职热情已经得到了充分体现：即使是在管理人费用从10 000卢布增加到25 000卢布后，在2017年和2018年终止的所有案件中，约11%是由于债务人指定的自律性组织〔1〕未能提出案件的候选管理人。〔2〕

三、自然人破产程序中管理人履职困境纾解的实践考察

近两年来我国各地推动建立自然人破产制度的立法和司法实践提供了很好的研究素材；许多国家的自然人破产制度也都成功地解决了管理人履职困境这一贯穿制度运行的关键问题。考察深圳的自然人破产立法与审判实践、浙江等地的个人债务清理实践以及其他国家和地区的经验，可以发现一些有效立法的明确方向，从而打破管理人履职困境的僵局。

---

〔1〕 在俄罗斯，申请书必须确定破产管理人的自律性组织（SRO），法院将从该自律性组织的成员中选择并确认案件的管理人。法院不能强制性要求管理人任职。See Jason J. Kilborn, "Fatal Flaws in Financing Personal Bankruptcy：The Curious Case of Russia in Comparative Context", *American Bankruptcy Law Journal*, Vol. 94, No. 3., 2020, p. 419.

〔2〕 See Jason J. Kilborn, "Fatal Flaws in Financing Personal Bankruptcy：The Curious Case of Russia in Comparative Context", *American Bankruptcy Law Journal*, Vol. 94, No. 3., 2020, p. 419.

（一）我国管理人履职困境纾解的司法实践

2021 年 3 月 1 日深圳市破产事务管理署的成立，标志着深圳在自然人破产领域初步构建起法院裁判、机构管理、管理人履职、公众监督"四位一体"的破产办案体系。通过分析个人破产重整第一案、破产和解第一案、破产清算第一案〔1〕可以发现，"机构管理、管理人执行"的运行模式贯穿案件的始终。针对管理人职责繁杂的问题，深圳市中级人民法院打造了全国首个破产一体化办理平台，包括"深破茧"微信小程序、个人破产案件信息网、破产管理人工作平台，同时推动利用区块链技术联通有关部门和机构，并建立全国首个破产信息联动公示公开机制；法官会同破产事务管理署工作人员对申请人进行面谈辅导，具体了解债务人破产原因和申报情况，释明破产程序的后果和法律责任，也减轻了管理人的履职压力。〔2〕管理人报酬问题的解决路径则是推动设立个人破产案件援助基金。〔3〕

浙江人民法院在提炼总结实践经验的基础上，先行建立个人债务集中清理的相关工作机制，推动具有自然人破产制度功能的个人债务集中清理工作，为自然人破产立法提供了实践素材和浙江样本。〔4〕浙江省温州市在管理人制度的本土化探索中，尝试采取"个人担任、机构管理"，以及"管理人公职化与市场化相结合"的模式。温州市司法局公共法律服务管理处增挂"破产公职管理人工作处"牌子，由司法行政机关中具有从事法律职业资格和公职身份的人员担任公职管理人。〔5〕公职管理人原则上不另行收取报酬；执业律师、执业注册会计师被指定为管理人的，可以在各地设立的破产专项

---

〔1〕 参见深圳破产法庭微信公众号分别于 2021 年 7 月 19 日、10 月 13 日、11 月 9 日发布的相关信息。

〔2〕 参见曹启选：《个人破产制度改革的深圳实践与展望》，第十二届中国破产法论坛上的主题演讲。

〔3〕 参见郑秀丽：《深圳创新破产事务管理体制机制的探索与实践》，第十二届中国破产法论坛上的主题演讲。

〔4〕 参见浙江省高级人民法院《浙江法院个人债务集中清理（类个人破产）工作报告》《浙江法院个人债务集中清理（类个人破产）工作指引（试行）》。

〔5〕 参见《温州市人民政府办公室关于印发在个人债务集中清理工作中探索建立公职管理人制度的府院联席会议纪要的通知》。

资金中支付报酬。[1]

(二) 管理人履职困境纾解的经验

其他国家和地区的自然人破产实践建立了一系列管理人履职困境的解决机制。有的国家将债务人的资金负担转移到政府收入，有的国家则仍由救济的直接受益者——债务人承担。一些国家保留案件管理的集中控制权，而另一些国家将行政职责下放给市场化的管理人。[2]

关于减轻管理人的履职压力，有国家采取债务人聘请律师为其提供建议和指导的方式。由于自然人破产程序比较复杂，有破产案件经验的律师将为债务人提供针对债务人具体情况的法律建议。例如美国、日本等。

许多欧洲国家的自然人破产程序由政府机构管理和资助，但模式又各异。在英国等国家，无财产案件由官方托管人管理，私人破产托管人只是在合适的破产案件中被选任。在法国，法兰西银行领导着一个复杂的行政系统，负责处理"个人过度负债"救济申请。该系统完全由政府收入提供资金，个人债务人无需支付任何费用即可获得救济。法国银行在各部门的代表为申请人提供正确填写申请的指导，如果债务人认为在准备其案件时需要更多的个性化支持，则指示其咨询当地公共支持服务机构。[3]瑞典则是由执行机构担任破产从业人员，负责管理自然人破产程序的每一个重要环节，其资金完全来自政府拨款和执行机构其他途径收取的费用。[4]

比利时立法者则认为，自然人破产制度的运行成本应该公平、有效地分配给债权人，而不是由穷困的债务人或已经紧张的国库承担，因为债权人对债务人面临的过度负债困境负有责任，而且，作为信贷市场的供给者，债权人以牺牲消费者利益为代价获得了巨大好处。比利时政府向出现违约的消费信贷贷款人征收小额税收，并以此创建了相关基金。比利时的管理人费用通

---

〔1〕《浙江法院个人债务集中清理（类个人破产）工作指引（试行）》第 27 条第 1 款。

〔2〕 See Jason J. Kilborn, "Fatal Flaws in Financing Personal Bankruptcy: The Curious Case of Russia in Comparative Context", *American Bankruptcy Law Journal*, Vol. 94, No. 3., 2020, p. 419.

〔3〕 See Jason J. Kilborn, "Fatal Flaws in Financing Personal Bankruptcy: The Curious Case of Russia in Comparative Context", *American Bankruptcy Law Journal*, Vol. 94, No. 3., 2020, p. 419.

〔4〕 See Iain Ramsay, *Personal Insolvency in the 21st Century: A Comparative Analysis of the US and Europe*, Hart Publishing, 2017, p. 139.

常是从分配给债权人的款项中扣除来支付的，但如果债务人的财产不足以支付管理人费用，该特别基金可用于支付管理人费用。许多国家对破产管理人在自然人案件中可能收取的费用水平与在企业破产中可能收取的费用水平进行了区分。例如，在捷克共和国，五年期债务整理程序中的破产管理人费用为每月固定金额。[1]

"低收入低财产"（Low Income，Low Assets）案件中，自然人贫穷或缺乏技能，几乎没有任何资源，破产管理人的功能与普通破产案件中管理人的作用不同。此时，受过会计和法律相关培训的管理人参与案件可能并不经济。在一些国家，专门设立了一类特别的破产管理人处理消费者破产案件。例如，比利时的案件管理可以是由受过专门培训或经验丰富的社会工作者提供服务。[2]对于低收入债务人来说，英国发展出了一种更为有效的方法，即债务舒缓令。债务舒缓令使得低收入债务人可以在没有管理人参与的情况下由破产管理行政机构免除债务，相关服务由公共债务咨询机构提供，无需法院干预。债务舒缓程序适用有一系列的门槛要求，最重要的是总债务上限仅为 30 000 英镑。[3]这一债务、财产、收入等上限要求旨在保证只适用于"简单"案件。统计表明，超过 75% 的破产债务人的收入和财产符合债务舒缓程序的要求。[4]

四、我国自然人破产程序中管理人履职困境纾解的可能选择

我国破产法的运行以人民法院为核心。在协助债务人、谈判、管理和监

〔1〕 See Gerard McCormack，et al.，*Study on a New Approach to Business Failure and Insolvency：Comparative Legal Analysis of the Member States' Relevant Provisions and Practices*，Tender No. JUST/2014/JCOO/PR/CIVI/0075，2016.

〔2〕 See Gerard McCormack，et al.，*Study on a New Approach to Business Failure and Insolvency：Comparative Legal Analysis of the Member States' Relevant Provisions and Practices*，Tender No. JUST/2014/JCOO/PR/CIVI/0075，2016.

〔3〕 目前英格兰、威尔士 DRO 适用的债务上限为 30 000 英镑，北爱尔兰的债务上限为 20 000 英镑。其他门槛要求包括没有高价值财产、收入低等。

〔4〕 See Jason J. Kilborn，"Fatal Flaws in Financing Personal Bankruptcy：The Curious Case of Russia in Comparative Context"，*American Bankruptcy Law Journal*，Vol. 94，No. 3.，2020，p. 419.

督清偿方案方面，以法院为基础的系统更依赖管理人。[1]一些国家的自然人破产制度运行经历表明，失去对破产管理人的控制意味着失去对自然人破产制度的控制。[2]未来我国自然人破产制度设计中应重视管理人可能面临的履职困境问题。

（一）建立全国性破产事务管理机构的时机尚不成熟

浙江省温州市的公职管理人探索有效缓解了个人债务清理工作中存在的管理人积极性不强、履职难度大以及报酬没有保障等问题，在我国自然人破产制度探索中迈出重要一步。但这种探索可能只是作为一种权宜之计。该模式面临的问题是：全国性的自然人破产立法实施后，大量的破产案件需要有专职人员来担任管理人，而目前温州法院是通过聘任公证员等公职人员来兼职从事破产事务的管理。公职管理人不具备专业的破产知识，对破产程序不熟悉，甚至可能需要普通管理人的配合才能顺利完成管理人的职责，增加了程序的运行成本。

英国、澳大利亚等国家的实践以及深圳模式都提出了全国范围内设立破产事务管理机构的必要性问题，我国也有学者[3]建议创设破产管理局。认为为了统筹破产事务的行政职能，推动破产程序的有序进行，必须设置统一管理破产行政性事务的上位机构——破产管理局。[4]深圳破产事务管理署自2021年3月1日成立以来，在深化府院联动，健全个人破产协同办理机制、全力推进个人破产事务管理标准化建设，为破产制度深化改革提供可复制推广的经验参考方面作出了有效探索。[5]然而，对破产程序中行政权力的介入

---

〔1〕　参见自然人破产处理工作小组起草：《世界银行自然人破产问题处理报告》，殷慧芬、张达译，中国政法大学出版社2016年版，第71页。

〔2〕　See Jason J. Kilborn, "Fatal Flaws in Financing Personal Bankruptcy: The Curious Case of Russia in Comparative Context", *American Bankruptcy Law Journal*, Vol. 94, No. 3., 2020, p. 419.

〔3〕　参见李曙光：《中国迫切需要建立破产管理局》，载《南方周末》，2010年7月1日，第F31版；贺丹：《论个人破产中的行政介入》，载《经贸法律评论》2020年第5期；陈夏红：《个人破产制度要做好"两手准备"》，载《大众日报》2019年8月14日，第8版。

〔4〕　参见李曙光、刘延岭主编：《破产法评论》（第3卷：个人破产与违约债），法律出版社2021年版，第250页。

〔5〕　参见深圳市破产事务管理署课题组：《破产事务行政管理的实践与展望——以深圳破产改革为视角》，载《中国应用法学》2024年第1期。

应采取谨慎态度，因为行政权力具有天然的扩张性，如果在破产程序中不加以适度抑制，行政权力极易违背程序正义，损害债权人利益，进而影响司法正义。[1]从纾解管理人履职困境的角度出发，建立破产事务管理机构的可行性也需要考虑到我国目前处于破产文化尚需进一步普及的时代背景，而且为有效的自然人破产制度建立全新的、全国范围内的行政机构要面临巨大的成本。至少在最初阶段，在现有制度基础上建立和保持程序简单更具优势。[2]

（二）市场化管理人的顺畅运行需要制度支持

自然人破产案件的市场化管理在一定程度上是可行的。案件管理的市场化运作既可以为有相应需求的管理人提供锻炼的机会，也减轻了政府负担，但是须有相应的配套机制。

1. 建立必要的激励机制和约束机制。部分管理人有参与自然人破产案件的意愿，他们看重的是积累履职经验，或是希望能够借此展现履职能力，从而获取更多企业破产案件的履职机会。为鼓励管理人积极参与自然人破产案件工作，工作时间可计入律师公益服务时间。[3]《企业破产法》下，管理人报酬根据债务人最终清偿财产价值的一定比例分段确定，管理人对低价值或无财产案件缺乏履职积极性是必然。自然人破产案件 3-5 年的履职期内，管理人应定期可获取一定额度的报酬。无财产案件的报酬问题可借鉴《企业破产法》下建立破产费用基金的经验，基金来源可以考虑比利时对债权人征税建立破产费用基金的做法是否可行。从约束机制来讲，自然人破产案件的管理人可由人民法院选任，被选任的管理人无正当理由不得拒绝；自然人破产案件的履职经历也可被列入选任企业破产案件管理人的条件之一。

2. 程序设计应注重简易化、集约化和信息化。第一，立法设计应尽量保持程序的简易。律师代理在我国目前应该不是可行的选择。对于绝大多数无力聘请私人律师的债务人而言，这一隐性成本将大大增加他们提出破产申

---

〔1〕 参见张世君：《破产行政化的理论阐释、功能反思与制度应对》，载《政法论坛》2023 年第 2 期。

〔2〕 参见自然人破产处理工作小组起草：《世界银行自然人破产问题处理报告》，殷慧芬、张达译，中国政法大学出版社 2016 年版，第 75 页。

〔3〕 参见《温州市人民政府办公室关于印发在个人债务集中清理工作中探索建立公职管理人制度的府院联席会议纪要的通知》。

请的障碍。然而，债务人往往缺乏破产制度的相关知识，尤其是在多轨制选择的程序中。制度简化可以减少对大量的专业干预的需求，降低债务人的成本。[1]第二，案件管理集约化。《美国破产法》第 13 章案件持续 3-5 年时间，第 13 章托管人的职责包括收取债务人的计划付款和将收益分配给债权人等。与第 7 章清算程序下每一个案件从管理人名单中选任管理人不同，第 13 章托管人是一种常设托管人，被任命后在一个地区（通常在一个地理区域）处理大量第 13 章案件。这名托管人可以集中处理来自债务人的清偿款项并统一签发支票对债权人进行分配。[2]这种集约化处理的制度设计，可以实现降低成本、高效管理的目标。这一思路可以为我国自然人破产案件的管理的借鉴。某一地区指定一名常设管理人的想法也许并不现实，但深圳市中级人民法院"采用公开竞争方式选任 5 家管理人为破产简易案件管理人、任职期限 1 年"[3]的批量指定管理人的做法应不失为可行之策。第三，推进破产案件管理的信息化建设。认真关注引导债务人选择不同解决方案的计算机程序的设计，可以实现长期的经济和社会效益。[4]

3. 加强对管理人的监管。管理人在履职过程中负有忠实、勤勉的义务，有效的监管是建立和维持管理人行业诚信和公信力的根本保障。《企业破产法》运行的实践表明，司法部门对管理人的监管往往流于形式。[5]大量的自然人破产案件中债权人的预期分配很少或没有，因此，债权人的被动参与可能是理性选择。[6]建立了破产事务行政管理机构的国家往往采取行政监管的模式，其他国家和地区通常采用的做法是，由于管理人一般而言是律师或会计师等，他们必须遵守这些行业的职业道德规范和纪律，此外，管理人行

---

〔1〕　参见自然人破产处理工作小组起草：《世界银行自然人破产问题处理报告》，殷慧芬、张达译，中国政法大学出版社 2016 年版，第 71-72 页。

〔2〕　参见［美］查尔斯·J. 泰步：《美国破产法新论》，韩长印等译，中国政法大学出版社 2017 年版，第 1339 页。

〔3〕　参见《深圳市中级人民法院关于竞争选任破产简易案件管理人的公告》。

〔4〕　参见自然人破产处理工作小组起草：《世界银行自然人破产问题处理报告》，殷慧芬、张达译，中国政法大学出版社 2016 年版，第 72 页。

〔5〕　参见《全国人民代表大会常务委员会执法检查组关于检查〈中华人民共和国企业破产法〉实施情况的报告》。

〔6〕　参见自然人破产处理工作小组起草：《世界银行自然人破产问题处理报告》，殷慧芬、张达译，中国政法大学出版社 2016 年版，第 85 页。

业组织也制定有行业性的职业道德守则，管理人甚至可能因不遵守这些标准而受到制裁。[1]行政监管模式在我国实施目前有一定难度，我国应成立全国的破产管理人行业组织，尽快建立统一的管理人业务操作规范和职业纪律规范，对管理人的违规行为实施行业惩戒，并确保行业组织能够独立、客观地履行其职能。

（三）无财产案件管理的另一种思路

在确保管理人有能力处理个人无力偿债问题的同时，不应过分地限制可以提供建议和帮助的主体范围。[2]英国的债务舒缓令由公共债务咨询机构提供破产服务、行政机关直接免除债务，可能现阶段来说并不适合我们。比利时等国家的做法说明破产程序中的起草和谈判，或与各种债权人的非正式安排可能需要的是耐心、机智和勤勉，而不总是高水平的法律援助。温州各基层法院在个人债务清理实践中根据案件需求积极探索与各相关职能部门的合作和创新。如浙江省平阳县人民法院参照刑事案件委托社区调查制度，探索在个债案件中开展社区调查，[3]实践中将社区调查工作委托给司法局驻乡镇司法所。司法所所长作为联络员，通过实地走访、询问群众意见等措施，深入了解债务人的个人财产、家庭经济、生活作风、消费习惯等，出具债务人资信综合评估意见。[4]社区工作者对社区居民更加熟悉，这也许为我们提供了一种新思路。此外，企业破产实践中破产企业财产不足以支付破产费用时，自愿接受人民法院指定担负管理人职责，不收取管理人报酬的公益管理人制度尝试，在自然人破产法下也是可行的思路。

自然人破产制度设计中一个无法忽视的问题是，如何避免这一机制沦为部分债务人逃避债务的工具。不同于美国、日本等国家，我国在制度设计之

---

〔1〕 See Gerard McCormack, et al., *Study on a New Approach to Business Failure and Insolvency*: *Comparative Legal Analysis of the Member States' Relevant Provisions and Practices*, Tender No. JUST/2014/JCOO/PR/CIVI/0075, 2016.

〔2〕 参见自然人破产处理工作小组起草：《世界银行自然人破产问题处理报告》，殷慧芬、张达译，中国政法大学出版社 2016 年版，第 73 页。

〔3〕 参见浙江省高级人民法院于 2020 年 12 月印发的《浙江法院个人债务集中清理（类个人破产）工作报告》。

〔4〕 参见高敏、胡淑丽：《推进个人债务集中清理，温州法院频出破题之举》，载《浙江法治报》2024 年 8 月 20 日，第 1 版。

初也许不可能采取自动免责或较短的免责考察期，如此就带来在较长的免责考察期内，对债务人的监督是否能够到位的问题。与个别债权人相比，破产程序中的管理人有更大的审查和监督债务人活动、发现债务人财产的权力，而且可以消除债权人重复监督造成的浪费。[1]由于调查工作繁琐庞杂，而且自然人案件的报酬并不可观，因此容易出现管理人履职积极性不强等问题。未来的制度设计必须在确保案件适度管理的需求和管理人对适当报酬的愿望之间达成必要的妥协。

---

〔1〕　参见自然人破产处理工作小组起草：《世界银行自然人破产问题处理报告》，殷慧芬、张达译，中国政法大学出版社 2016 年版，第 30 页。

债务人破产欺诈行为的法律规制

一、自然人破产法适用于"诚实而不幸"的债务人

（一）自然人破产法准入条件为"诚实而不幸"的债务人

研究破产法的历史就会发现，大多数自然人案件都是简单的。自然人破产法律之所以复杂，是因为人们必须有某种方式将"诚实而不幸"的债务人与滥用该制度的债务人区分开来。[1] 1934 年 Local Loan Company v. Hunt 一案中，美国联邦最高法院明确了运用司法权帮助"诚实而不幸"的债务人获得破产法律救济的法律宗旨。实际上，早在 1877 年，Neal v. Clark，95 U. S. 704，709 一案中就有类似的观点："通过破产法，诚实的公民可以摆脱无望清偿的债务负担。"尽管自然人破产法的立法目标之一是保障债务人的生存权和发展权，但破产法公平清偿债权的目的也是显而易见的。一旦债务获得免责，债务人将不再负有清偿义务，债权人也不得再主张已免责的债权。只有这样，债务人才能获得财务上的"全新开始"。为了避免免责的滥用，诚信的原则几乎存在于所有自然人破产法中。无论是在市场经济发展比较成熟的国家和地区，还是我国的地方性立法中，自然人破产制度均坚持只有"诚实而不幸"的债务人才能通过免责等方式从债务危机中解脱，重新参与社会经济活动。对于恶意利用自然人破产程序逃债或者实施破产欺诈的债务人，不仅应当拒绝免责，还要通过法律手段加以惩治。

---

[1] Douglas G. Baird, *The Elements of Bankruptcy*, Foundation Press, 1993, p. 35.

　　《深圳经济特区个人破产条例》也强调对诚实债务人的保护，以体现鼓励创新、宽容失败的理念。为了防止破产欺诈行为，该破产条例作出了规定，首先通过登记制度向社会依法公开信息；其次在破产法院审查破产申请阶段发现欺诈行为则裁定不予受理破产申请，或已受理但尚未宣告破产时发现欺诈行为则裁定驳回破产申请；[1]最后只有诚实的债务人才可以获得免责，债权人以及其他利害相关人在任何阶段发现欺诈行为均可以申请人民法院撤销债务人的免责，并由债务人承担相应的法律责任。进入破产程序的债务人，需要履行严格的诚实信用义务，包括向法院完整、真实陈述破产原因及经过，全面、准确、诚实披露信息，接受债权人等利害关系人的监督。债务人申请个人破产，根据《深圳经济特区个人破产条例》第2条规定，应当证明其具备破产原因，对其破产原因作出合理解释并举证证明。而作为切身权益与破产程序密切相关的债权人，也应当积极行使监督权，严防利用个人破产制度逃废债问题的发生。(2021)粤03破申460号（个21）案中，徐某离婚时将唯一房产、存款及其他财产归其前妻所有，还承担了其前妻名下个人消费贷款。徐某对其负债230万元的原因不能作出合理解释并举证证明，且徐某在其已资不抵债的情况下，每月仍向其前妻支付抚养费1万元，直至2021年2月。徐某不能证明其具备破产原因，其申请不符合个人破产有关法规规定，因此，最后深圳市中级人民法院破产法庭对徐某的个人破产和解申请不予受理。[2]个人重整第一案梁某某案中，深圳破产法庭从几个角度判断他属于"诚实而不幸"的人：第一，梁某某创业失败，导致家庭背负了无法摆脱的沉重债务，这是创业者承担的市场风险；第二，梁某某所陈述的破产原因及破产经过，经过法院核查、管理人调查，证明是真实的，损失也是真实的，损失及支出与债务数额基本吻合；第三，梁某某破产申请被法院正式受理后，其依法参与破产程序，其家属也积极配合调查，保证了破产程序顺利进行，在这期间梁某某也积极遵了限制消费行为的决定等《深圳经济特区个人破产条例》规定的相关义务；第四，梁某某努力挣钱还债，创业失败

---

　　[1]　从破产制度作为一种公平清偿债权人的机制而言，似乎不应限制不诚信的债务人进入破产程序。但是从目前社会民众对自然人破产制度的接受度而言，将不诚信的债务人排除在程序之外也许是更可行的选择。

　　[2]　参见深圳市中级人民法院（2021）粤03破申460号（个21）。

后，他马上重新找了工作，没有试图逃债。尽力还债，是债务人诚实的一个重要体现。多数债权人也发表了监督意见，认为他属于"诚实而不幸"的人，这是重整计划草案能够顺利通过的原因。

可以看出，我国相关立法已经注意到了防止债务人欺诈的必要性。但是，判断"诚信"债务人的标准是自然人破产法中一个核心且复杂的问题。破产法应该有明确的机制，通过债务人的收入、债务人清偿债务的能力等来判断"诚实而不幸"的债务人。深圳个人破产审判实践和地方法院个人债务清理实践采取"债务人申报+债权人质询+管理人调查+人民法院审查"方式甄别"诚实而不幸"的债务人，浙江余杭法院甚至针对"诚实而不幸"的债务人识别难问题，创新开发了一套债务人诚信识别模型，在数据分析的基础上对"终本库"内债务人为自然人的案件进行甄别分类，取得了良好的效果。

如何获取有效信息作出最后的判断并非易事。不可否认在某些情况下债务人可能会因为法律理解错误而做出不符合现实的陈述，债务人可能主观上并无欺诈意图但是客观上做出了"虚假陈述"，不考虑债务人的主观意图仅以客观行为拒绝破产免责可能会阻碍自然人破产制度目的的实现。对于债务人与事实不符的陈述，法院应当综合考虑其生活背景、智力、教育水平和职业知识等，判断债务人是否具有欺诈意图，从而作出适当的裁定。

（二）自然人破产法下债务人财产的发现

相较于企业破产下的破产财产，自然人破产法下破产财产的主要特点是：（1）自然人债务人的财产范围难以界定。法人企业是依法设立的从事以营利为目的的营业活动的商主体，为了明确记载营业上的财产和盈亏状况，法人企业有设置商事账簿的义务。相对完善的财务会计制度，使得法人企业进入破产程序后破产财产的范围原则上容易确定。相较而言，自然人的财产状况往往是不公开、不透明的，零碎且杂乱。而且，自然人债务人的财产往往与他人的财产相混合，如家庭成员破产时，其财产与家庭的财产、配偶的财产相混合，增加了区分的难度。自然人破产法下债务人的破产财产范围的确定还涉及免予处分的豁免财产，而哪些财产属于豁免财产并不是固定且明确的。（2）自然人债务人的财产易于隐藏。自然人财产一般都具有私密性，外界难以掌控。即使是商自然人，其经营行为和资产管理也有较大的随意性，外人也往往难以了解清楚。自然人债务人出现破产原因时，出于为今后生活着想，更有动机隐匿、转移财产。（3）自然人可用于清偿债务的财产一般数额较少。自然人破产法下，一方面进入破产程序的多数自然人的财产通常已所剩不多，另一方面对维持债务人的基本生活非常重要作用的豁免财产不能用于清算或分配，而是应由债务人保留。大量自然人债务人在豁免财产以外没有其他财产。

　　根据自然人破产财产的特点，为了掌握债务人财产的真实信息，防止债务人利用破产程序逃避债务，除利用现有的个人信用制度、财产登记制度等从行政机关、公共机构、社会保险、信贷机构等处获取债务人的财产信息外，自然人破产制度中可以有相应的制度设计，例如：债务人如实申报财产的义务。债务人对自己的财产状况最为了解，由其来主动申报财产，是最为可行的办法，但必须有制约机制，如《深圳经济特区个人破产条例》第 33 条规定："债务人应当自人民法院受理破产申请裁定书送达之日起十五日内向人民法院和管理人如实申报本人及其配偶、未成年子女以及其他共同生活的近亲属名下的财产和财产权益。"第 98 条规定："债务人存在下列情形之一的，不得免除未清偿债务：……（二）故意违反本条例……第三十三条至第三十五条关于债务人财产申报义务的规定。"恶意不如实申报财产的债务人将被拒绝免责；债务人隐匿财产或非法处分财产达到一定程度的，将追究刑事责任。《深圳经济特区个人破产条例》第 167 条规定："债务人违反本条例规定，有下列行为之一的，由人民法院依法予以训诫、拘传、罚款、拘留；构成犯罪的，依法追究刑事责任：（一）拒不配合调查，拒不回答询问，或者拒不提交相关资料的；（二）提供虚假、变造资料，作虚假陈述或者误导性陈述的；（三）故意隐匿、转移、毁损、不当处分财产或者财产权益，或者其他不当减少财产价值的；……"

　　（三）自然人破产法下撤销权的特殊性

　　破产管理人的撤销权是破产法中一项重要的制度，对破产案件的顺利进行起着非常重要的作用。与担保债权人相比，债务人申请破产对于无担保债权人不啻于一场灾难，因为在绝大多数情况下，无担保债权人的债权仅仅能够获得部分清偿，甚至完全得不到清偿。但是，债务人的财务状况是逐渐恶化的，所以在债务人破产申请前的一段时间内，无担保债权人往往会采取各种各样的措施避免自己的债权接受概括清偿：一些债权人会要求债务人为自己的债权设定担保；一些债权人会要求债务人提前清偿自己的债权；还有一些债权人会毫不迟疑地提起诉讼；其余债权人由于无计可施只好参加破产分配。这些行为在破产法之外都是正当的、合法的，但是在破产法中则不尽然，有些行为应当由管理人予以撤销。

自然人破产中撤销权行使的特殊问题主要是对债务人与其亲属等内部人之间的有偿或无偿行为的撤销。通常来讲，撤销权的行使，是针对债务人在破产程序开始前后一定时期内所做的诈害行为、偏颇行为和违反公平受偿原则的单独清偿行为。面对破产的来临，债务人可能基于不同的动机转移、隐藏财产等，或者赠与、设定担保、低价出售等。尤其是自然人破产法中，我国以家庭、亲属为核心的关系网络下，债务人通过其亲属隐匿、转移财产具有隐蔽性，难以发现。一些国家或地区的破产立法对此种交易常作出特别的规定。《美国破产法》第 547（b）规定，通常的偏颇行为的撤销期间是破产申请前 90 日，内幕偏颇交易的撤销期间为 1 年。根据《英国破产法》第 423 条第 1 款的精神，如果某人以婚姻为条件与他人进行交易，即使该交易本身无可厚非，也被视为可撤销的行为。

但是，家庭抚/扶养费的支付应该属于偏颇撤销权行使的例外。家庭生活费用主要是债务人依据离婚判决或财产分配协议等对自己的配偶、前妻或前夫、子女善意支付的各种抚养费，即使转让是以清偿债务的形式作出的，如果转让的目的在于支付家庭生活费用，那么在到期家庭生活费用数额范围内的转让就是不可撤销的。数额相对较小的给付也应该是例外。这一例外背后的理念就在于：如果所涉及的给付数额相对较小，就不值得损害交易的安定性，也没有必要再花费诉讼的时间与费用。《美国破产法》规定 600 美元以下的消费债务、7575 美元以下的非消费债务属于不可撤销的范围。"消费债务"是指"个人主要因自用、家庭或家用目的而承担的债务"。商事主体适用非消费债务的限额。[1]

---

〔1〕 参见［美］查尔斯·J. 泰步：《美国破产法新论》，韩长印等译，中国政法大学出版社 2017 年版，第 610-611 页。

《深圳经济特区个人破产条例》第 40 条规定："破产申请提出前二年内，涉及债务人财产的下列处分行为，管理人有权请求人民法院予以撤销：（一）无偿处分财产或者财产权益；（二）以明显不合理的条件进行交易；（三）为无财产担保的债务追加设立财产担保；（四）以自有房产为他人设立居住权；（五）提前清偿未到期的债务；（六）豁免债务或者恶意延长到期债权的履行期限；（七）为亲属和利害关系人以外的第三人提供担保。"第 41 条规定："破产申请提出前六个月内，债务人对个别债权人进行清偿的，或者破产申请提出前二年内，债务人向其亲属和利害关系人进行个别清偿的，管理人有权请求人民法院予以撤销，但个别清偿使债务人财产受益或者属于债务人正常生活所必需的除外。"为了防范债务人提前转移财产，《深圳经济特区个人破产条例》规定撤销行为的期间为"申请破产前两年"，与现行《企业破产法》相比"申请破产前一年"的撤销期间相比，更加有利于防范欺诈行为。条例也明确规定破产前 6 个月不能给任何债权人单独清偿；两年之内给直系亲属的清偿债务无效，即使是善意的也是无效，以防止恶意转移财产。

《深圳经济特区个人破产条例》关于撤销权的相关规定较好地规避了恶意逃债行为，在此基础上可以借鉴美国法下"推定欺诈"的相关规定。基于个人行为的隐蔽性，是否有欺诈意图难以准确判断，《美国破产法》中普遍采用的是举证责任倒置和客观推定的认定方式。通过交易相对人与债务人之间的亲密程度、交易方式等客观因素来判断是否存在欺诈的目的。通过行为本身和造成的客观结果之间的因果关系链来推定交易双方是否恶意，是合同关系中常用的且较为熟练的判断方式，这样不会增加太多实务操作上的难度，交易当事人可以提供证据证明其行为客观上是否必须、是否合理及主观上的非恶意。

二、破产失权制度的威慑预防作用

破产免责制度，分散了债务人的信用风险；豁免财产制度，保障了承担信用风险的债务人的基本生存权。这两项制度都是从保护债务人角度出发，以牺牲债权人的清偿利益为代价的。正如无权利的义务也没有无义务的权利一样，债务人应该在某些领域让渡自己的一些自由和权利，也就是需要失权。破产失权制度与破产免责制度、自由财产制度相得益彰，互为掎角，衡平债务人的权利和义务。[1]

（一）破产失权的道德风险抑制机理分析

破产失权制度是指债务人受破产宣告后一定时间内所受到的权利、资格和行为的限制。破产法是以牺牲债权人的财产权来保障不幸的债务人的人权，因此，善意的原则应贯穿于破产法的整个过程中。鉴于自然人滥用破产程序的可能性更大的特点，从保障债权人既有权利出发，自然人破产制度的设计更是需要谨慎地制定，不得有失任何偏颇。破产宣告后债务人的权利和行为受到限制，一方面可以避免对社会经济秩序造成冲击和影响，妨碍交易安全和公序良俗，另一方面也在破产的最后关口建立一种责任追究和责任威慑制度，从而对债务人进行恰当的约束，平衡其权利义务。

失权在一定程度上保留和体现了破产惩戒主义，这一制度对于自然人破产而言是必要的，因为自然人并不因其破产而被消灭主体资格，仍要从事多种社会活动，而其财产变化情况的监控难度又远大于商业组织体，自然人破产后因不正当活动而给相对人及社会公益造成损害的风险也远高于商法人或组织破产，故而各国在自然人破产方面广泛设置该制度。破产失权的意义还在于，它给自然人设置了可以预见到的破产成本，可以有效遏制债务人为逃避还债而滥用破产程序。复权制度是与失权制度相辅相成的，即破产人受种种限制的时间并非无期限，而是允许在一定时间后解除其破产人的身份，使之与其他民事主体获得完全平等的法律地位。[2]

（二）破产失权的内容——权利限制和行为限制

自然人与商业组织的破产相比较，在后果上存在重大差别，其中之一就是组织体破产不发生人格破产问题，而自然人受宣告破产后在某些权利及活动范围上要受到制约。破产人受破产宣告后，究竟哪些权利和资格应受限制，各国通常是由破产外的公法和私法加以规定。一般说来，债务人所丧失的权利或资格的范围分为公务型、经营型和信誉型三种。公务型职业如公务

---

〔1〕 参见韩长印：《企业破产立法的公共政策构成》，中国人民大学 2001 年博士学位论文。

〔2〕 参见王云鹏、王鹏：《创建我国自然人破产制度的若干问题刍议》，载《河南社会科学》2005 年第 5 期。

员、法官、检察官、陪审员等；经营型职业如合伙企业的合伙人、独资企业
的出资人、公司经理人、公司董事、监事、企业的厂长等；信誉型职业包括
律师、会计师、公证员、仲裁员、信托人、经纪人、破产管理人等。例如，
《日本破产法》未直接对这些限制作出统一规定，而是由各个部门法基于
公法与私法上的理念对破产人的行为作出了限制性规定。在公法上，破产
人不能担任律师、注册会计师、专利代理人、税理事等工作；私法上，破
产人不能成为监护人、遗嘱执行人、法人理事等的资格。[1]关于股份有限
公司的董事长，过去判例中否认了破产人担任董事长的资格，但是在日本新
公司法中，为促进经营者的重起和促进创业，废除了董事长失格事由中的破
产人条款。[2]

　　另外，破产宣告后的一定时间内自然人的行为应受到一定限制。例如在
香港，个人在宣告破产后的四年中，须将合法收入扣除必要的生活费用后用
于还债的同时，除不能出任如律师、会计师、太平绅士、公司董事等专业人
士外，不准购入较高价的物品，不能购买房屋，不能自费出港旅行，出入境
要向法院通报行程、住处及联络方法，并限期返回等，这一系列表现在生活
消费、行动自由和社会权利上受到的限制也就是所谓"失权"的后果。

　　《深圳经济特区个人破产条例》规定债务人在破产期间不得担任上市公
司、非上市公众公司和金融机构的董事、监事和高级管理人员职务。这一规
定旨在防止债务人利用其职务影响企业运营，同时也避免了债务人利用职务
之便进行不当消费或转移资产。但是对于债务人在破产期间担任普通公司的
董事、监事、高级管理人员并没有作出限制，应该是出于在不影响公众利益
的前提下允许债务人通过自己的劳动获得更多报酬的考量，这样也可以增加
债权人的受偿。破产宣告后的一定时间内，债务人的消费行为应受到限制。
某些奢侈性消费如乘坐出租车、出入高档饭店和娱乐场、购买奢侈品等行为
应该禁止，一旦被发现有这些行为，债务人将可被拒绝免责。虽然我国尚未
建立自然人破产制度，但《最高人民法院关于修改〈最高人民法院关于限制

---

　　[1]　参见［日］山本和彦：《日本倒产处理法入门》，金春等译，法律出版社 2016 年版，第 115
页。

　　[2]　参见［日］山本和彦：《日本倒产处理法入门》，金春等译，法律出版社 2016 年版，第 115
页。

被执行人高消费的若干规定〉的决定》已于 2015 年 7 月 6 日由最高人民法院审判委员会第 1657 次会议通过，自 2015 年 7 月 22 日起施行。该司法解释一个最突出的变化是从限制高消费拓宽到限制一般消费，也就是高消费以外非生活或经营必需的消费类型，主要涉及三个方面。一是明确将信用惩戒的范围拓宽至限制高消费及非生活或经营必需的有关消费。该司法解释明确规定，对于拒不履行生效法律文书确定义务的被执行人，人民法院可以采取限制消费措施，限制其高消费以及非生活或者经营必需的有关消费。二是明确规定对失信被执行人应当采取消费措施。三是增加采取限制消费措施的内容与力度：第一，增加对乘坐 G 字头动车组列车全部座位、其他动车组列车一等以上座位的限制；第二，加大对单位被执行人及其相关责任人员的限制力度，单位被执行人被采取限制消费措施后，明确禁止其法定代表人、主要负责人、影响债务履行的直接责任人员、实际控制人四类责任人员实施高消费及有关消费行为。上述举措虽然没有宣布被执行人"破产"，但是被限制高消费或被拒绝借款的被执行人"待遇"与自然人破产中债务人等待获得免责期间应受到的限制有相似之处。这些规定都可为破产失权期间的行为限制提供立法参考。《深圳经济特区个人破产条例》规定，债务人在"法院宣告债务人破产之日起至免除债务人未清偿债务之日止"的期间内，不得进行以下高消费行为：乘坐飞机商务舱或头等舱、列车软卧、轮船二等以上舱位；在夜总会、高尔夫球场及三星级以上宾馆、酒店等场所消费；购买不动产、机动车辆；新建、扩建、装修房屋；供子女就读高收费私立学校；租赁高档写字楼、宾馆、公寓等场所办公；支付高额保费购买保险理财产品。这些措施旨在限制债务人的非生活或工作必需的消费行为。此外，债务人的借贷额度也受到限制。进入破产程序后，债务人借款 1000 元以上或者申请等额信用额度时，应当向出借人或授信人声明本人破产状况。这一措施旨在确保债权人了解债务人的财务状况，避免债务人进一步增加负债额度。

（三）破产失权的救济——复权

人权原则内在地要求，失权人所受的权利限制不应当是终生的，而应当有一个终止的时间。破产法所规定的终止失权效果继续延续的制度，就是复权制度。[1]

复权主义有三种不同的立法例：一为当然复权主义，二为许可复权主义，三为混合主义。当然复权主义是指破产程序终结后，只要破产人具备法定免责条件时，自动解除因破产宣告而带来的公私法上的限制，而不必向法院申请许可。此一立法例省去了债务人申请复权的诸多烦累，但是难以在失权与复权之间划出一条明确界线。[2]英美法上的复权为当然复权，以破产免责为基础，债务人有免责就有复权。[3]

申请许可复权主义是指在破产程序终结后，用清偿或其他合法的方式免除了对破产债权人的全部债务后，就其复权向法院申请并经法院许可的制度。此一立法例便于债权人等提出异议，有利于强化复权效果，从而形成良好的失权——复权机制。[4]例如，我国台湾地区《消费者债务清理条例》第144条规定，债务人有下列各款情形之一者，得向法院为复权之申请：（1）依清偿或其他方法解免全部债务。（2）受免责之裁定确定。（3）于清算程序终止或终结之翌日起三年内，未因第146条或第147条之规定受刑之宣告确定。（4）自清算程序终止或终结之翌日起满五年。

混合复权主义为当然复权与申请许可复权的结合，即破产法中既有当然复权的规定，也有许可复权的规定。日本采此立法例。现行《日本破产法》第255条规定了当然复权的事由：（1）免责许可的决定已经生效时；（2）同意废止决定的确定；（3）认可再生计划的决定已经生效时；（4）破产宣告已经经过了10年，且债务人没有因欺诈破产犯罪受到有罪判决。第256条规定了许可复权的条件，当债务人不能当然复权的，通过清偿及其他方法已经免除对于债权人的全部债务责任时，得向破产法院申请复权。这种模式为复权制度的发展提供了更新和更有效的方案。

三、破产欺诈行为的刑法规制

自然人破产制度出台的最大顾虑是如何在救济债务人的同时，有效避免

---

[1] 参见汤维建：《论破产法上的复权制度》，载《法学家》1996年第5期。
[2] 参见汤维建：《论破产法上的复权制度》，载《法学家》1996年第5期。
[3] 参见邹海林：《破产程序和破产法实体制度比较研究》，法律出版社1995年版，第405页。
[4] 参见汤维建：《论破产法上的复权制度》，载《法学家》1996年第5期。

逃废债。在破产程序中，欺诈破产、违反破产义务等行为严重扰乱了破产程序的正常进行，损害了债权人的合法权益，必须受到法律的制裁。破产责任是增强破产威慑力的重要保障，在自然人破产的立法过程中应当特别注意对破产责任的规定。除了民事责任和行政责任外，从国际经验来看，自然人破产制度的良好运行需要覆盖全面并能有效实施的刑罚手段作为保障。

1. 英国的相关规定。《英国破产法》的附表 10 明确了第 353-362 条中适用于个人破产的 8 种类型的破产犯罪，包括不披露信息、隐匿财产、隐匿或伪造账簿和文件、虚假陈述、对财产的欺诈性处置、破产人潜逃、欺诈性处分赊购财产、获取信用或商业运营，详细列举了相应犯罪的一般特征、检控方式和惩罚。此外，如果破产人有做违反破产法等法律规定的行为，即便法院已经作出破产令，仍可以基于相关主体的申请，对破产人适用破产限制令或破产限制承诺，对破产人的行为作出一定期限的限制。立法之外，英国还建立了完备的监督管理体制，以内阁大臣与破产服务局为核心，联合专业破产服务团体在监督管理体制下从事执业活动，打造了分工合理且符合市场竞争的发展格局。

2. 美国的相关规定。美国破产欺诈的规定主要见于《美国破产法》第548 条欺诈性转让，包括以不合理低价进行交易、实体合并、股东向公司提供借贷等。美国通过将破产欺诈入刑来加强对此类行为的处罚和规制力度，《美国法典》第 18 编第 9 章第 152-157 条对破产欺诈犯罪作了详细规定，主要包括故意转移或隐匿资产、作出虚假陈述或虚假宣告、使用虚假债权证明、贿赂破产程序的主管人员以实施帮助、挪用、故意抢占破产财产、私分费用等行为。相较于其他国家，美国破产欺诈惩戒的行为类型和主体范围较广，尽可能将债务人、债权人、托管人等任何与破产案件相关联的人所实施的一切破坏破产程序和侵害债权人利益的破产犯罪行为置于管辖之下。

3. 德国的相关规定。《德国刑法典》于第 24 章规定了破产犯罪，其中第 283 条第 1 款 1-7 项列举了七种破产犯罪行为，包括转移、隐匿、破坏或导致破产财产无法使用的行为；进行差额、亏本、投机交易或非因经济支付、赌博而大量负债；以明显低价处置信贷的货物或有价证券；虚构他人权利或承认虚构的权利；伪造、变造账簿；负有保管义务的人隐匿或损坏商业文件、财务报表；不在规定期限内真实披露资产情况。第 8 项为概括性表

述，通过兜底性条款将"其他违反通常经济要求的方式减少、隐匿或掩盖真
实经营情况"的非类型化破产犯罪行为纳入惩治范围。第 283 条 a、第 283
条 b、第 283 条 c、第 283 条 d 还分别规定了特别严重的破产罪、账簿记载义
务违反罪、偏颇债权人罪、庇护债务人罪。

　　《深圳经济特区个人破产条例》中对于防止破产欺诈行为已经作出了规
定，首先通过登记制度向社会依法公开信息；[1]其次在破产法院审查破产申
请阶段发现欺诈行为则裁定不予受理破产申请，或已受理但尚未宣告破产时
发现欺诈行为则裁定驳回破产申请；[2]最后只有诚实的债务人才可以获得免
责，[3]债权人以及其他利害相关人在任何阶段发现欺诈行为均可以申请人民
法院撤销债务人的免责，[4]并由债务人承担相应的法律责任。[5]《深圳经济
特区个人破产条例》第 167-170 条有法律责任的相关规定，债权人、债务人
或利害关系人违反条例规定，由人民法院依法予以训诫、拘传、罚款、拘

---

　　[1]《深圳经济特区个人破产条例》第 7 条："建立个人破产登记制度，及时、准确登记个人
破产重大事项，并依法向社会公开个人破产相关信息。"

　　[2]《深圳经济特区个人破产条例》第 14 条："人民法院审查破产申请时，发现有下列情形之
一的，应当裁定不予受理；人民法院已经受理但尚未宣告破产的，应当裁定驳回申请：（一）债务人
不符合本条例第二条规定，或者债权人申请对债务人进行破产清算不符合本条例第九条第一款规定
的；（二）申请人基于转移财产、恶意逃避债务、损害他人信誉等不正当目的申请破产的；（三）申
请人有虚假陈述、提供虚假证据等妨害破产程序行为的；（四）债务人依照本条例免除未清偿债务未
超过八年的。申请人不服裁定的，可以自裁定书送达之日起十日内向上一级人民法院提起上诉。申
请人因本条第一款第二项、第三项情形造成他人损失的，应当承担赔偿责任。"

　　[3]《深圳经济特区个人破产条例》第 98 条："债务人存在下列情形之一的，不得免除未清偿
债务：（一）故意违反本条例第二十三条、第八十六条关于债务人行为限制的规定；（二）故意违反
本条例第二十一条关于债务人应当遵守的义务，以及第三十三条至第三十五条关于债务人财产申报
义务的规定；（三）因奢侈消费、赌博等行为承担重大债务或者引起财产显著减少；（四）隐匿、毁
弃、伪造或者变造财务凭证、印章、信函文书、电子文档等资料物件；（五）隐匿、转移、毁损财
产，不当处分财产权益或者不当减少财产价值；（六）法律规定不得免除的其他情形。"

　　[4]《深圳经济特区个人破产条例》第 103 条："债权人或者其他利害关系人发现债务人通过
欺诈手段获得免除未清偿债务的，可以申请人民法院撤销免除未清偿债务的裁定。"

　　[5]《深圳经济特区个人破产条例》第 167 条："债务人违反本条例规定，有下列行为之一的，
由人民法院依法予以训诫、拘传、罚款、拘留；构成犯罪的，依法追究刑事责任：（一）拒不配合调
查，拒不回答询问，或者拒不提交相关资料的；（二）提供虚假、变造资料，作虚假陈述或者误导性
陈述的；（三）故意隐匿、转移、毁损、不当处分财产或者财产权益，或者其他不当减少财产价值
的；（四）虚构债务，或者承认不真实债务的；（五）隐匿、毁弃、伪造，或者变造财务凭证、印
章、信函文书、电子文件等资料物件的；（六）无正当理由拒不执行重整计划或者和解协议，损害债
权人利益的；（七）其他妨害破产程序的行为。"

留；构成犯罪的，依法追究刑事责任。可以看出，我国相关立法已经注意到了防止债务人欺诈的必要性。为防范个人破产相关的严重违法行为，特别是破产欺诈和滥用破产程序的行为，除了在自然人破产制度内部设置相应规则，还需要配套的刑事惩罚加以威慑。我国当前关于破产犯罪的规定，集中于《刑法》第 162 条之二虚假破产罪中，存在主体范围过小、规制行为限缩过窄、法定刑过低等问题，狭窄的打击面和微弱的打击力度难以规制自然人破产中的欺诈行为。

需要说明的是，经济的迅速发展，使得人们逐渐意识到，破产法在市场经济法律体系中具有不可替代的重要地位，是维持社会稳定的社会安全阀。即使是在社会经济健康发展的时期，破产法在调整债权债务关系方面的基本作用，以及其对市场经济所产生的广泛的间接调整作用也是不容忽视的。某种有限的欺诈情形会蔓延到整个制度，一些不值得帮助的债务人将获取不正当利益，这是所有现行制度都须接受的风险——其实是必然性。应当避免仅仅因为不能保证制度的完美而牺牲该制度的巨大益处。

代结论：自然人破产立法的
国际化与本土化

　　我国近些年来对营商环境重要性的认识逐渐深化，从 2013 年开始关注营商环境的世界排名，到 2015 年供给侧结构性改革政策的推出，再到 2023 年 7 月 14 日中共中央、国务院公布《关于促进民营经济发展壮大的意见》，国家发展和改革委员会也成立了民营经济发展局，作为促进民营经济发展壮大的专门机构。经过多方努力，中国的营商环境排名从 2013 年在全世界 190 个经济体位于 96 名，到 2017 年的 78 名，再到 2019 年的 31 名。优化营商环境不仅助力企业发展新质生产力，也与自然人生产力的释放密切相关。2020 年 8 月 26 日，深圳市人大常委会审议通过《深圳经济特区个人破产条例》，这是破产法立法史上一起具有里程碑意义的事件，是我国在推动自然人破产立法方面实现的历史性突破。作为全国首部关于自然人破产制度的地方性法规，《深圳经济特区个人破产条例》更多基于与国际转轨的考量进行了许多制度性创新。在《深圳经济特区个人破产条例》先行先试、探索实践的基础上，全国性自然人破产立法势在必行。我国未来自然人破产立法应该如何协调国际化与本土化之间的关系，是立法者需要考虑的重要议题之一。

一、深圳个人破产立法的国际化

（一）《深圳经济特区个人破产条例》出台的背景

　　长期以来，我国缺少自然人破产制度。为完善市场主体退出制度，2019 年 6 月，国家发展和改革委员会、最高人民法院、工业和信息化部等十三部门印发《加快完善市场主体退出制度改革方案》，提出"研究建立个人破产制度，重点解决企业破产产生的自然人连带责任担保债务问题。明确自然人因担保等原因而承担与生产经营活动相关的负债可依法合理免责。逐步推进建立自然人符合条件的消费负债可依法合理免责，最终建立全面的个人破产制度。"2020 年 5 月，中共中央、国务院公布《关于新时代加快完善社会主义市场经济体制的意见》，明确要求"健全破产制度，改革完善企业破产法律制度，推动个人破产立法，建立健全金融机构市场化退出法规"。2024 年7 月 18 日，党的二十届三中全会正式通过《中共中央关于进一步全面深化改革、推进中国式现代化的决定》，明确提出"探索建立个人破产制度"。这些政策性文件共同构成了推动建立自然人破产制度的政策框架。

2019 年 5 月起，在最高人民法院系列司法政策文件精神指导下，浙江省、山东省、江苏省、广东省等地的人民法院先后开展了不同模式的个人债务清理实践探索，出台了《浙江法院个人债务集中清理（类个人破产）工作指引（试行）》《关于探索个人债务清理程序推进个人破产制度试点的通知》等相关文件，在个人债务集中清理的性质、案件审理、配套机制等方面作出了实践和探索，尤其是浙江省台州市中级人民法院审理的柯某个人债务清理案、温州市平阳县人民法院审理的蔡某个人债务清理案引起了全社会瞩目。需要指出的是，受限于现有法律的规定，包括台州柯某案和平阳县蔡某案在内的这些个人债务清理实践，只是具备了自然人破产制度的某些功能和要素，性质上仍是强制执行程序中的和解。从浙江、江苏等地人民法院率先展开，到如今四川、宁夏、贵州等地人民法院相继发布开展个人债务集中清理工作的指引或实施指南，地方法院的个人债务集中清理具有自下而上、实践先行的特征，与深圳立法先行的个人破产探索模式形成鲜明对比。[1]深圳作为中国特色社会主义先行示范区，全国人大赋予了其地方立法权，允许深圳经济特区根据本地的具体情况和实际需求制定地方性法规，试行自然人破产制度是其中之一。2021 年 3 月 1 日《深圳经济特区个人破产条例》的出台，是完善中国破产制度的重要一步，不仅填补了我国自然人破产立法的空白，也推动了市场经济体制和信用体系的完善。

---

〔1〕 参见蒋卫宇：《奋力打造破产司法保护领先地 全面深入推进浙江法院破产审判工作》，第十五届中国破产法论坛，2024 年 10 月 26 日。

（二）《深圳经济特区个人破产条例》的创新与考量

《深圳经济特区个人破产条例》实施后，符合条件的、遭遇竞争失败的自然人可以以对整个经济伤害最小的方式退出市场或者实现重生，这对于增进债权人公平清偿，保障债务人的生存、发展，对经济活动损失进行及时高效的处理以保证经济活动的流畅、稳定及可预测性具有重要意义。作为我国首部个人破产地方性法规，《深圳经济特区个人破产条例》的主要亮点如下：

1. 适用范围采一般破产主义

关于自然人破产法的适用范围，学界有不同的观点，一种认为应该一步到位，适用于所有的自然人；一种认为应该分步走，只适用于商自然人或者为企业承担连带责任的自然人。适用于所有自然人的观点是：（1）商自然人和消费者之间没有一条明确的界线，难以区分；（2）商自然人和消费者都是市场主体，不应该被区别对待，但是将自然人破产适用范围规定为所有自然人可能会遇到社会接受度不高的问题。适用于商自然人的理由是这类主体过度负债的问题在实践中更为突出，也与自然人破产制度的演变历史相契合，但是会存在司法实践中主体区分的困难；自然人破产制度只适用于为企业承担连带责任的自然人，可以解决当前企业破产法实践感受最迫切的那部分自然人债务人的破产问题，而且还能够减轻对法院破产审判能力的挑战，但是如果只适用于为企业承担连带责任的自然人将只能解决部分因企业破产导致自然人债务危机的问题。每种观点，各有利弊。

《深圳经济特区个人破产条例》第2条规定："在深圳经济特区居住，且参加深圳社会保险连续满三年的自然人，因生产经营、生活消费导致丧失清偿债务能力或者资产不足以清偿全部债务的，可以依照本条例进行破产清算、重整或者和解"。该条款表明，"因生产经营、生活消费导致丧失清偿债务能力或者资产不足以清偿全部债务的债务人"，都是该条例的适用对象，即《深圳经济特区个人破产条例》的适用对象是所有的自然人，不仅包括商自然人，而且包括消费者。据《深圳经济特区个人破产条例》的官方解读，这是考虑到"除个体经营者以外，近年来大量自然人以个人名义直接参与到商事活动中。除此之外，还有大量自我雇佣的商事主体以微商、电商、自由职业者等形式存在。这部分商事主体一旦遭遇市场风险，需要以个人名义负担无限债务责任"。

2. 清算程序设三年免责考察期

《深圳经济特区个人破产条例》第 95 条规定："自人民法院宣告债务人破产之日起三年，为免除债务人未清偿债务的考察期限（以下简称考察期）"。债务人进入清算程序后，要经历 3 年的免责考察期才能获得免责。世界范围内的破产免责期限各有不同，以清算程序为例，美国、日本法的实践中，债务人通常 3-4 个月时间就可以获得免责；英国免责期限是 1 年时间；香港是 4 年时间；另有免责期限更长的国家。《深圳经济特区个人破产条例》采取了折中主义路线，把免责考察期定为 3 年，这应该更多是从优化营商环境、弘扬企业家精神的角度出发，希望较短的免责考察期可以让债务人尽快重生。

3. 和解程序采"庭外和解+法庭确认"模式

破产和解具有程序简单、时间耗费少、充分尊重当事人意愿的优势。但是《企业破产法》中的和解程序由于在制度设计上存在着一些问题，如担保债权不受调整，更多依赖债权人的让步达成协议等，又由于和解程序与重整程序存在着一定程度上的重叠，因此和解程序在实践中的利用率较低。以浙江省的统计数据为例，2019 年审结的 1704 件破产案件中，清算案件 1654 件，重整案件 48 件，和解案件只有 2 件。[1]《深圳经济特区个人破产条例》的程序设计过程中也面临着继续采用《企业破产法》的和解模式（2/3 多数表决制）还是采用庭外和解模式（全体一致同意）的问题。《深圳经济特区个人破产条例》的征求意见稿中，曾经在作出了一些改变的基础上基本保留了传统的破产和解模式，但最终公布的条例正式版本中，破产和解程序的变动很大，采用了"庭外和解+法庭确认"的模式。

无论是从减轻法院负担的必要性也好，还是从寻求更合理地解决个人债务纠纷的方式也好，庭外和解都是一种常见的个人债务纠纷解决机制。目前个人债庭外清理机制的实践模式可作以下两种划分：（1）市场模式和准司法模式。市场模式更多是由市场机构来完成庭外和解，如美国、德国等采取

---

〔1〕 参见《2019 年浙江法院破产审判工作报告》。

这一模式。准司法模式是指法院参与的一种 ADR 纠纷解决机制，如日本的特定调解，法院的介入保证了调解程序的透明性和债权人之间的公平性。（2）前置和解和自愿和解。前置和解是指债务人之间的庭外和解是进入破产程序的必经程序，如德国相关法律规定，消费者之间的庭外和解是前置性程序。自愿和解是指债务人之间的和解不是必经阶段，而是取决于债务人自己的意愿。如日本、澳大利亚采取自愿和解模式。《深圳经济特区个人破产条例》的破产和解程序采取的"庭外和解+法庭确认"模式，可被归类为准司法模式，并且是自愿和解模式，这是《深圳经济特区个人破产条例》的亮点之一。

4. 新设破产事务管理部门

《深圳经济特区个人破产条例》的另外一大亮点是设立了破产事务管理部门，以实现司法审判职责与行政管理职责的区分。《深圳经济特区个人破产条例》第 6 条规定："个人破产事务的行政管理职能由市人民政府确定的工作部门或者机构（以下称破产事务管理部门）行使"。

依据《深圳经济特区个人破产条例》第 5 条的规定，个人破产案件原则上由中级人民法院管辖。这样一来，破产法官面临繁重的办案压力。为缓解这一问题，《深圳经济特区个人破产条例》在吸收国外经验的基础上设立了破产事务管理部门，把现行《企业破产法》中由法院行使的破产事务行政管理权赋予了深圳破产事务管理署，构建起"法院裁判+政府管理+管理人执行+公众监督"四位一体的破产办理体制。美国联邦托管人制度 1978 年开始试点，1986 年正式确立，实现了破产审判职责和行政管理职责的分离，联邦托管人附设在司法部，但是并不代表政府债权，而是为了公共利益，以破产案件中所有利害关系人的利益为工作目标。个案中的破产管理人改由联邦托管人负责遴选和任命。[1]香港的破产管理署与英国的官方受托人（Official Assignee）一脉相承，也负责处理破产案件中的行政管理事务，但是与美国的联邦托管人制度相比，香港的破产管理署署长是案件的临时受托人，如果案件没有指定个案管理人，也将是案件的最终受托人。根据《深圳经济特区

---

[1]　参见［美］查尔斯·J. 泰步：《美国破产法新论》，韩长印等译，中国政法大学出版社 2017 年版，译者前言第 6–7 页。

个人破产条例》第 155 条关于破产事务管理部门职责的规定，深圳破产事务管理部门与美国的联邦托管人模式更为一致。

二、个人债务集中清理的地方探索

2019 年 2 月，《最高人民法院关于深化人民法院司法体制综合配套改革的意见——人民法院第五个五年改革纲要（2019—2023）》明确提出要推动建立个人破产制度及相关配套机制；以此为指引，浙江省台州市中级人民法院探索个人债务清理机制，在总结多年司法实践经验的基础上，于 2019 年 5 月制定出台了专门针对个人债务清理的工作规程——《执行程序转个人债务清理程序审理规程（暂行）》；2019 年 8 月，温州市中级人民法院出台《关于个人债务集中清理的实施意见（试行）》，后又通过召开府院联席会议形成《企业金融风险处置工作府院联席会议纪要》，个人债务清理探索在我国逐渐成为研究和讨论的热点。2020 年 12 月浙江省高级人民法院发布《浙江法院个人债务集中清理（类个人破产）工作指引（试行）》。此后，江苏、山东、四川等地人民法院陆续出台个人债务清理相关指引。根据相关统计数据，浙江法院 2020 年共受理个人债务集中清理案件 237 件，共审结 147 件；2021 年共受理个人债务集中清理案件 610 件，共审结 439 件，其中成功清理 141 件；2022 年全年全省法院共受理个债清理案件 835 件，审结 688 件，其中成功清理 216 件；2023 年共受理个人债务集中清理案件 1275 件，案件审结量 1122 件，其中成功清理 352 件。[1]江苏 2019 年开始推进"与个人破产制度功能相当的试点工作"以来，截至 2024 年 6 月底，全省法院共受理类个人破产案件 1241 件，188 名债务人在清偿 1.28 亿元债务后，其余债务得到免除，一批"诚信债务人"获得重生。[2]从以上数据来看，浙江、江苏等地区已经具有一定的个人债务清理的审判经验，为自然人破产制度的建立提供了实践基础。地方法院的相关实践探索，包括金融债权一致性行动、"诚实而不幸"的债务人判断、打击"逃废债"、债权人参与、公职

---

〔1〕 分别参见 2020、2021、2022、2023 年浙江法院个人债务集中清理（类个人破产）工作报告。

〔2〕 参见顾敏、刘春：《"诚信债务人"翻开人生新篇章》，载《新华日报》2024 年 7 月 26 日，第 3 版。

管理人制度等，对推动我国的自然人破产法律制度构建具有极大的借鉴意义。

三、优化营商环境背景下我国自然人破产制度的本土化构建

《深圳经济特区个人破产条例》于 2021 年 3 月 1 日起正式实施，截至 2023 年底，深圳中院共裁定受理破产案件 227 件，包括个人破产重整、和解、清算三种类型，实现个人破产案件类型的全覆盖。[1]条例实施过程中遇到的最大问题，是特区外效力的问题，这是《深圳经济特区个人破产条例》作为地方性法规的先天不足。《美国破产法》从 1800 年起就采取了联邦法的形式，正是因为当时的立法者已经意识到，各州制定破产法将不利于破产市场的统一，影响州际贸易的发展。在《深圳经济特区个人破产条例》先行先试、探索实践的基础上，全国性自然人破产立法势在必行。

（一）自然人破产立法需要重点关注的问题

展望我国未来的自然人破产立法，需要重点关注以下几个问题：

1. 立法体例的选择。我国自然人破产立法应该采取深圳的单独立法例还是统一立法例？《深圳经济特区个人破产条例》一共 173 条，这种单独立法例更好地考虑到破产个人而不是企业的特殊需求，如需要借助咨询和社会机构的服务、一些特殊类型债权的受偿顺位问题等。相对于一般的破产程序，这些服务更容易附加到特别程序。统一立法例的优点是，有些自然人破产案件牵涉复杂的破产问题，有时企业破产转换到自然人破产处理是必要的，自然人破产和企业破产的统一立法使得二者之间这些类型的重叠更容易管理。[2]由于《企业破产法》修改已经被列入全国人大立法规划，将自然人破产写入此次《企业破产法》修改，可以尽快地在我国建立自然人破产制度。[3]

---

[1]　参见《最高人民法院工作报告——2024 年 3 月 8 日在第十四届全国人民代表大会第二次会议上》。

[2]　参见自然人破产处理工作小组起草：《世界银行自然人破产问题处理报告》，殷慧芬、张达译，中国政法大学出版社 2016 年版，第 64-65 页。

[3]　参见殷慧芬：《个人破产立法的现实基础和基本理念》，载《法律适用》2019 年第 11 期。

2. 适用范围的大小。全国自然人破产立法是采取分步走模式还是一步到位模式，需要考虑下列因素：一是我国地区间经济发展的不均衡导致各地居民负债率差距较大；二是要考虑到我国目前信用咨询体系的不健全是否影响到消费者进入破产程序的问题，并且消费者只要有健康的身体，稳定的工作，就应该有能力清偿债务，庭外和解也许是一种更为合适的选择；[1]三是即使破产程序适用于消费者，要考虑商人和消费者是否应区别对待，因为消费者和商自然人毕竟在滥用破产程序的可能性等方面存有区别。

3. 免责期限的长短。我国未来的自然人破产立法应该是按照《深圳经济特区个人破产条例》采用折中的三年免责考察期还是其他期限，有不同的观点。如金春老师在《个人破产立法和企业经营者保证责任问题研究》中提到，从保障企业家创新创业的角度出发，免责期限不应超过一年；[2]王欣新老师提出了最长六年期间的观点。[3]全国立法采用宽松还是严格的免责期限，是一个需要谨慎考虑的问题。因为即使破产法已经通过其他制度设计搭建了严格的防范债务人逃债的框架，破产免责期限仍然是一个非常重要的指标。对于普通大众来说，破产免责期限是他们最关心的一个问题。本书认为，虽然今天其他许多国家和地区都采取了较为宽松的模式，但并不意味着我们就可以与国际接轨采取较短的免责期。因为商业信誉的建立是需要付出沉重的代价的。正是由于早期破产法发展过程中对债务人采取的曾经严厉的措施，才带来今天西方社会对商誉的极度重视。在我国目前诚实信用体系有待进一步完善、社会大众普遍担心自然人破产法成为债务人逃债工具的背景下，免责考察期或应该更为严格，避免造成债务人对合同义务的不尊重。自然人破产制度的建立绝不是为了动摇信用体系，而是为了让金融市场更加顺畅运行。

4. 程序类型的设计。统一立法模式的优势在于可充分利用《企业破产法》的程序类型。从《深圳经济特区个人破产条例》的相关规定可以看到，

---

〔1〕 参见殷慧芬：《个人破产立法的现实基础和基本理念》，载《法律适用》2019 年第 11 期。

〔2〕 参见金春：《个人破产立法与企业经营者保证责任问题研究》，载《南大法学》2020 年第 2 期。

〔3〕 参见王欣新：《用市场经济的理念评价和指引个人破产法立法》，载《法律适用》2019 年第 11 期。

自然人破产程序，包括破产清算程序、破产重整程序等中的许多条款与《企业破产法》相通，未来统一立法时，完全可以充分利用企业破产法中的相关规定。并且，企业破产重整程序中可将企业破产时遇到的经营者保证问题作出一并规定，从而节约程序成本，这也是统一立法的优势。

　　未来全国立法，我们仍然需考虑和解程序是否保留以及如何保留的问题。如果保留和解程序，是否采取深圳的"庭外和解＋法庭确认"模式；如果采取深圳模式，我们现有的庭外和解程序应该作出怎样的改造以适应破产程序所需要的一对多的庭外和解要求。

　　5. 破产事务管理部门的设立。破产事务管理部门的设立是《深圳经济特区个人破产条例》的一大亮点，未来全国立法，也面临着是否设立破产事务管理部门的问题。虽然许多英美国家设立了破产事务管理部门以区分破产审判职责和破产行政管理职责，但事实上，也有很多国家没有设立这种机构，而是通过管理人承担更多职责，债务人代理律师承担更多事务，以及市场机构的介入来解决法官办案压力的问题。建立全新的、全国范围内的行政机构可能要面临巨大的成本问题。至少在最初阶段，在现有制度基础上建立和保持程序简单更有优势。[1]当然，深圳破产事务管理部门的运行实践将为未来全国立法提供更多经验探索。

　　（二）　自然人破产制度的本土化思维

　　自然人破产制度是全世界最不统一的法律领域之一，有更为宽容的美国模式，也有相对苛刻的欧洲模式，亚洲日、韩等国的自然人破产制度也各有特色。我国建立自然人破产制度应注重中国国情，需要意识到政策角度、价值观念、文化偏好以及法律传统这些塑造自然人破产问题司法体制的因素的差异，力求与我国固有的社会观念和商业习惯相结合。在移植外国法律制度时，考虑到世界不同地区在文化上有着巨大差异，且每个国家的经济史以及对待金钱与债务的观念都有很大不同，因此并不存在一个普遍适用的自然人破产制度。新的破产制度更应该反映该国本身的市场经济经历过怎样的发展。从价值观上来看，破产制度还要反映该国公民怎样看待债务，要谨慎地

────────────

　　〔1〕　参见自然人破产处理工作小组起草：《世界银行自然人破产问题处理报告》，殷慧芬、张达译，中国政法大学出版社 2016 年版，第 75 页。

让破产制度反映出一国文化中的独特价值。[1]随着信贷在新的现代经济中的广泛使用，建立让债务人可以有面子地走出经济破产的制度，将是我国需要面临的挑战。

《深圳经济特区个人破产条例》的出台是具有划时代意义的重要事件，该条例提出了许多重要措施和制度创新，但是也遭到了一些质疑。有外国学者指出，尽管《深圳经济特区个人破产条例》在文本上看似先进，符合国际最佳实践，但实际操作却未能实现其预期目标。尽管法律明确规定适用于所有自然人，但是深圳破产法庭对准入条件的严格设置和对上述条例的保守解释，使得大多数申请者无法获得应有的救济。深圳中院制定的《加强个人破产申请与审查工作的实施意见》，要求必须是确实无望偿还的债务人才能获得进入清算程序的资格；深圳破产法庭只接受从事生产经营活动失败后负债的债务人案件。《深圳经济特区个人破产条例》的司法经验揭示了"书本上的法律"与"行动中的法律"之间的差距。[2]但是，本书认为，深圳经验体现出来的"书本上的法律"与"行动中的法律"的差距，不应归咎于破产审判部门在实践中的过于保守和谨慎，恰恰说明了法律尤其是自然人破产法不仅应当具有技术性和专业性，还应当具有社会性和道德性，即"法律要尊重民众的情感"，要符合广大民众的朴素价值观。国际化与本土化是任何一部法律制度构建中都需要平衡的一对矛盾。展望未来全国立法，应该注意到不同国家、地区、团体甚至个人，对债务、风险及债务免责的宗教、道德、文化及经济意义等的看法差异极大，[3]我们应该尊重这种差异。与其他商事法律相比，自然人破产立法应该更注重本土化。

不健全的破产法律和程序将不必要地破坏经济价值，但在任何情形下，什么样的破产法能促进市场更富效率是有争议的。[4]即使在今天优化营商环

---

〔1〕 参见陈夏红主编：《中国破产法 中国破产法的现代化：从〈大清破产律〉到〈企业破产法〉（1906-2006）》，中国大百科全书出版社 2018 年版，第 436 页。

〔2〕 See Jason J. Kilborn, "Law in Books versus Law in Action in the Landmark Shenzhen, China, Personal Bankruptcy Regime", *Emory Bankruptcy Development Journal*, Vol. 40, No. 1, 2024, pp. 35-67.

〔3〕 参见自然人破产处理工作小组起草：《世界银行自然人破产问题处理报告》，殷慧芬、张达译，中国政法大学出版社 2016 年版，第 23 页。

〔4〕 See F. Javier Arias Varona, et al., "Discharge and Entrepreneurship in the Preventive Restructuring Directive", *International Insolvency Review*, Vol. 29, No. 1., 2020, pp. 8-31.

境、弘扬企业家精神的时代背景下，我们也不应夸大破产法促进市场效率的潜力。建立一个更加宽容的制度，可能会有一定的经济与社会意义，但也可能成为一个危险的陷阱，导致其带来的问题比解决的问题更多。[1] 自然人破产制度在我国是全新的制度，需要一定的时间才能被大众接受。只有当自然人破产变得普遍之后，长期存在的文化观念才能随之改变。[2] 法律制度的设计，最重要的是"在价值判断层面贴近最广泛的共识"[3]。我国未来的自然人破产立法需要在占有更多经验材料的基础上，作出令人信服的论断。

---

〔1〕 See Nathalie Martin, "The Role of History and Culture in Developing Bankruptcy and Insolvency Systems：The Perils of Legal Transplantation", *Boston College International and Comparative Law Review*, Vol. 28, No. 1., 2005, pp. 1-78.

〔2〕 See Nathalie Martin, "The Role of History and Culture in Developing Bankruptcy and Insolvency Systems：The Perils of Legal Transplantation", *Boston College International and Comparative Law Review*, Vol. 28, No. 1., 2005, pp. 1-78.

〔3〕 许德风：《破产法论：解释与功能比较的视角》，北京大学出版社 2015 年版，第 529 页。

参考文献

（一）中文文章

1. 蔡嘉炜：《个人破产立法与民营企业发展：价值与限度》，载《中国政法大学学报》2019 年第 4 期。

2. 蔡嘉炜：《破产法视野下的企业经营者保证：经济解释与立法进路》，载《中国政法大学学报》2021 年第 4 期。

3. 崔闽：《个人破产制度在中国的引进及对中国信用制度的冲击》，载《山东行政学院山东省经济管理干部学院学报》2003 年第 5 期。

4. 曹启选等：《个人破产制度先行先试中的实践示范与体系构建》，载《人民司法》2022 年第 22 期。

5. 曹兴权：《雾里看花：自然人破产之争》，载《河北法学》2006 年第 4 期。

6. 陈云良、梁杰：《2005 年美国破产法修改与世界金融危机——兼论破产法的经济调节功能》，载《政治与法律》2011 年第 4 期。

7. 池伟宏：《企业经营者与个人破产制度》，载《人民法院报》2016 年 11 月 16 日，第 7 版。

8. 邓社民：《自然人破产能力的法理基础和现实选择》，载《武汉大学学报（哲学社会科学版）》2007 年第 3 期。

9. 傅郁林：《迈向现代化的中国民事诉讼法》，载《当代法学》2011 年第 1 期。

10. 谷佳杰：《终结本次执行程序废除论》，载《中国政法大学学报》2023 年第 2 期。

11. 郭东阳：《个人破产中的程序选择模式问题研究》，载《河南大学学报（社会科学版）》2020 年第 2 期。

12. 郭兴利、成中英：《个人破产的文化基础探微——再访成中英教授》，载《南京林业大学学报（人文社会科学版）》2015 年第 2 期。

13. 郭玉军：《英国的个人自愿重整制度》，载《法学杂志》1999 年第 3 期。

14. 马哲：《论个人破产余债免除制度在我国的适应性及其构建》，载《中国政法大学学报》2019 年第 4 期。

15. 韩长印：《浅谈建立我国的破产立法模式》，载《现代法学》1994 年第 3 期。

16. 胡利玲：《论个人破产中豁免财产的构成与限制》，载《东方论坛——青岛大学学报（社会科学版）》2020 年第 3 期。

17. 蒋大兴：《超越"模仿企业/公司"的逻辑——中国小商人（个体工商户）法政策之定位优化》，载《当代法学》2023 年第 2 期。

18. 金春：《个人破产立法与企业经营者保证责任问题研究》，载《南大法学》2020 年第 2 期。

19. 李永军：《重申破产法的私法精神》，载《政法论坛》2002 年第 3 期。

20. 李曙光：《中国迫切需要建立破产管理局》，载《南方周末》2010 年 7 月 1 日，第 F31 版。

21. 刘冰：《论我国个人破产制度的构建》，载《中国法学》2019 年第 4 期。

22. 刘静：《试论当代个人破产程序的结构性变迁》，载《西南民族大学学报（人文社会科学版）》2011 年第 4 期。

23. 刘静、刘崇理：《建立我国个人破产制度若干问题研究》，载《人民司法》2020 年第 19 期。

24. 汤维建：《破产概念新说》，载《中外法学》1995 年第 3 期。

25. 汤维建：《关于建立我国个人破产制度的构想（上）》，载《政法论坛》1995 年第 3 期。

26. 汤维建：《关于建立我国的个人破产程序制度的构想（下）》，载《政法论坛》1995 年第 4 期。

27. 汪世虎、李刚：《自然人破产能力研究》，载《现代法学》1999 年第 6 期。

28. 王欣新：《个人破产法的立法模式与路径》，载《人民司法》2020 年第 10 期。

29. 王欣新：《用市场经济的理念评价和指引个人破产法立法》，载《法律适用》2019 年第 11 期。

30. 王雄飞：《稳妥推进个人债务集中清理工作切实防范逃废债》，载《人民法院报》2021 年 10 月 21 日，第 2 版。

31. 吴守根、陈景善：《韩国个人破产制度实施现状、争议以及面临的课题》，载《中国政法大学学报》2020 年第 2 期。

32. 谢晖：《论司法方法的复杂适用》，载《法律科学（西北政法大学学报）》2012 年第 6 期。

33. 许德风：《论个人破产免责制度》，载《中外法学》2011 年第 4 期。

34. 徐阳光、陈科林：《论个人破产立法中的自由财产制度》，载《东方论坛——青岛大学学报（社会科学版）》2020 年第 3 期。

35. 徐阳光、武诗敏：《我国中小企业重整的司法困境与对策》，载《法律与适用》2020 年第 15 期。

36. 徐阳光：《个人破产免责的理论基础与规范构建》，载《中国法学》2021 年第 4 期。

37. 徐阳光：《个人破产立法的英国经验与启示》，载《法学杂志》2020 年第 7 期。

38. 叶建平：《建立我国个人破产制度的立法论证和方案设计》，载《改革内参》2016 年第 1185 期。

39. 殷慧芬：《美国破产法上的豁免财产制度》，载《湖南省政法管理干部学院学报》2002 年第 S2 期。

40. 殷慧芬：《美国破产法 2005 年修正案述评》，载《比较法研究》2007 年第 2 期。

41. 殷慧芬：《消费信用与消费者破产制度的建立》，载《河北法学》2009 年第 11 期。

42. 殷慧芬：《消费信用与消费者破产研究》，载《商业研究》2011 年第 6 期。

43. 殷慧芬：《破产法视野下的消费者过度负债问题》，载《消费经济》2018 年第 5 期。

44. 殷慧芬：《个人破产立法的现实基础和基本理念》，载《法律适用》2019 年第 11 期。

45. 殷慧芬：《论自然人破产法的适用主体》，载《南大法学》2021 年第 3 期。

46. 殷慧芬：《论自然人破产免责制度中的利益衡平》，载《西南政法大学学报》2021 年第 4 期。

47. 张善斌、翟宇翔：《论我国个人破产庭外程序的体系构建》，载《山东大学学报（哲学社会科学版）》2023 年第 3 期。

48. 赵万一、高达：《论我国个人破产制度的构建》，载《法商研究》2014 年第 3 期。

49. 赵吟：《个人破产准入规制的中国路径》，载《政治与法律》2020 年第 6 期。

50. 赵吟：《连带责任视角下个人与企业合并破产的准入规范》，载《法学》2021 年第 8 期。

51. 最高人民法院民二庭课题组：《司法实践视野下自然人破产免责制度的构建》，载《法律适用》2022 年第 2 期。

52. 最高人民法院民二庭课题组：《自然人破产程序中的住房抵押贷款债权处理规则研

究》，载《法律适用》2022 年第 2 期。

53. 最高人民法院民二庭课题组：《企业破产程序中经营者保证责任的合并处理》，载《法律适用》2022 年第 2 期。

54. 最高人民法院民二庭课题组：《司法实践视野下的自然人债务庭外重整程序》，载《法律适用》2022 年第 2 期。

55. 邹海林：《关于新破产法的适用范围的思考》，载《政法论坛》2002 年第 3 期。

56. 张善斌：《个人破产制度嵌入现行破产法之路径》，载《法学评论》2022 年第 3 期。

57. 孙宏友：《论英国破产法制度发展及其对我国个人破产立法的启示》，载《河北法学》2010 年第 3 期。

58. 李曙光：《中国个人破产立法的制度障碍及其克服》，载《政法论坛》2023 年第 5 期。

59. 徐阳光、武诗敏：《个人破产立法的理论逻辑与现实进路》，载《中国人民大学学报》2021 年第 5 期。

60. 陈本寒、罗琳：《个人破产制度中豁免财产范围规则的本土化构建》，载《湖北大学学报（哲学社会科学版）》2021 年第 1 期。

61. 范志勇：《论自然人破产失权、复权法律制度：多元价值革新与双重体系构造》，载《经济法学评论》2020 年第 1 期。

62. 卜璐：《诉讼外消费者债务清理制度研究》，载《法律科学（西北政法大学学报）》2014 年第 1 期。

63. 高丝敏：《论个人破产"看门人"制度的构建》，载《法治研究》2022 年第 4 期。

64. 吴海珊：《国有大行反超股份行，个人消费贷款和经营贷款大幅扩张》，载《证券市场周刊》2024 年第 16 期。

65. 冯彦明、侯洁星：《欧美个人破产制度对商业银行的影响与启示》，载《银行家》2020 年第 11 期。

66. 刘兴国：《中国企业平均寿命为什么短》，载《经济日报》2016 年 6 月 1 日，第 9 版。

67. 何欢：《债务清理上破产法与执行法的关系》，载《法学研究》2022 年第 3 期。

68. 徐睿：《从"父债子还"到依例破产——香港〈破产条例〉的百年变迁》，载《跨域法政研究》（2019 年第 1 卷），启蒙时代出版社 2019 年版。

69. 张世君：《破产行政化的理论阐释、功能反思与制度应对》，载《政法论坛》2023 年第 2 期。

70. 深圳市破产事务管理署课题组：《破产事务行政管理的实践与展望以深圳破产改革为

视角》，载《中国应用法学》2024 年第 2 期。

71. 高敏、胡淑丽：《推进个人债务集中清理，温州法院频出破题之举》，载《浙江法治报》2024 年 8 月 20 日，第 1 版。

72. 王玲芳、孙立尧：《破产程序中债务人财产处置面临的困境及应对建议》，载《人民法院报》2021 年 10 月 14 日，第 7 版。

73. 白甜甜：《个人破产立法中的争议与抉择——以〈深圳经济特区个人破产条例〉为例》，载《中国人民大学学报》2021 年第 5 期。

74. 顾敏、刘春：《"诚信债务人"翻开人生新篇章》，载《新华日报》2024 年 7 月 26 日，第 3 版。

75. 景晓晶：《深圳反个人破产欺诈的实践》，载《人民法院报》2021 年 10 月 20 日，第 2 版。

76. 曹启选：《构建个人破产制度的若干思考——以深圳探索经验为视角》，载《中国应用法学》2024 年第 1 期。

77. 郑有为：《消费者债务清理条例十年发展回顾与展望——兼论美国联邦破产法当代发展之比较研究》，载《成大法学》2021 年第 6 期。

78. 徐立志：《日本倒产处理中的和解制度》，载《外国法译评》1997 年第 4 期。

78. 张钦昱：《破产和解之殇——兼论我国破产和解制度的完善》，载《华东政法大学学报》2014 年第 1 期。

79. 张钦昱：《上市公司适用破产和解程序的误区与矫正——以我国首起上市公司破产和解案为例》，载《证券法苑》2022 年第 2 期。

80. 张晓娜：《"半部破产法"的圆梦之旅》，载《民主与法制时报》2019 年 8 月 25 日，第 1 版。

81. 鲁元珍：《我国市场主体达 1.7 亿户》，载《光明日报》2023 年 2 月 15 日，第 09 版。

82. 宋华：《最高法举行〈最高人民法院工作报告〉解读会 积极支持深圳个人破产条例实施》，载《深圳商报》2021 年 3 月 10 日，第 A02 版。

（二）中文著作

1. 卜璐：《消费者破产法律制度比较研究》，武汉大学出版社 2013 年版。

2. 陈计男：《消费者债务清理条例释论》，三民书局股份有限公司 2008 年版。

3. 陈荣宗：《破产法》，三民书局 1986 年版。

4. 陈廷献：《消费者债务清理条例要义》，五南图书出版股份有限公司 2016 年版。

5. 付翠英编著：《破产法比较研究》，中国人民公安大学出版社 2004 年版。

6. 韩长印主编：《破产法学》，中国政法大学出版社 2007 年版。

7. 何怀宏：《正义理论导引：以罗尔斯为中心》，北京师范大学出版社 2015 年版。

8. 李飞主编：《当代外国破产法》，中国法制出版社 2006 年版。

9. 刘静：《个人破产制度研究——以中国的制度构建为中心》，中国检察出版社 2010 年版。

10. 李永军：《破产法律制度》，中国法制出版社 2000 年版。

11. 潘琪：《美国破产法》，法律出版社 1998 年版。

12. 齐砺杰：《债务危机、信用体系和中国的个人破产问题》，中国政法大学出版社 2017 年版。

13. 齐树洁主编：《民事程序法》，厦门大学出版社 2005 年版。

14. 汤维建、胡守鑫：《个人破产制度构建的难点与对策研究》，法律出版社 2022 年版。

15. 王卫国、郑志斌主编：《法庭外债务重组》（第 1 辑），法律出版社 2016 年版。

16. 王卫国等编著：《破产法　原理·规则·案例》，清华大学出版社 2006 年版。

17. 文秀峰：《个人破产法律制度研究》，中国人民公安大学出版社 2006 年版。

18. 许德风：《破产法论：解释与功能比较的视角》，北京大学出版社 2015 年版。

19. 许士宦：《债务清理法之基本构造》，元照出版公司 2008 年版。

20. 徐阳光：《英国个人破产与债务清理制度》，法律出版社 2020 年版。

21. 赵旭东等：《中国商事法律制度》，法律出版社 2019 年版。

22. 邹海林：《破产程序和破产法实体制度比较研究》，法律出版社 1995 年版。

23. 王佐发：《公司重整制度的契约分析》，中国政法大学出版社 2013 年版。

24. 尤冰宁：《个人破产的权利冲突与衡平》，法律出版社 2023 年版。

25. 刘崇理：《域外个人破产典型案例深度解析与实务指引》，法律出版社 2024 年版。

26. 李永军：《破产法——理论与规范研究》，中国政法大学出版社 2013 年版。

27. 李曙光、刘延岭主编：《破产法评论》（第 3 卷：个人破产与违约债），法律出版社 2021 年版。

28. 齐树洁主编：《民事程序法》，厦门大学出版社 2008 年版。

（三）译著

1. ［德］莱因哈德·波克：《德国破产法导论》，王艳柯译，北京大学出版社 2014 年版。

2. 《法国商法典》，罗结珍译，北京大学出版社 2015 年版。

3. ［美］查尔斯·J. 泰步：《美国破产法新论》，韩长印等译，中国政法大学出版社 2017 年版。

4. 《美国破产法典（中英文对照本）》，申林平译，法律出版社 2021 年版。

5. 《美国统一商法典（中英双语）》，潘琪译，法律出版社 2018 年版。

6. ［美］杰森·J. 吉伯恩：《个人破产法比较研究》，徐阳光、李丽丽译，法律出版社 2022 年版。

7. ［美］小戴维·A·斯基尔：《债务的世界：美国破产法史》，赵炳昊译，中国法制出版社 2010 年版。

8. ［美］曼瑟尔·奥尔森：《集体行动的逻辑》，陈郁等译，格致出版社、上海三联书店、上海人民出版社 2014 年版。

9. ［美］约翰·罗尔斯：《正义论》（修订版），何怀宏等译，中国社会科学出版社 2009 年版。

10. ［美］詹姆斯·M. 布坎南、戈登·塔洛克：《同意的计算——立宪民主的逻辑基础》，陈光金译，上海人民出版社 2017 年版。

11. 《日本最新商法典译注》，刘成杰译注，中国政法大学出版社 2012 年版。

12. ［日］伊藤真：《破产法：新版》，刘荣军、鲍荣振译，中国社会科学出版社 1995 年版。

13. ［日］山本和彦：《日本倒产处理法入门》，金春等译，法律出版社 2016 年版。

14. ［日］石川明：《日本破产法》，何勤华、周桂秋译，中国法制出版社 2000 年版。

15. ［日］志田钾太郎口述、熊元楷编：《商法总则》，上海人民出版社 2013 年版。

16. ［英］伊恩·拉姆齐：《21 世纪个人破产法：美国和欧洲比较研究》，刘静译，法律出版社 2021 年版。

17. ［英］阿代尔·特纳：《债务和魔鬼：货币、信贷和全球金融体系重建》，王胜邦等译，中信出版集团 2016 年版。

18. 自然人破产处理工作小组起草：《世界银行自然人破产问题处理报告》，殷慧芬、张达译，中国政法大学出版社 2016 年版。

19. ［美］罗伯特·F. 埃贝尔、阿尔伯特·N. 林克：《企业家精神理论史》，熊越译，广西师范大学出版社 2023 年版。

20. ［美］大卫·G·爱泼斯坦等：《美国破产法》，韩长印等译，中国政法大学出版社 2004 年版。

（四） 学位论文

1. 韩长印：《企业破产立法的公共政策构成》，中国人民大学 2001 年博士学位论文。

2. 殷慧芬：《消费者破产制度研究》，上海交通大学 2008 年博士学位论文。

（五） 外文论文

1. Aaron Kok, "Automatic Discharge: The Panacea to Our Bankruptcy Woes", *Singapore Law Review*, Vol. 24, 2004.

2. Andrew J. Duncan, "From Dismemberment to Discharge: The Origins of Modern American Bankruptcy Law", *Commercial Law Journal*, Vol. 100, 1995.

3. Charles J. Tabb, "The History of Bankruptcy Laws in the United States", *American Bankruptcy Institute Law Review*, Vol. 3, 1995.

4. Charles J. Tabb, "The Top Twenty Issues in the History of Consumer Bankruptcy", *University of Illinois Law Review*, Vol. 2007, No. 1., 2007.

5. Charles J. Tabb, "Lessons from the Globalization of Consumer Bankruptcy", *Law & Social Inquiry*, Vol. 30, No. 4., 2005.

6. Charles J. Tabb, "Bankruptcy and Entrepreneurs: In Search of an Optimal Failure Resolution System", *American Bankruptcy Law Journal*, Vol. 93, No. 2., 2019.

7. F. Javier Arias Varona, et al., "Discharge and Entrepreneurship in the Preventive Restructuring Directive", *International Insolvency Review*, Vol. 29, No. 1., 2020.

8. Frank M. Fossen, Johannes König, "Personal Bankruptcy Law and Entrepreneurship", *CESifo DICE Report*, Vol. 13, No. 4., 2016.

9. Giacomo Rojas Elgueta, "The Paradoxical Bankruptcy Discharge: Rereading the Common Law‐Civil Law Relationship", *Fordham Journal of Corporate & Financial Law*, Vol. 19, 2013.

10. Charles Grant, "Evidence on the insurancee ffect of bankruptcy exemptions", *Journal of Banking & Finance*, Vol. 34, No. 9., 2010.

11. Huifen Yin, "Consumer Credit and Over‐indebtedness in China", *International Insolvency Review*, Vol. 27, No. 1., 2018.

12. Huifen Yin, "Practical Approaches and Future Trends of Personal Bankruptcy Systems in China", *International Insolvency Review*, Vol. 31, 2022.

13. Richard M. Hynes, "Why (Consumer) Bankruptcy?", *Alabama Law Review*, Vol. 56, 2004.

14. Iain Ramsay, "Comparative Consumer Bankruptcy", *University of Illinois Law Review*, Vol.

2007, No. 1. , 2007.

15. Iain Ramsay, "The New Poor Person's Bankruptcy: Comparative perspectives", *International Insolvency Law*, Vol. 29, 2020.

16. Ian P. H. Duffy, "English Bankrupts, 1571–1861", *American Journal of Legal History*, Vol. 24, No. 4. , 1980.

17. Jan C. Van Apeldoorn, "The Fresh Start for Individual Debtors: Social, Moral and Practical Issues", *International Insolvency Review*, Vol. 17, 2008.

18. Jan-Ocko Heuer, "Hurdles to Debt Relief for 'No Income No Assets' Debtors in Germany: A Case Study of Failed Consumer Bankruptcy Law Reforms", *International Insolvency Review*, Vol. 29, 2020.

19. Jan-Ocko Heuer, "Social Exclusion in European Consumer Bankruptcy Systems", available at https://www. academia. edu/3992692/, last visited in 2024−07−20.

20. Jay Lawrence Westbrook, "The Retreat of American Bankruptcy Law", *QUT Law Review*, Vol. 17, No. 1. , 2017.

21. Jason J. Kilborn, "The Innovative German Approach to Consumer Debt Relief: Revolutionary Changes in German Law, and Surprising Lessons for the United States", *NorthWestern Journal of International Law & Business*, Vol. 24, No. 2. , 2004.

22. Jason J. Kilborn, "The Rise and Fall of Fear of Abuse in Consumer Bankruptcy: Most Recent Comparative Evidence from Europe and Beyond", *Texas Law Review*, Vol. 96, No. 7. , 2018.

23. Jason J. Kilborn, "Mercy, Rehabilitation and Quid Pro Quo: A Radical Reassessment of Individual Bankruptcy", *Ohio State Law Journal*, Vol. 64, 2003.

24. Jason J. kilborn, "The Personal Side of Harmonizing European Insolvency Law", *Norton Journal of Bankruptcy Law and Practice*, Vol. 25, No. 5. , 2016.

25. Jason J. Kilborn, "Twenty−five years of consumer bankruptcy in continental Europe: internalizing negative externalities and humanizing justice in Denmark", *International Insolvency Review*, Vol. 18, 2010.

26. Jason J. Kilborn, "Law in Books versus Law in Action in the Landmark Shenzhen, China", *Personal Bankruptcy Regime, Emory Bankruptcy Development Journal*, Vol. 40, No. 1, 2024, pp. 35−67.

27. Jay Lawrence Westbrook, "The Retreat of American Bankruptcy Law", *QUT Law Review*,

Vol. 17, No. 1, 2017, pp. 40-56.

28. Johanna Niemi, "Consumer Bankruptcy in Comparison: Do We Cure a Market Failure or a Social Problem?", *Osgoode Hall Law Journal*, Vol. 37, No. 1. , 1999.

29. Johanna Niemi, "Consumer Insolvency in the European Legal Context", *Journal of Consumer Policy*, Vol. 35, No. 4. , 2012.

30. John Armour, Douglas Cumming, "Bankruptcy Law and Entrepreneurship", *American Law and Economics Review*, Vol. 10, No. 2. , 2008.

31. John C. McCoid, II, "Discharge: The Most Important Development in Bankruptcy History", *American Bankruptcy Law Journal*, Vol. 70, 1996.

32. Jonathon S. Byington, "The Fresh Start Canon", *Florida Law Review*, Vol. 69, 2017.

33. Kee Oon See, "Alternatives to Bankruptcy-The Debt Repayment Scheme ('DRS')", *Singapore Academy of Law Journal*, Vol. 20, 2008.

34. Mark A. Andersen, "Exemption Laws in Kansas: Recent Amendments and Bankruptcy Estate Planning", *University of Kansas Law Review*, Vol. 38, No. 1. , 1989.

35. Nathalie Martin, "The Role of History and Culture in Developing Bankruptcy and Insolvency Systems: The Perils of Legal Transplantation", *Boston College International and Comparative Law Review*, Vol. 28, No. 1. , 2005.

36. Nick Huls, "Toward a European Approach to Overindebtedness of Consumers", *Journal of Consumer Policy*, Vol. 16, 1993.

37. B. Prusak, et al. , "The Impact of Bankruptcy Regimes on Entrepreneurship and Innovation. Is There any Relationship?", *International Entrepreneurship and Management Journal*, Vol. 18, 2022.

38. Rafael Efrat, "Global Trends in Personal Bankruptcy", *The American Bankruptcy Law Journal*, Vol. 76, No. 1. , 2002.

39. Joseph Spooner, "Seeking Shelter in Personal Insolvency Law: Recession, Eviction and Bankruptcy's Social Safety Net", *Journal of Law and Society*, Vol. 44, No. 3. , 2017.

40. Stefan A. Riesenfeld, "The Evolution of Modern Bankruptcy Law: A Comparison of the Recent Bankruptcy Acts of Italy and the United States", *Minnesota Law Review*, Vol. 31, No. 5. , 1947.

41. S. Chandra MOHAN, "Balancing Competing Interests in Bankruptcy: Discharge by Certificate of the Official Assignee in Singapore", *Singapore Academy of Law Journal*, Vol. 20, 2008.

42. Stacey Steele, Chun Jin, "Some Suggestions from Japan for Reforming Australia's Personal Bankruptcy Law", *QUT Law Review*, Vol. 17, No. 1., 2017.

43. Gary E. Sullivan, "A Fresh Start to Bankruptcy Exemptions", *Brigham Young University Law Review*, Vol. 2008, No. 2., 2018.

44. Thomas H. Jackson, "The Fresh-start Policy in Bankruptcy Law", *Harvard Law Review*, Vol. 98, No. 7., 1985.

45. Louis Edward Levinthal, "The Early History of Bankruptcy Law", *University of Pennsylvania Law Review*, Vol. 66, No. 3., 1918.

46. Frank R. Kennedy, "Limitation of Exemptions in Bankruptcy", *Iowa Law Review*, Vol. 45, No. 3., 1960.

47. Monika Masnicka, Joanna Kruczalak-Jankowska "Evolution of Consumer Bankruptcy in Poland: A Chance for a New Life for Insolvent Debtors?", *International Insolvency Review*, Vol. 31, No. 2., 2022.

48. Mark A. Anderson, "Exemption Laws in Kansas: Recent Amendents and Bankruptcy Estate Planning", *Kansas Law Review*, Vol. 38, No. 1., 1989.

49. Vibhooti Malhotra, *Debtor's Discharge under United States Bankruptcy Code: Mechanisms and Consequences*, SSRN Electronic Journal, available at https://10.2139/ssrn.1646608.

（六）外文著作

1. Arnold B. Cohen, Leon S. Forman, *Bankruptcy Article 9 and Creditors' Remedies: Problems, Cases, Materials*, the Michie Company, 1989.

2. Brian A. Blum, *Bankruptcy and Debtor/Creditor: Examples and Explanations*, Aspers Law & Business, 1993.

3. Charles Fried, *Contract as Promise: A Theory of Contractual Obligation*, Harvard University Press, 1981.

4. Douglas G. Baird, *The Elements of Bankruptcy*, Foundation Press, 1993.

5. Iain Ramsay, *Personal Insolvency in the 21st Century: A Comparative Analysis of the US and Europe*, Hart Publishing, 2017.

6. Elizabeth Warren, Jay Lawrence Westbrook, *The Law of Debtors and Creditors: Text, Cases, and Problems*, Aspen Law & Business, 2001.

7. Udo Reifner, et al., *Overindebtedness in European Consumer Law: Principles from 15 European*

States, Books on Demand, 2010.

8. JasonJ. Kilborn, *Comparative Consumer Bankruptcy*, Carolina Academic Press, 2007.

9. Jukka Kilpi, *The Ethics of bankruptcy*, Routledge Publishing, 1998.

10. Margot C. Finn, *The Character of Credit*: *Personal Debt in English Culture*, *1740-1914*, Cambridge University Press, 2003.

11. Niemi-Kiesilainen, et al., *Consumer Bankruptcy in Global Perspective*, Hart Publishing, 2003.

12. Thomas H. Jackson, *Logic and the Limits of Bankruptcy Law*, Harvard University Press, 1986.

13. Jacob S. Ziegel, *Comparative Consumer Insolvency Regime*: *A Canadian Perspective*, Hart Publishing, 2003.

14. Arnold B. Cohen, Leon S. Forman, *Bankruptcy Article 9 and Creditors' Remedies*: *Problems*, *Cases*, *Materials*, the Michie Company, 1989.

15. NickHuls, et al., Overindebtedness of Consumers in the EC Member States : Facts and Search for Solutions, Kluwer éditions juridiques, 1994.

16. Ian F Flectcher, *The Law of Insolvency*, *2nd ed.*, Sweet & Maxwell, 1996.

（七）网络资源

1. 《广东法院优化营商环境破产典型案例》，载 http://www. gdcourts. gov. cn/gsxx/quanwe-ifabu/anlihuicui/content/post_1046825. html，最后访问日期：2024 年 7 月 20 日。

2. 国家统计局网站，载 https://www. stats. gov. cn/，最后访问日期：2024 年 7 月 20 日。

3. 全国法院切实解决执行难信息网，载 http://jxzx. court. gov. cn/，最后访问日期：2024 年 7 月 20 日。

4. 深圳个人破产案件信息网，载 https://birp. szcourt. gov. cn/pcczajxxw/gpHome/index。

5. 《最高人民法院工作报告 2022 年全文》，载 http://rmfyb. chinacourt. org/paper/images/2022-03/16/01/2022031601_pdf. pdf，最后访问日期：2024 年 4 月 23 日。

6. 浙江省高级人民法院：《浙江法院个人债务集中清理（类个人破产）工作指引（试行）》，载 https://www. faxin. cn/lib/dffl/DfflSimple. aspx? gid = B1138192，最后访问日期：2024 年 7 月 20 日。

7. 《2022 年浙江法院个人债务集中清理（类个人破产）工作报告》，载 https://www. zjsf-gkw. gov. cn/art/2023/4/14/art_492_27972. html，最后访问日期：2024 年 7 月 20 日。

8. 中国人民银行官方网站，载 http://www.pbc.gov.cn/，最后访问日期：2024 年 7 月 20 日。

9. 联合国国际贸易法委员会：《贸易法委员会破产法立法指南》，载 https://uncitral.un.org/zh/texts/insolvency/legislativeguides/insolvency_law，最后访问日期：2024 年 7 月 20 日。

10. Trading Economics 网，载 https://zh.tradingeconomics.com/united-states/30-year-tips-yield，最后访问日期：2024 年 7 月 20 日。

11. Directorate-General for Justice and Consumers of European Commission, "Study on a New Approach to Business Failure and Insolvency：Comparative Legal Analysis of the Member States" Relevant Provisions and Practices（Tender No. JUST/2014/JCOO/PR/CIVI/0075），载 https://commission.europa.eu/system/files/2017-03/insolvency_study_2016_final_en.pdf，最后访问日期：2024 年 7 月 20 日。

12. World Bank Group Insolvency and Creditor/Debtor Regimes Task Force, "Saving Entrepreneurs, Saving Enterprises：Proposals on the Treatment of MSME Insolvency"，载 https://documents1.worldbank.org/curated/en/989581537265261393/pdf/Saving-Entrepreneurs-Saving-Enterprises-Proposals-on-the-Treatment-of-MSME-Insolvency.pdf，最后访问日期：2024 年 7 月 20 日。

13. 《2023 年最高人民法院工作报告》，载 https://www.gov.cn/yaowen/liebiao/202403/content_6939583.htm，最后访问日期：2024 年 9 月 9 日。

14. 最高人民法院审判委员会专职委员刘贵祥在第十四届中国破产法论坛上的主旨发言，载 http://www.fxcxw.org.cn/dyna/content.php? id=26487#：~：text=%E4%B8%AA%E4%BA%BA%E7%A0%B4%E4%BA%A7%E6%B3%95%E5%BE%8B%E5%88%B6E5%BA%A6，%E5%88%9B%E6%96%B0%E7%9A%84%E6%9C%89%E6%95%88E9%80%94%E5%BE%84%E3%80%82，最后访问日期：2024 年 8 月 29 日。

15. 世界银行《2020 年全球营商环境报告》，载 https://openknowledge.worldbank.org/server/api/core/bitstreams/75ea67f9-4bcb-5766-ada6-6963a992d64c/content，最后访问日期：2024 年 8 月 29 日。

16. 参见联合国国际贸易法委员会：《破产法立法指南》，纽约 2006 年，第 55-56 页，载 https://uncitral.un.org/sites/uncitral.un.org/files/media-documents/uncitral/zh/19-11272_zh.pdf，最后访问日期：2024 年 9 月 16 日。

17. European Commission, "Towards a Common Operational European Definition of Over-indebt-

edness"，载 https://www. bristol. ac. uk/media-library/sites/geography/migrated/documents/ pfrc 0804. pdf，最后访问日期：2024 年 9 月 16 日。

18. 《个人破产条例执法检查报告提请审议 深圳实现个人破产从制度设计到稳步推进的 突破》，载 https://www. szrd. gov. cn/v2/lvzhi/lfgz/lfdt/content/post_ 1112350. html，最 后访问日期：2024 年 9 月 13 日。

19. 市场监管总局：《前三季度我国民营企业发展呈现良好势头》，载 https://www. samr. gov. cn/xw/zj/art/2023/art_ 6472125a0ab54fcaa4010feee1c92c1c. html，最后访问日期： 2024 年 8 月 29 日。

20. 深圳市统计局、国家统计局深圳调查队：《深圳市 2023 年国民经济和社会发展统计公 报》，载 https://www. sz. gov. cn/cn/xxgk/zfxxgj/tjsj/tjgb/content/post_ 11264250. html， 最后访问日期：2024 年 9 月 1 日。

21. 《央行：银行保险调解组织 2020 年化解金融纠纷逾10 万件》，载 http://finance. ce. cn/bank12/scroll/202102/20/t20210220_36324958. shtml，最后访问日期：2024 年 8 月 31 日。

22. 《以人民为中心的金融消费纠纷调解工作》，载 https://sof. sufe. edu. cn/e3/28/c7770a 1892 24/page. htm，最后访问日期：2024 年 8 月 31 日。

23. ［日］藤本利一：《如何做到破产免责与防止滥用的平衡丨破产池说》，载 https:// www. sohu. com/a/238316105_159412，最后访问日期：2024 年 8 月 29 日。

24. See INSOL International, Consumer Debt Report: Report of Findings and Recommendations （2001），载 https://paperzz. com/doc/8737881/consumer-debt-report---insol-interna- tional，最后访问日期：2024 年 8 月 27 日。

25. Delmar Karlen, "Exemptions from Execution Delmar Karlen", The Business Lawyer, Vol. 22, No. 4. ，载 https://www. jstor. org/stable/40684199，最后访问日期：2024 年 9 月 6 日。

26. Michelle J. White, "Economic of Corporate and Personal Bankruptcy Law", NBER Working Paper No. 11536. ，载 https://econweb. ucsd. edu/~miwhite/White_Oxford_Aug_2014. pdf， 最后访问日期：2024 年 9 月 6 日。

27. European Commission, "Towards a Common Operational European Definition of Over-indebt- edness"， 载 https://www. bristol. ac. uk/media-library/sites/geography/migrated/documents/ pfrc0804. pdf，最后访问日期：2024 年 9 月 6 日。

28. See Jan-Ocko Heuer, "Social Inclusion and Exclusion in European Consumer Bankruptcy Systems"，载 https://www. academia. edu/3992692，最后访问日期：2024 年 8 月 27 日。

29. 江苏省高级人民法院：《关于开展"与个人破产制度功能相当试点"工作中若干问题解答》，载 http://www.jsfy.gov.cn/article/60436.html，最后访问日期：2024 年 11 月 18 日。

30. 《2020 年美国消费者破产议案》，载 https://www.warren.senate.gov/imo/media/doc/Consumer% 20Bankruptcy% 20Reform% 20Act% 20 （DUN20676）% 2012.7.20% 20FINAL.pdf，最后访问日期，2024 年 12 月 2 日。

31. 《俄罗斯新法规值得中国借鉴：宣布个人破产后可保留唯一的抵押住房》，载 https://zhuanlan.zhihu.com/p/646804308，最后访问日期：2024 年 12 月 2 日。

（八）会议发言

1. 曹启选：《深圳个人破产立法与司法实践探索》，中国人民大学破产法前沿系列讲座第 36 期，2022 年 6 月 11 日。

2. 曹启选：《个人破产制度改革的深圳实践与展望》，第十二届中国破产法论坛，2021 年 9 月 4 日。

3. 刘崇理：《建立我国个人破产制度的若干思考》，第二届东南破产法论坛，2020 年 1 月 11 日。

4. 王东明：《全国人民代表大会常务委员会执法检查组关于检查〈中华人民共和国企业破产法〉实施情况的报告》，第十三届全国人民代表大会常务委员会第三十次会议，2021 年 8 月 18 日。

5. ［日］田头章一：《破产程序与保证——日本法的制度与经验》，第十三届东亚破产法论坛，张亚辉译，2022 年 11 月 5 日。

6. 郑秀丽：《深圳创新破产事务管理体制机制的探索与实践》，第十二届中国破产法论坛，2021 年 9 月 4 日。

7. 周强：《最高人民法院关于人民法院解决"执行难"工作情况的报告》，第十三届全国人民代表大会常务委员会第六次会议，2018 年 10 月 24 日。

8. 蒋卫宇：《奋力打造破产司法保护领先地 全面深入推进浙江法院破产审判工作》，第十五届中国破产法论坛，2024 年 10 月 26 日。

（九）案例

1. （2021）粤 03 破 230 号之二（个 1）。

2. （2021）粤 03 破 347 号（个 6）。

3. （2021）粤 03 破 417 号之一、二（个 11）。

4.（2021）粤 03 破 365 号之一（个 7）。

5.（2023）粤 03 破申 344 号（个免 1）《民事裁定书》。

6.（2022）粤 03 破申 112 号（个免 1）《民事裁定书》。

7.（2022）湘 0802 执 956 号。

8.（2022）辽 0224 执异 10 号

9.（2006）同执行字第 876 号。

10.（2021）粤 03 破申 460 号（个 21）。